KB069303

공자

가라사대

孔子这样说

안동대학교공자학원 학술총서(CIFY-2015-001)

공자
가라사대
孔子这样说

류쉬빙 刘续兵 주편
판리리 潘丽丽 번역

學古房

목 차

서 언

　만약 역사상 중국을 가장 잘 대표할 수 있는 사람을 찾는다면 당연히 공자밖에 없을 것이다. 어떤 학자는 공자를 '중국 문화의 중심'이라 부르며, '공자가 없으면 중국 문화도 없다'라고 말하기도 하는데 매우 정확한 말이다. 이러한 의미에서 보면, 해외에 있는 수 백곳의 공자학원은 사실상 '중국학원' 혹은 '중국문화학원'이라 부를 수 있다. 그래서 중국을 이해하려면 마땅히 공자에서부터 시작해야 한다는 것을 어렵지 않게 알 수 있다.

　그러나 어떻게 공자를 이해할 수 있는가? 만약 이러한 문제를 공자 본인에게 물어보면, 그는 우리에게 반드시 '육경(六经)'을 중시하고, 시(诗)·서(书)·예(礼)·악(乐)을 공부하고, 《춘추(春秋)》와 《주역(周易)》을 중점적으로 연구하라고 할 것이다. 공자는 말년에 《춘추》를 저술해 선악을 평가할 수 있도록 하고 정치사상도 드러내었다. 하지만 《춘추》는 지나치게 간략해서 일반적으로 이해하기 쉽지 않다. 《주역》은 '모든 경서의 으뜸(群经之首)', '세상 모든 도리의 근원(大道之源)'으로 추앙받기 때문에 공자를 알고자 한다면, 그의 사상이 얼마나 깊고 높은지를 이해하고자 한다면 이 책을 멀리할 수 없다. 그러나 공자는 《역전(易传)》을 저술할 때 《주역》에서 '그 덕(德)과 의(义)를 보았다'라고 말했을 만큼 《역전》 또한 매우 이해하기 어렵다. 그러므로 진지하게 연구해야 마땅하지 않겠는가!

　'육경'이 이처럼 읽기 어렵기 때문에 사람들은 자연스레 《논어(论语)》에 관심을 보이고, '공자유설(孔子遗说, 공자가 남긴 말)'에 관심을 보이게 되었다. 그러나 우리가 알아야할 필요가 있는 것은, '공자유설'은 단지 ≪논어≫만 있는 것이 아니다. 공자가 살았을 때 그의 제자들은 스승의 말을 수시로 기록하고 정리했다. 공자가 말년에 강학(讲学)할 때도 젊은 제자들이 번갈아가며 기록했다. 이렇게 우리에게 남겨 준 수많은 자료는 인류의 귀중한 역사유산이 되었다. 공자가 세상을 떠난 후 그의 제자들과 후학들이 '공자유설'을 수집, 정리하고, 공자가 남긴 좋은 말씀을 편찬해서 공자의 가르침이 지금까지 전해지도록 한 것이다. 그러므로 우리는 마땅히 공자에게 감사해야 하고 또한 공자의 제자와 후학들에게 감사해야 한다.

만약 마음을 가라앉히고 공자를 공부하려 하면, '공자유설'이 정말 많다는 것을 발견할 수 있으며, 그렇게 많은 공자의 말이 여러 경전에 흩어져 있어 어디서부터 시작해야할지 몰라 매우 혼란스러움을 느끼게 된다는 것을 발견할 수 있다. 사실상 학자들은 이전에 이러한 자료의 출처나 확실성에 대해 많이 연구를 했다. 특히 오늘날 땅속에 묻혀있던 많은 문헌이 새로 발굴되어 원래 모호했던 수많은 인식이 분명해졌고, 갈등이 끊이지 않았던 수많은 분쟁이 해결되었으니 진심으로 기쁘게 생각한다.

여기까지 이야기하고 보니 우리가 마땅히 감사해야 할 한 사람이 있는 것 같다. 그는 바로 공자의 손자 자사(子思)이다. 과거에는 사람들이 그를 잘 알지 못했다. 하지만 여러 흔적에서 공자가 세상을 떠난 후 자사의 조예(造诣)가 점점 깊어졌고 영향력도 갈수록 커졌음이 드러나고 있다. 공자의 제자들이 연이어 세상을 떠나자 자사는 '공자유설'을 수집, 정리, 판찬하는 역사적 사명을 담당했으며, 실로 많은 일을 했다. 우리가 오늘날 볼 수 있는 ≪논어(论语)≫, ≪공자가어(孔子家语)≫는 처음 편찬될 때 모두 자사와 직접적인 관계가 있었다.

우리는 자사가 했던 일을 알게 되었고, 또한 '공자유설'이 선진(先秦)시대부터 진한(秦汉)시대까지 전해지고 변화되는 기본적인 상황을 분명하게 보았다. 공자가 세상을 떠난 후 그의 제자들과 자사 등이 '공자유설'을 모아서 기록하고 편집했는데, ≪공자가어≫의 최초 형태는 바로 여기에서 유래되었으며, 그 중에서 정확한 사실과 내용을 뽑아 따로 편집한 것이 ≪논어≫이다. ≪논어≫와 ≪공자가어≫는 비록 여러 사람의 손과 여러 장소를 거쳐 베끼는 과정을 여러 번 겪었으며, 또한 문장이 나눠지고 합쳐진 부분, 후대인이 '윤색(润色)'한 부분도 있지만, '공자유설'중에서 그 자료가 가장 집중되었고, 진실성 또한 상대적으로 높다고 할 수 있다.

물론 ≪논어≫와 ≪공자가어≫ 이외에 공자에 대한 믿을 만한 기타 자료가 매우 많다. 예를 들어, ≪역전(易传)≫, ≪공총자(孔丛子)≫, ≪좌전(左传)≫, ≪맹자(孟子)≫, ≪순자(荀子)≫, ≪사기(史记)≫ 및 이른 시기에 출토된 문헌 등이다. ≪예기(礼记)≫와 ≪대대예기(大戴礼记)≫의 자료도 매우 중요하지만, 이 자료들은 거듭 편집되는 과정을 거쳤으며, 한(汉)나라의 정치적 요구에 따라 적지 않은 글자와 문구를 고치게 되었다. 만약 관심을 가지고 ≪예기≫와 ≪공자가어≫ 중에서 같은 내용을 비교해보면 이러한 점을 쉽게 발견할 수 있다.

바로 이러하기 때문에 문헌자료를 연구하는 방면에서 학자들이 먼저 해야 할 일이 두 가지 있다. 하나는, 비교적 '확실한 자료' 중에 어떤 부분이 첨가나 윤색이 가능한가를 보는 것이며, 다른 하나는, 분명히 후대인 특히 한나라 사람들이 고쳤던 자료가 또 어디에 있는지를 살피는 것이다. 이러한 문제가 분명해지면 관련 문헌을 사용할 때 더 이상 망설이거나 위축되지 않아도 된다. 이러한 이후에 비로소 사상과 의리(义理)를 이야기하는 단계에 들어갈 수 있다.

물론 문헌의 기초적인 연구도 중요하지만 사상을 설명하고 해석하는데 더욱 주도면밀해야 한다.

먼저, 시간이 흘러 약 2500년이 지났는데, 공자가 말한 것은 모두 무엇일까? 그는 왜 그렇게 말했을까?

둘째, 공자 사상은 하나의 방대한 체계이다. 그 '넓고 심오한' 내용은 그저 쓸모없는 말이 아니다. 그렇다면 공자가 말한 본 뜻이 무엇일까? 우리가 이해한 것이 옳은 것일까?

셋째, 선도적인 학자들은 경전의 번역에서 '중요한 의미가 없어진(意义流失)' 상황을 보고 날카롭게 지적했다. 번역자 자신은 반드시 전문적인 철학자여야 한다. 중국 문헌을 외국어로 번역하는 것도 이러한데, 고대 문헌을 지금의 말로 해석하는 것은 더더욱 그래야하지 않은가?

지금 공자문화를 보급하는데 여전히 많은 문제가 있으며, 과학적이고 진실하게 공자의 사상체계를 표현하는 데까지는 거리감이 있다. 다른 외국어 번역본은 문화배경 등과 같은 여러 요소의 제약 때문에 편파적이거나 잘못된 부분이 더 많이 존재한다. 그래서 문장이 간략하면서도 의미가 풍부하며, 원래 공자의 사상과 학설에 부합하는, 심혈을 기울인 해설본을 제공할 필요가 있다.

당시 공자의 후학들이나 자사가 ≪논어≫를 편찬한 의도 또한 이와 같았을 것이다. 그러나 바쁘게 살아가는 많은 현대인에게 ≪논어≫는 여전히 읽기 어렵고 이해하기 곤란한 책이며, 글자 수가 매우 많아보이는 편이다. 따라서 정성을 다해 편집하고, 정확하고 엄밀하게 편찬해서 쉽게 활용할 수 있는 공자학설 교본이 필요한 것이다.

공자연구원과 한국 국립안동대학교 공자학원은 오랜 우호적 협력관계를 맺고 있다. 안동대학교 공자학원과 공자연구원은 힘을 모아 "근본부터 철저하게 공자를 연구하자(正本清源研究孔子)"라는 학술이념의 지도하에 학술연구의 선도적인 입장에서 최신의 연구 성과를 받아들이고 편찬하게 된 것이다. 우리는 이러한 대중적인 유학 도서를 통해 진실한 공자를 복원하고 진실한 공자의 사상을 전달할 수 있기를 희망한다.

양차오밍(杨朝明)

2013년 7월 6일 공자연구원에서

1

독서 안내

01 중국을 이해하려면 공자부터 알아야 한다.

　　일부 외국인들의 눈에 중국은 아주 오래 되고 신비한 나라이다. 어떤 학자는, 자신이 중국에 대해 가지고 있는 처음의 개념은 기껏해야 찻잔이나 화병에서 본 몇 폭의 그림뿐이라고 말했다. 그의 상상 속에서는 중국은 '굳은 표정에 긴 변발을 한 키 작은 남자', '아치형 다리가 있고 예술성 풍부한 화원', 그리고 '방울이 걸려 있는 탑'이 있는 나라이다.

　　살펴 보건대, 그의 중국에 대한 이해는 한정되어 있다. 그러나 최근 몇 십 년이래 외국사람들의 중국에 대한 이해의 폭이 점점 넓어지고 있다. 역사적으로 중국은 국토가 넓고 인구가 많은 나라이다. 위로는 최고 통치자 '천자'가 있고 아래에는 각급 지방 통치 기구가 있다. 이렇게 거대한 나라에서는 사람들이 '공동의 문자'를 사용하고 있다.

　　영국 작가 곰브리치(Ernst H.Gombrich, 1909~2001)는 그 '공동의 문자'를 매우 중요하게 본다. 그는 거대한 나라 중국이 잘 유지되어 온 것은 원인이 바로 한자라는 '공동의 것'과 불가분의 밀접한 관계가 있다고 생각한다.

　　그러나 그가 더 중요시한 것은 공자인 것 같다. 그가 보기에는 공자의 학설이 있었기 때문에 이렇게 많은 성(省)으로 나누어져 있는 대국이 끝내 와해되지 않은 것이었다. 그는, 공자는 근거 없는 학설을 창조한 것이 아니라 공자 이전에 이미 수천 년 내려온 좋은 전통을 따른 것이며, 자신의 학설을 활용해 사람들을 행복하게 만들고자 노력한 존재로 보았다. 공자 학설의 영향을 받아 중화민족은 세계 어느 다른 민족보다 더 화목하고 평화롭게 수 천년을 살아 온 것이다.

　　그렇다. 그의 말이 맞다! 공자의 영향은 바로 이것이다.

중화 문화가 발전하는 과정 중에서 공자는 선대의 유업을 이어받아 후대로 계승 발전 시킨 것이다. 공자 이전에 중국 역사는 이미 수 천년이상 축적이 되어 있었고 공자는 그것을 집대성한 것이다. 공자 이후에 중국 역사도 2500여년 간 진화 발전하였다. 공자는 그 진화 발전의 새로운 길을 연 것이다. 어떤 사람은 이렇게 말했다. "이 5000여년 간, 중국 역사 과정에 대한 방향이나 중국 문화 이상의 건립에 가장 깊은 영향과 큰 공헌을 한 사람으로 공자에 비할 사람이 없다."

　　공자 이래의 길고 긴 세월 동안 사람들은 공자를 존숭하고 경배하며 공자 사상에 따라서 처신을 해왔다. 공자를 반대하고 공격한 사람도 있지만 세상이 어떻게 변천해도 사람들은 대체로 비슷한 기본적인 욕구를 가지고 있다. 공자가 확립해서 논술한 가치 관념은 줄곧 사람들이 의지하는 근거가 되었다.

　　이와 같이 보건대, 당연히 중국을 이해하려면 공자부터 알아야 한다.

02 '빈천(贫贱)'한 환경에서 성장하다

공자는 기원전 551년에 중국 산동(山東) 곡부(曲阜)에서 태어났다. 곡부는 당시 주(周)왕조의 노(魯)나라에 속했다. 공자의 어머니는 노성(魯城) 동남쪽의 니구산(尼丘山)에 가서 아들을 낳게 해달라고 빌었는데, 그래서 공자의 이름이 구(丘), 자는 중니(仲尼)라고 한다. 태산(泰山) 남쪽의 이 언덕은 이로 인해 천하에 명성을 떨치게 되었다.

공자의 선조는 일찍이 대단한 지위에 있었다. 공자는 상(商)나라의 개국 군주 상탕(商湯)의 후예이다. 이러한 뛰어나고 오랜 혈통은 완전히 그로 하여금 긍지를 가지게 했다. 당시, 사람들은 "삼대명왕(三代明王)"을 매우 존경했는데, 요(堯)·순(舜)·우(禹)는 하(夏)왕조 전기에 처했다. 상탕은 상나라의 개국 군주이고 문왕, 무왕은 주(周)왕조의 기반을 닦았다. 그들의 천하통치는 매우 성공적이어서 모두 매우 대단한 "성왕(圣王)"으로 칭송받는다!

주(周)는 상(商)을 멸한 후 분봉(分封) 제도를 실행했다. 제(齊)·노(魯)·연(燕)·송(宋)·위(卫) 등 많은 제후국들은 바로 이 시기에 세워지기 시작했다. 주나라에는 아주 중요한 전통이 있었는데, 조상 제사를 특별히 중시하는 것이었다. 이전의 "선성왕(先圣王)"에 대하여 후세사람들을 지정해 제사를 받드는 것이었다. 그래서 은(殷)과 상(商)이 멸망한 후, 주왕조가 분봉하여 송(宋)나라를 건립하고 상탕에 대하여 제사를 받들게 하였다.

송나라의 이전 몇 대의 국왕은 모두가 공자의 선조이다. 원래는, 공자의 제10세 선조가 완전히 왕위를 계승할 수 있었으나, 그는 왕위를 겸손히 사양하고 대신만 역임

했다. 그 이후 몇 대는 모두 경대부(卿大夫)로서 국왕을 보좌했다. 공자 제6세 선조 공부가(孔父嘉)는 군대를 통솔하고 전쟁을 치른 대사마(大司马)였다. 그때 송나라에 내란이 발생하여 했는데 공부가는 살해당하고 그의 후대 사람들은 탈출하여 노국으로 가게 되었고, 이후로 그의 집안은 노국에 거주하게 되었다.

공자의 아버지 대에 이르렀을 때 공자의 가문은 이미 가세가 기울어 버렸다. 그러나 공자의 아버지 숙량흘(叔梁纥)은 신체가 강건하고 전투에서 매우 용맹한 노나라의 유명한 무사(武士)로 일찍이 있었던 한 번의 전쟁에서 전공을 세웠기 때문에 후읍대부(陬邑大夫)로 봉함을 받게 되었다. 숙량흘은 이전에 처첩을 취하였지만 유일한 아들이 족병(足病)이 있어 후계자로 적합하지 않아 숙량흘은 나이 들어서 젊은 여자 안징(颜徵)을 아내로 맞아 결혼하고 공자를 낳게 되었다.

공자의 탄생은 이 가정에 즐거움을 가져왔지만 안타깝게도 공자가 3살 때 아버지가 세상을 뜨게 되었다. 출중한 인물은 누구나 평범하지 않은 경력이 있기 마련이다. 일찍 겪게 되는 고생과 어려움이 아마도 바로 하나의 작은 재산이 되는 것이다. 당시의 공자는 아마도 몰랐을 것이다. 그가 나중에 존경해 마지 않았던 성왕(圣王) 순(舜)도 일찍이 일반 백성으로 오랫동안 민간에 살았었다는 것을, 공자도 그랬다. 아버지의 죽음으로 공자와 그의 어머니는 고아와 홀어머니로서 가난하고 힘들게 살게 되었는데 이것이 공자로 하여금 오히려 더 깊이 사회를 이해하고 인생을 알게 하였다.

아버지가 죽은 후 공자는 어머니를 따라 노나라 도성(都城)에서 거주했다. 모자는 서로 의지하며 살았는데 17세에 어머니가 돌아가시기까지 빈천한 생활을 보냈다. 편부모 가정은 아이의 성장에 불리했지만 어머니는 아이에게 더 많은 관심을 주고 학습과 성장에 좋은 환경을 마련해 주었다. 생활상의 고생과 운명적 불공정은 오히려 공자의 의지를 단련시켰다.

성년이 된 후, 공자는 위리(委吏)와 승전(乘田)을 맡아 본 적이 있었다. 위리는 곡식 창고를 관리하는 하급 관리이고 승전은 소, 양등의 가축을 관리하는 하급 관리이다. 이렇게 평범하고 낮은 직위라도 공자는 마찬가지로 부지런하고 성실하게 일했다. 그가 책임을 지고 곡식 창고를 관리하면 출납 장부는 틀림이 없었으며, 그가 책임을 지고 소, 양 등의 가축을 관리하면 소, 양은 튼튼하고 건실하게 길러졌다. 이러한 책임감 있는 태도가 바로 그의 일관된 처신 기법이며 풍격인 것이다.

아버지는 일찍기 노나라의 귀족이었지만 가세(家世)와 지위는 이미 기울어지고 말았다. 17세에 어머니마저 죽고나서 바로 얼마 후에 오래되지 않아 노나라의 집권 대신 계손씨(季孙氏)가 노나라 선비들을 집으로 초대하여 연회를 베풀었다. 공자도 이 소식을 듣고 갔는데 계손씨의 총관이 공자를 문 밖에서 저지하고 조롱했다. 상상이 된다. 공자가 이러한 모욕을 받고 그러한 수모를 겪으면서도 더욱더 분발하여, 각고의 노력 끝에 풍부한 학식으로 존중받게 된 것이다.

博學之

03 '호학(好学)'과 '박학(博学)'

공자는 어려서부터 남다른 뛰어난 점이 있었다. 노국(鲁国)은 예법과 음악을 중시한 동방 제후국이었다. 뿌리 깊은 예법과 음악 문화 분위기는 어린 공자에게 큰 영향을 주었다. 어머니의 교육 아래에 공자는 심지어 놀 때에도 각종의 제기를 진열하고 제사 예의를 따라서했다.

공자는 어렸을 때 배우기를 좋아했다. 15살 때 그는 이미 경국제세(经国济世)의 높은 뜻을 세웠다. 청소년 시절부터 그는 이미 예(礼), 악(乐), 사(射), 어(御), 서(书), 수(数) '육예(六艺)'에 정통했다. 그 당시 '육예'는 귀족 및 평민 자제들의 학교 교육에 필수 과목이었다. 다소 나이가 들었을 때 공자는 역사 문화 고서에 완전히 심취되어 지냈다. 그는 많은 책을 두루 섭렵하고 특히 그때 성인 교육의 정통 과목이었던 시(诗), 서(书), 예(礼), 악(乐) 등을 좋아했다.

50살 전에 공자는 정치에 뜻을 품고 기회를 끊임없이 엿보면서도, 부지런하고 배우기를 절대 멈추지 않았다. 지식을 공부하여 능력을 향상시킬 수 있다면 그는 꼭 그때그때에 파악했다. 박식한 사람이 내방하면 그는 듣자마자 가서 가르침을 청했다. 그는 주(周)왕조 도성에 가서 노자(老子)한테 배운 적도 있었다. 공자는 그 시대의 각국 현인을 존대해서 그들을 잘 알고 있었으며 많이 배우기도 하였다. 공자는 학습 내용이 광범위하다. 음악만은 장홍(苌弘)한테서 음악을 배우고 사양(师襄)에게서 거문고를 배웠다. 한 번은 그가 제국(齐国)에서 ≪소(韶)≫악(乐)을 듣고 완전히 매료되었다. 그는 악곡 속에 내재되어 있는 정신을 이해하고 뜻밖에도 "석 달 동안 고기

맛을 알지 못했다." 할 정도였다.

　공자가 박학다식하다는 것은 노국 사람뿐만 아니라 각국 사람들이 다 알고 있을 정도로 명성을 주렸다. 대신(大臣) 맹희자(孟僖子)가 사절로 초국(楚国)에 간 적이 있었다. 예컨대 외교 사무를 처리할 수 없어서 깊은 수치감을 느꼈다. 그래서 심기일전 하여 예를 배우게 되었다. 죽기 전에 그는 아들을 보고 공자에게 예를 배우라고 하였다. 공자는 경대부(卿大夫)의 아들을 제자로 삼고 나서 비로소 그의 명성이 일시에 높아졌다. 명성을 흠모하고 가르침을 청한 사람이 점점 더 많아졌다.

　공자는 겸손한 사람이지만 학문을 추구하는데에서 만은 아주 철두철미했다. 그는 본인이 박학다식하게 된 것은 역사 문화에 대한 관심과 꾸준한 노력때문이라고 생각했다. 그는 자기보다 더 충후하고 정직한 사람을 찾기는 어렵지 않지만 자기보다 학식을 더 좋아하는 사람을 찾는다는 것은 어렵다고 말한 적이 있었다. 그는 사고와 학습을 결합시킨 것을 잘했다. 겸허한 마음이 산골짜기만큼 깊은 사람이었다. 모든 사람한테 배워야 한다고 주장하였다. 사람마다 자기의 장점이 있기때문이다.

　공자는 배우기를 좋아하여 '박학(博学)'으로 유명했다. 세상 사람들이 모르는 문제가 있으면 자주 그에게 가르침을 청했다. 한번은 공자가 진국(陈国)에 있을 때 국왕 정원에서 매 한 마리가 날아 내려왔다. 그때 고목(楛木)으로 만든 화살이 매를 명중했다. 그 화살은 한 자정도 길이 였고 화살촉은 돌로 만들었다. 국왕은 사람을 보내어 공자에게 자문을 구했다. 공자는 다음과 같이 말했다. "이 매는 먼 숙신씨(肅慎氏)에서 날아온 것이다. 무왕은 상을 소멸할 때 국력이 강대해서 주변 부락은 모두 공물을 바쳤다. 숙신씨는 고시석노(楛矢石砮)로 조공을 바쳤다. 주왕(周王)은 숙신씨가 조공한 고시석노를 진국(陈国)의 사위에 하사했다. 만약 사람을 보내 부고에서 찾으면 찾을 수 있을 것이다."라고하니 국왕은 곧 사람을 보내 찾았는데 과연 공자의 말씀대로 찾게 되었다.

　계환자(季桓子)는 우물을 팔 때에 배가 크고 입이 작은 도자기를 얻게 되었다.

그 안에는 양처럼 생긴 물건이 있었다. 계환자는 가르침을 청할 때 성의없이 거짓말을 하여 일부러 공자의 속마음을 떠 보았다. 그는 공자에게 우물을 팔 때 개를 얻었다고 말했다. 공자는 다음과 같이 말했다. "내가 알기로는 우물을 파서 얻어지는 것은 개가 아니라 양이어야 한다. 왜냐하면 숲속의 괴물은 기(蘷), 도깨비(魍魎,망양)라고 부르고 물속의 괴물은 용, 망상(罔象)이라고 부르지만 땅속의 괴물은 양분(坟羊)이라고 부른다." 라고 일깨워 주었다.

공자는 자연과 역사를 잘 알고 고전을 정통한 사람이었다. 공자는 다른 사람과 학문을 논할 때에는 자주 ≪시경(诗经)≫과 ≪상서(尚书)≫의 구절을 인용하였고, 이에 명성이 멀리까지 퍼져나가 그의 곁에 더 많은 제자들을 두게 되었다.

道不同不相為謀

子靖書

$\overline{0}4$ 정치의 성공과 실패

공자는 춘추(春秋)시대 말 혼란기에 살면서 깊은 우려에 빠졌다. 그는 이 사회 모든 것을 변화시키려 마음을 먹었다. 그래서 벼슬길에 오르길 간절하게 원하였다. 이런 정치를 통해 나라를 구하려는 마음이 일찍부터 마음속에 굳어 있었다.

그러나 공자는 나이가 50여 세 넘어서야 나라 위기 속에서 임명되었다. 그때 노(魯)나라의 정무를 주관한 가신 계손씨(季孫氏)는 권력을 빼앗고 반란을 일으켰다. 그리고 노나라 주변에는 강한 나라들이 호시탐탐 노리고 있었다. 그 당시 공자는 中都(지금의 상동성 汶上경내를 가르킨다)宰로 임명되었다. 즉 노나라 서부 한 성읍의 지방 수령이다. 직위가 높지 않았지만 공자는 1년만에 성읍을 잘 관리하여 다른 나라들이 모든 사람들을 보내 성읍을 견학하고 배워 오도록 할 정도였다.

정치적 업적이 뛰어나자 공자는 이듬해 바로 사공(司空)으로 발탁되었다. 사공은 토목건축을 총괄하는 관직이었다. 공자가 부임한 후 직책에 충실하고 성과가 뛰어나 오래지 않아 대사구(大司寇)으로 발탁되었다. 대사구는 국가사법(國家司法), 형옥(刑獄)및 사회 치안을 총괄한 최고위 직이었다. 노나라 정권중에서 집권하고 있는 '삼경(三卿)'과 나란한 지위를 차지할 만큼 높은 관직이었다.

공자가 막 부임하자 바로 소신있고 정확하게 대부(大夫) 소정묘(少正卯)를 비판하였다. 초기 고전중에는 모두 공자가 "소정묘를 사형에 처했다(誅少正卯)"라고 기록이 되어 있었다. 대부분 후세 사람들은 공자가 그를 죽였다고 생각한다. 실은 그것이 아니다! 여기의 '주(誅)'는 '징벌과 토벌'의 의미다. 한나라 저서 ≪설문해자(说文解字)≫중에서도 다음과 같이 밝혀져 있다. "주(誅)는 토벌이다". 소정묘는 당시에 아주 영향력이 있는 인물이다. 변론에 뛰어나고 사악을 조장하고 행위와 사상이 위험한 사람이어서 군중을 쉽게 선동하는 사회의 악인이다. 그래서 공자가 공문앞의 망루(望楼)밑에서 사상적 차원에서 소정묘의 언행을 공개적으로 비판하여 사람들의 인식을 바르게 하고 민중을 교육시킨 것이었다.

공자의 뛰어난 재능은 협곡지회(夹谷之会)란 사건을 통해 뚜렷하게 나타났다. 제경공(齐景公)과 노정공(鲁定公)은 협곡(夹谷, 지금의 산동성 경내 莱芜를 가르킨다)에서 회맹할 때 공자는 노군상례(鲁君相礼)로 담당자가 되어 그 회맹(会盟)을 진행시켰다. 그는 제(齐)나라가 아마 강자로써 약자를 업신여기리라 예측하고 노나라 국왕에게 군사준비를 잘 했으면 좋겠다고 권하였다. 제나라가 과연 노나라 국왕을 해치려고 하였다. 그러나 이 때 공자가 그 음모를 밝혔다. 협곡지회의 승리를 통해 공자의 탁월한 정치외교 능력을 보여준 것이다.

노나라 권력이 쇠하자 국왕이 실권하여 집권하고 있는 3대 귀족을 견제하기 위해 공자가 다시 3대 귀족의 봉읍성보(封邑城堡)을 철거해야 한다고 주장했다. 처음에는 그의 이러한 주장은 비교적 순조롭게 진행했지만 집권 대부(大夫)에 불리한 조치였던 관계로 결국 실패하고 말았다. 이로써 공자와 집권 대부 간의 갈등은 더 심해졌다.

공자는 온 힘을 쏟아 나라를 다스림으로써 이웃 제나라 사람들을 불안하게 만들었다. 그러자 그들은 이간질을 통해 노나라 군신관계를 뒤 흔들었다. 노정공(鲁正公)과 계환자(季桓子)에게 미인 80명, 준마 120필을 보내줬다. 노나라 군신들은 정말로 그들의 음모대로 여색에 빠지고 정사에 태만해 지면서 공자를 외롭고 멀리하게 만들었다. 공자는 나라를 안정시키고자 한 소원을 이룰 수 없게 되자 노나라를 힘겹게 떠났다. 길고 긴 "주유열국(周游列国)"이 시작됐다.

노나라를 떠난 후 공자는 위(卫)·송(宋)·조(曹)·정(郑)·진(陈)·채(蔡)등 제후국을 돌아 다니면서 자기 소원을 실현할 수있는 무대를 찾고 있었다. 14년이나 긴 세월 동안 공자와 제자들은 사방에서 난관에 부딪히기도 하고 다른 사람들과 잘 어울리지도 못했다. 자기 주장을 인정해 주는 국왕을 찾기도 어려웠다. 그 동안 그들은 어려움과 온갖 고통을 겪었다. 겹겹이 포위된 적도 있었고 고의로 협박 당한 적도 있었다. 또 7일 동안 식량이 떨어져 심하게 굶은 적도 있었다……공자는 여전히 제자들에게 이상을 굳건하게 지키라 말하였다. 좌절에 흔들리지 않고 '무도(无道)' 현실에도 변하지 않아야 된다고 당부하였다.

14년 후 공자는 기나긴 유랑 생활을 끝내고 노나라로 돌아왔다. 그때 공자는 이미 68세의 노인이었다. 인생의 마지막 몇 년 동안 공자는 혼신을 다하여 고전을 정리하고 제자를 가르쳤다. 73세 되던 해에 공자는 뜻을 다 이루지 못한 채 세상을 떠나고 말았다.

子以四文忠
以教行信

05 가장 많은 성과를 이룬 교육가

약관 30세 이전에 공자는 벌써 제자를 받아들이고 기르침을 전수했다. 그의 명성이 높아지면서 제자도 점점 많아졌다. 공자는 사학의 대문을 사회에 열었다. 빈부 귀천의 구별 없이 사람마다 공부할 수 있게 하였다. 교육 대상을 일반 평민들에게 까지 확대시켰다.

공자의 제자들은 각국에서 찾아 왔으며 분포도 매우 넓었다. 그들은 출신 배경과 품성이 각기 달랐고 나이 차이도 많았다. 공자는 정기적으로 교육을 진행하고 일으켰다. 공자는 모두에게 개방한 교육을 실시하였다. 교육방법과 방식도 다양했다. 제자들은 자유롭게 드나들었다. 공자의 제자가 3000명 정도 되고 배움에 성과가 있는 제자도 70명 정도나 되었다.

사회 문제의 본질은 사람 문제다. 사회를 개조하려면 가장 근본적으로 개조해야 할 것은 바로 인심이다. 공자는 교육이 이런 목표를 실현하는 최상의 길임을 뚜렷하게 알고 있었다. 그가 제자를 둔 목적은 예악(礼乐)과 인의(仁义)로 많은 '성인(成人)'을 만들기 위한 것이었다. 문화의 힘으로 그들을 지식 소양과 덕이 있는 도덕군자(道德君子)로 양성하는 것이다. 이 도덕군자들이 정치에 입문하여 사회를 관리하면 기꺼이 사회를 더 좋게 이끌고 변화시킬 수 있다는 것이다. 이리하여 '천하유도(天下有道)'를 실현코자 하였다.

제자의 구성원이 복잡하지만 공자는 그들을 성공할 수 있는 인재로 키웠다. 공자는 사람의 천성이 모두 비슷하지만 후천 교육이 사람의 성장 과장에 더 중요하다고 여겼다. 교화(教化)는 한 나라의 발전과 번성에도 아주 중요한 것이다. 인구가 증가할 수록 백성들을 부유하게 살도록 하려면 반드시 교화가 필요하다 여겼다.

공자는 사람의 지능이 차이도 있고 취미도 달라서 교육은 반드시 적재적소에서 이루어져야 한다고 생각했다. 공자는 제자들의 개성과 특징을 아주 잘 파악하여 서로 다른 제자들에게 서로 다른 가르침을 주고 차근차근 잘 일깨워 주었다. 공자의 학술 강연 형식도 매우 다양했다. 그가 양성한 제자는 '머리가 희도록 경전만 공부하는(皓首窮经)' 유생이 아니라 배운 것을 실천하는(知行合一)의 군자였다. 그는 실천을 중요시하고 제자의 정치 참여를 격려했다.

공자의 성공적인 교육 관건은 몸으로 직접 실천하는 것에 있다. 공자는 몸소 모범을 보여주는 것이 교육과 정치에 영향이 크다는 것을 깊이 이해하고 있다. 공자는 평소에 자신에 대해서는 더욱 더 엄격함을 요구하였다. 그의 근면과 이상을 실현하기 위해 최선을 다하는 정신이 거대한 인격적인 매력을 형성하여 제자들에게 깊은 영형을 끼쳤다. 제자들은 스승를 숭배하고 공경하며 스승에게 진실된 마음으로 따랐다. 이리하여 엄격하면서도 융화된 사제 관계를 형성했다.

사학의 출현은 '공부를 하다 여유가 생기면 벼슬을 하는(学而优则仕)' 것을 가능하게 만들었다. 이것도 귀족세습제 전통을 타파하여 사회의 개방성과 유동성을 촉진시켰다. 또한 사족을 한 계층으로 역사 무대에 오를 수 있도록 추진하였다. 공자가 매진한 교육 활동은 중국 교육사 심지어는 문화사에 있어서 획기적인 의미를 부여하였다. 바로 이런 뛰어난 공헌으로 인해 후세사람들은 공자를 '만세사표(万世师表)'로 떠받들었다.

十室之邑，必有忠信如丘者焉，不如丘之好學也

06 제자가 공자의 언론을 기록한다

　　공자는 떠나지만 많은 말과 글, 그리고 논쟁을 남아 있다. 우리는 공자를 미루고 연구하여 그의 사상을 이해하고 학술을 인지할 수 있다.

　　공자는 고대의 문화를 추앙하고 부지런히 공부하고 사색한다. 공자는 많은 고전 문헌을 정리했고 노나라 사서 ≪춘추≫를 수정했다. 그 수 십년 동안의 교육 생애에서 공자와 제자 간 그리고 당시의 인물들과의 대화가 기록되기 시작했고 그 말씀들 중에서 선별하여 ≪논어≫를 편집 완성하기에 이른다.

　　공자의 이러한 '담화 기록'은 주로 공자의 제자들이 정리하였다. ≪논어≫중에는 제자 자장(子张)이 공자에게 '행(行)'에 대한 문제를 묻는 것을 기록하고 있다. 그는 어디에 가든 통달할 수 있는 것을 바란다. 그래서 공자한테 어떻게 행동해야 하는지에 대한 가르침을 청하게 된다. 공자는 "언충신, 행두경(言忠信, 行笃敬)"만 할 수 있으면 어디에 가든 순조롭게 통달할 수 있다고 여겼다. 그러할 수 없다면 이웃 사이조차도 통할 수 없다. 가장 중요한 것은 성실하게 행동하는 것이라고 하였다. 공자의 멋진 논설을 듣고 자장은 급히 '서주신(书诸绅)'을 했다. 소위 '서주신'은 바로 자신의 넓은 허리띠에 즉시 글을 써 놓는 것을 말한다. 공자와 함께 학문을 배울 때 제자들이 틈나는 대로 공자의 중요한 말과 가르침을 기록한 습관이 있었다는 것을 쉽게 추측할 수 있는 부분이다.

　　≪논어≫의 가치와 견줄 만한 책도 있다. ≪공자가어≫라고 한다. 그 내용에는 더 많은 비슷한 기록이 있다. 그 가운데서 오랜 시간 동안 제자들은 스승의 가르침을 듣고 난 후 "물러나서 그것을 기록했다(退而记之)"라는 기록이 있다. 또한 공자는

때때로 가르침 끝난 후에 제자들에게 기록하도록 명하기도 했다. ≪공자가어≫는 또 중요한 자료를 제공했다. 바로 공자는 말년에 교육한 내용을 수시로 젊은 제자들이 세세하게 순서대로 기록한 것이다.

현존하는 공자의 언론은 크게 두 종류를 나눈다. 하나는 언어 토막이다. 구체적인 언어 정경도 없고 글자 수도 적다. 어록체에 속하고 ≪논어≫와 같다. 다른 하나는 문장으로 이루어진 논술이다. 사건의 기술은 비교적 완정하고 정경의 설명이 있다. ≪공자가어≫와 비슷하고 편폭이 비교적 긴다. 물론, 이런 분류는 단지 공자의 유설 자료를 더 좋게 개술하기 위한 것이었다.

사람들은 공자가 돌아가신 후 오래 되지 않아 ≪논어≫란 책이 만들어질 것을 추측했다. 왜냐하면 상식적으로 생각해 보면, 공자가 돌아가시면서 '미언(微言)'도 살아질 것으로 인식하였다. 제자들중에서 서로 학파가 다른 경우도 많았다. 그들이 모여서 장례를 치를 때, 앞으로 다들 흩어져서 '미언'도 분산될 까봐 염려하였고, 그래서 공자의 도(道)를 전승하기에 불리하다고 생각했다. 그래서 공자와 제자의 언론을 편찬하는 것을 주장했을 것이다. 그리고 그때 아마 시기적으로 가장 성숙하고 용이한 시기였지 않았나 사료된다.

그러나 그 때 수집된 것은 제자들이 개인적으로 기록하고 정리한 공자의 말씀이고 그 것이 바로 ≪공자가어≫의 초기 형태였을 것이다. 왜냐하면 ≪공자가어≫는 서로 다른 제자가 '필기(笔记)'의 정리하고 집대성한 것처럼 보이기 때문이다. 그런데 ≪논어≫ 중에서 증자(曾子) 죽기전의 말을 기재되어 있다. 증자는 공자보다 46살 어리다. 이렇게 볼 때, ≪논어≫의 편찬은 매우 이른 시기에 이루어졌다고는 볼 수 없는 것이다.

섬세하게 연구하면 ≪논어≫자료가 자유자재로 모아진 것이 아니라 일정한 내재적 인 논리가 있다는 걸 발견할 수 있다. 이는 편자가 공자 사상에 대한 이해와 파악을 표현한 곳에서 알 수 있다. 서한(西汉) 시기에 공자 후예 공안국(孔安國)은 ≪논어≫ 가 '정실이절사(正实而切事)'의 특징이 있다고 말한다. 정말 일리가 있다! 예전에는

'논어'의 '논(论)'과 '논(抡)'이 상통하였으니 곧, '고르고 선택하다'의 뜻이다. '논어'는 사실 엄선된 공자의 언어인 것이다.

분명한 것은, 《논어》는 급조된 '단체 휘편(汇编)'이 아니라 세심한 선택과 배열을 거쳐서 이루어진 것이다. 《공자가어》는 '가(家)'라고 일컬어지고 있고, 아울러 공자의 경험과 일생을 기록하고 있다. 또 《본성(本姓)》은 그의 가문의 원류를 기술하고 있으며 그것은 '공씨가학(孔氏家学)'의 범위에 속한 것을 설명한다. 공안국은 《가어》와 《논어》가 '같은 시기에 있다'고 말하였는데, 각종 흔적으로 미루어 보면 양자의 마지막의 정리와 편집자는 아마 공자의 후손 자사(子思)일 것이다.

07 공자 언론이 ≪논어≫를 초월한다

만약 처음 공자를 접하고자 한다면 먼저 ≪논어≫를 읽으라는 권유가 많을텐데, 왜냐하면 ≪논어≫는 공자 언행에 대한 가장 신뢰가 가는 문헌이기 때문이다.

그러나 ≪논어≫외에 많은 공자 언론이 보존되어 있다. ≪공자가어≫이외의 다른 문헌에도 많이 있는데, 예를 들면 ≪예기(礼记)≫, ≪대대예기(大戴礼记)≫, ≪역전(易傳)≫, ≪좌전(左传)≫, ≪맹자(孟子)≫, ≪순자(荀子)≫, ≪공총자(孔丛子)≫및 기타 제자 문헌, 심지어 발굴된 문헌에서도 공자 유설이 담겨 있다.

옛날에 사람들은 고전중에서의 공자 유설을 믿을 수 없다고 여겼다. 방대한 양의 숨겨졌던 새로운 문헌들이 계속 발굴됨에 따라 사람들은 예전의 의심이 다 '지나쳤음'고 깨달았다. 이 지나친 의심은 아주 심각한 결과를 초래하여, 심지어 사람들로 하여금 '모든 책이 위서로 보이는(无书不伪)' 느낌이 들 수 있는 정도로 만들었다. 그래서 오랜 시간 동안 사람들은 공자를 배우고 이해할 때에 오로지 ≪논어≫만을 공부하게 되었다. 심지어 ≪논어≫까지 의심하는 사람도 생겨나, 아예 ≪논어≫가 공자의 제자 및 후학들이 지속적으로 덧붙이고 편집하여 나온 결과물이라고 여길 정도였다.

사실은 선진(先秦) 양한(两汉) 시대의 고전중에서 단순하게 '자왈(子曰)'의 형식으로 나타난 기록들을 보면 '자(子)'는 모두 공자를 가리키고 있으며 지금까지 단 하나의 예외도 없었다. '자왈'을 '공자왈(孔子曰)'로 해석하는 것은 당시의 고전에서 서술하는 통례이었다. 이는 공자가 그 당시에 영향력이 막강하였다는 것을 보여 주는 것이다. 물론 개별적으로 제자가 공자를 사칭하여 저술한 것도 있었고, 인용되고 소개된 공자 언행 및 제자들의 기술이 모두 완전히 믿을 만한 것도 아님은 사실이나, 그 외의 대다수는 공자의 제자들이 기록해서 남겨준 공자유설임이 분명하다.

　특히 주의해야 할 것은 ≪공자가어≫의 가치를 가벼이 보아서는 안 된다는 것이다. ≪공자가어≫의 글자수는 ≪논어≫보다 훨씬 많으며, ≪공자가어≫는 매우 귀중한 공자 언론집이고 내용도 매우 풍부하다. 물론, 이 책의 운명은 그 다지 손조롭지 않았으며, 제자와 후학의 윤색과 가공을 걸쳐서 만들어진 책이었다. 이러한 '윤색(润色)'은 오래된 문헌들이 전해내려 오는 과정에서 정상적으로 생겨나는 현상이니 이른바 '위서(伪书)'와는 근본적으로는 다르다.

　사실, 후세 사람들이 공자 언론에 대해 편집 정리하고, 윤색 가공을 하게됨에 있어서 그 상황은 각각 다르다. 예를 들어 누군가 자사(子思)가 기록한 공자 언론이 아마 자사 본인이 기록한 것이라 의심하였다면, 자사는 자기가 기술한 공자의 말씀을 중에 직접 들은 것도 있고, 타인에게서 들은 것도 있다고 말했을 것이니, 비록 한 글자 차이는 있겠지만 절대로 공자를 위배하지 않았고, 공자의 '의(意)' 또한 잃지 않았던 것이다. 또 공안국(孔安国)은 온갖 방법을 동원해서 공자의 말씀을 찾아내고 정리하여 ≪공자가어≫를 편집하게 되었는데, 이는 공안국이 성인의 말씀을 잃어버린 것에 대한 깊은 근심이 담겨 있는 것으로, 개인이 마음대로 성현의 말씀을 첨삭하는 방법을 매우 못마땅히 여겼던 바, 어떻게 자신 또한 '위서'의 행위를 할 수 있었겠는가?

朝聞道夕死可矣

08 천천히 '음미'해야 맛이 난다

　　공자의 수많은 이야기를 담은 문헌을 접하고 있는 우리는 어떻게 공자가 주로 했던 이야기가 무엇인지 알수 있을까? 공자 언론이 서로 다른 성격의 문헌에서 흩어져 분산되어 있다는 것을 상상할 수 있다. ≪논어≫는 상대적으로 체계화 되어 있지만 이20편의 구조는 좀 느슨한 편으로, 완전히 정리된 완성본에 익숙해져 있는 현대인들은 읽는데 있어서 다소 불편함을 느낄 것이다.

　　이런 재미있는 현상이 하나 있다. 공자의 언론이 대부분 대화 형식으로 보존되어 있는데, 마찬가지로 고대 희랍 소크라테스의 언론도 대화 형식으로 보존되어 있다. 따라서 이러한 문체 안에는 기묘한 부분이 있을 것이다. 그것들은 선별과정을 거쳐 마치 농축된 정화처럼 예지로운 사상을 담겨 있다. 마음을 가라앉히고 자세히 그 안의 사상과 지혜를 음미해 보면, 마치 중국 사람들이 공부차(工夫茶)를 마시는 느낌처럼, 찻잎을 뜨거운 물에 담고 천천히 음미해 보면 그 미묘함을 알게 되는 것과 같다.

　　그러나 어떤 사람은 이러한 인식을 받아들이지 않고, 공자의 말씀은 단지 '실속없는 도덕 설교'에 불과한 하찮은 것이라고 업신여긴다. 그런데 ≪역전(易传)≫, ≪중용(中庸)≫등 공자의 논술을 진정으로 이해하려 한다면 공자의 사상과 학술은 그렇게 쉽지 않은 것임을 깊이 느낄 수 있다.

　　공자는 고립되고 정지된 상태로 문제를 생각하지 않았다. 그는 '인도(人道)'를 생각할 때 '인정(人情)'도 같이 고려하였으며, 그가 자주 말한 '예(礼)'에 있어서도 예의 천연 합리성까지 늘 생각하였다. 그의 사상에서는 '예'는 바로 '리(理)'다. 따라서 예는 '리만물(理万物)'의 기능을 갖추게 되는 것으로, 반드시 천시(天时), 지리(地利), 귀신

(鬼神), 인심(人心)에 부합해야 한다.

공자가 제시한 방법은 매우 간단하다. 허나 공자의 말씀을 좋아하든 싫어하든 그중에는 우리가 처음 보는 것보다 훨씬 더 많은 지혜가 담겨 있다. 예를 들어 우리가 생활하는 이 세상에는 사람과 사람간의 관심과 사랑이 필요하다. 그러기에 사랑하는 마음을 키우는 것은 가장 중요한 문제일 수밖에 없는 것이니, 이에 공자가 우리를 다음과 같이 가르친 것이다. 곧, 사랑하는 마음을 키우려면 부모님을 공경하는 효도에서 시작하라는 점인데, 이는 너무나 당연해서 더 이상 논증할 필요가 없다.

말하건대, 유교는 넓고 깊은 사상 체계의 학식이면서도 아주 간단하다. 공자는 단 한 번에 그치지 않고 제자에게 다음과 같이 말했다. 내가 깊이 배워서 억지로 기억한 것이라 생각하지 마라, 사실은 내 학문은 '하나로 모든 것을 관통한다(一以貫之)'. 증자(曾子)는 하나로 관통하는 학문은 바로 '충서(忠恕)'이며, 곧 '자기를 수양해서 사람을 편안하게 하는 것(修己以安人)'이라고 생각했다. 그래서 공자는 "자기가 싫은 것은 남에게 강요하지 마라"라고 말한 것이다. 이는 모든 사람들이 다 배워야할 '군자의 도(君子之道)'라고 생각한 것이다.

그러나 자기를 미루어 남을 헤아리는 '추기급인(推己及人)'은 정말 "말하기는 쉽지만 실천하긴 어렵다." '추기급인'은 확실한 '수양을 필요로 하고 있어, 공자가 이야기하는 회제는 매우 넓지만 '추기급인'을 벗어나는 말이 한 마디도 없다.

독자들이 공자를 더 정확히 파악할 수 있도록 하기 위해 우리는 서로 다른 논제에 따라서 공자 유설을 크게 분류하였다. 엄선한 공자 언론을 '이상(理想)', '관리(管理)', '예악(礼乐)', '학습(学习)', '가정(家庭)', '교우(交友)', '인생(人生)', '자연(自然)' 등 여러 편으로 편집하였다. 그 중에 편집한 사람이 전통적인 해석과 학자들의 저술에 기초해서 새로운 견해를 담아 내었다. 또한, 매 편마다 앞부분에 모두 '독서 안내'가 있고 전체에 대한 소개와 해설이 있다. 그리고 선별된 공자의 이야기에 대해 원문뿐만 아니라 주석, 번역문과 해석을 모두 수록했다. 각각 치중하는 바가 있으며 점점 내용이 깊어졌다.

마음을 가다듬고 읽어서 이 책의 오묘한 부분도 음미할 수 있기를 희망한다.

2

이상(理想)편

[독서안내]

이상은 인생의 방향을 명확히 밝혀 준다. 이상이 있어야 사람의 생명도 가치를 가질 수 있다.

후손들이 공자를 '성인'이라 부르며 공자만큼 지위와 영향력이 큰 성인은 없었다고 여긴다. 공자는 어떻게 중화민족의 '지성선사(至圣先师)'가 되었을까? 또 어떻게 비교될 수 없는 숭고한 지위를 갖추었을까? 이는 자신의 노력으로 이룬 학문과 덕성 외에 근본적인 원인은 자신의 신념과 이상을 한결같이 하고 목숨을 잃어버려도 후회하지 않을 그런 결심이 있었기 때문이다.

공자의 마음속에는 성스러운 천지가 있었으니, 공자가 끊임없이 추구하는 이상 사회는 사람마다 편안하고 건강하며 조화롭게 사는 평등하고 자유로운 사회였다. 아울러 서로 아끼고 사랑하는 마음으로 생활하기를 바라는 희망이 담겨 있다. 그러므로 공자는 인심(人心)과 사회에 많은 관심을 두고 있었다. 자신에 대한 조절과 완전한 인격을 통해 화목한 가정과 조화로운 사회 그리고 태평천하를 만드는 것을 주장한 것이었다. 덕으로 정치를 다스리고 인으로 사람을 사랑하는 것을 강조하였으며, '충서지도(忠恕之道)'를 주창하고 '진선진미(尽善尽美)'를 추구하면서 '예(礼), 인(仁), 중용(中庸)' 등을 기본적인 내용으로 사상학설을 구축했다.

성인이라는 것은 맹목적으로 숭배해야 하는 사람도 아니고 모셔야 하는 조각상도 아니다. 단지 성인은 하나의 인생 속에 존재하고 하나의 이상적인 인격으로 존재할 뿐이다. 성인은 인(仁)과 지(智)를 겸비한 완벽한 이미지와 하나의 문화적 상징인 존재인 것이다.

學而時習
之不亦說
乎有朋自
遠方來不
亦樂乎人
不知而不
慍不亦君
子乎

1、学而时习之，不亦说乎？有朋自远方来，不亦乐乎？人不知，
而不愠，不亦君子乎？

―― ≪论语·学而≫

[주석]

学 : 학설. 사상·주장을 가리킨다. 사회와
인생에 전체적인 인식을 말한다.

而 : 만약.

时 : 시대, 사회, 현세.

习 : 응용, 실천.

说 : '悦'과 같음. 희열, 기쁨.

有朋 : 즉 '朋友'. 여기에서 소위 '朋友'란 일

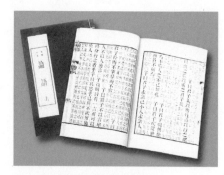

≪论语≫书影

반적인 친구가 아니고 서로 뜻이 같고 생각이 일치하는 사람을 가리킨다.

君子 : 일반적으로 학문, 지위, 수양 등을 갖춘 사람을 가리킨다.

[번역문]

만약 사회에서 나의 학설을 받아들이고 그것을 운용한다면 어찌 기쁘지 않겠는가?
설령 그렇지 않더라도 나의 학설에 동의하는 사람이 멀리서 온다면 이 또한 즐겁지
않겠는가? 설령 사회에서 받아들이지 않고 사람이 알아주지 않는다 하더라도 원망하
거나 회내지 않으면 이 또한 수양된 군자가 아니겠는가?

[해석]

이 문장은 ≪논어≫ 서두의 첫마디로 공자가 추구한 인생을 새겨보고 ≪논어≫의

편집자들이 공자의 처지와 인생태도에 대한 깊은 이해를 드러내고 있다. 공자는 자기가 처한 사회에 대해 절실함을 느끼고 치세에 대한 포부를 펼치기를 희망했다. 비록 진정한 이해와 인정을 줄곧 못 받았지만 공자는 여전히 사회에 관심을 두고 이상을 품어 고결한 군자의 성품을 보여 주었다.

임종하기 전날 공자는 이른 아침에 일어나서 뒷짐을 지며 지팡이를 끌고 집 앞을 산책하면서 부르짖었다. "태산이 아마 무너지게 될 것이다! 동량은 아마 헐어 버리게 될 것이다! 철인은 아마 병이 들어 죽을 것이다!" 끝마친 후 방으로 들어가 문을 향해 앉았다. 곧이어 공자의 제자인 자공이 그 소리를 듣고 방으로 빨리 들어가 공자를 찾아 뵈니, 공자는 탄식하면서 말했다. "성명한 왕이 나타나지 않으니 누가 나의 학설을 존중해줄 수 있겠는가?"

공자가 죽기 전에 남긴 말은 깊은 뜻을 담고 있다. 자신이 떠날 날도 멀지 않은 걸 알고 세상을 떠날 때 태산, 양목, 철인으로 자신을 비유했으며 무도한 현실과 자신의 학설이 세상에 널리 퍼지지 못함을 개탄했다. 그리고 공자가 평생동안 자신의 학설을 펼쳐서 세상인심을 구하고 조화로운 세계를 구축하려는 포부를 드러냈다.

2、大道之行也，天下为公。选贤与能，讲信修睦。

—— ≪孔子家语·礼运≫

【주석】

    大道 : 하(夏), 상(商), 주(周) 세 시대의 '성왕(조王)'시기에 천하를 다스리는 원칙을
        가리킨다.

    选贤与能 : 어진 이를 뽑고 능한 자를 고르는 말.

    讲信和睦 : 성신(诚信)과 화목함을 추구하는 말.

【번역문】

    대도가 행해지는 시대에는 천하는 모든 사람의 공동의 소유물이다. 어진 이를 뽑고 능한 자를 골라서 정치를 다스리고 사람과 사람 간의 성신과 화목함을 추구하는 시대다.

【더 읽을 자료】 삼대(三代): 중국 고대의 하(夏), 상(商), 주(周) 세 왕조의 합칭이다. 중국 '하상주단대공정(夏商周斷代工程)'의 전문가 팀이 공포하는 ≪하(夏), 상(商),주(周) 연표≫에 따르면 하(夏)는 기원전2070~기원전1600년이며 상(商)은 기원전1600~기원전1046년이고 주(周)는 기원전1046~기원전256년이다.

【해석】

    이 문장은 공자의 사회 이상에 대한 개괄이다.

    공자의 '대동(大同)'이상은 정치가들에게 제시한 요구 사항이 본질적으로는 사회 구성원들의 인심을 교화하고자 하는 것이다. 공자는 모든 민중(民众)들이 온 세상에

대해 관심을 가져야 하며 넓은 마음으로 현실 세계를 대해야 하고 모든 사람들의 이익을 중요시해야 한다고 여겼다. 세상의 모든 노인들은 편안하고 행복하여야 하며 친구들 간에는 서로 신뢰를 쌓고 청년들이 가슴에 큰 뜻을 품을 수 있기를 희망했다.

이런 사회는 공자가 평생 추구한 사회 모습이었을 뿐만 아니라 유교가 일관적으로 추구하였던 모습으로, 구체적인 일상 생활 속에서도 자주 볼 수 있었다. 한번은 공자가 제자 자로(子路), 자공(子贡), 안회(颜回) 등과 같이 노나라 북쪽을 돌아다니고 도중에 농산(农山) 산정에 올라간 적이 있었다. 그 곳에서 공자는 제자들에게 마음껏 포부를 이야기하라고 하였다. 이때 자로, 자공은 문(文), 무(武) 양쪽 측면에서 자신들의 이상을 말했고, 안회 또한 다음과 같이 자기의 이상을 말했다. "성명한 왕을 보좌하고 부의(父义), 모자(母慈), 형우(兄友), 제공(弟恭), 자효(子孝) 등 다섯 가지 교화를 실천하며, 예악을 널리 펼쳐 사람들을 교도하여야 합니다. 그리하면 백성들은 성곽을 축조할 필요도 없고, 또한 성곽을 넘어 전쟁을 하러 갈 필요도 없습니다. 오히려 각종 무기를 농기구로 주조하고 원야(原野) 호반(湖畔)에 소와 말을 방목할 수 있으니, 부부들은 이별의 그리움과 괴로움이 없고 온 세상에 전란이 영원히 없게 될 것입니다." 하니, "정말 아름다운 덕행이로다!"라고 공자가 근엄하게 평가했다. 그것은 또한 공자가 간절히 원하던 것이 아니였던가?

자로가 공자에게 어떠한 포부를 택할 수 있는지를 물어볼 때 공자는 안회에 대해 높이 평가하면서 말했다. "재물을 낭비하지 않으며 백성들에게 해를 끼치지 않고 말을 많이 할 필요도 없고 이렇게 나라를 관리할 수 있는 사람은 안회 밖에 없다."

'대동'사회의 실현은 공자의 이상과 포부이었고 만년까지도 포기하지 않았다. 한번은 공자가 자로, 증희(曾晳), 염유(冉有), 공서화(公西华) 함께 이상과 포부에 대해 이야기를 했다. 제자들은 각자가 자기의 견해를 폈는데 증희의 대답만 공자의 인정을 받았다. 증희는 "음력 3월 늦봄에 봄차림을 하고 성인 대여섯 명, 소년 예닐곱 명과 함께 이허(沂河)에서 물놀이를 하고 무우대(舞雩台)에서 바람을 쐬며 노래를 부르고 갔다 왔다."라고 했다. 너무나 아름다운 정경이구나! 공자는 감탄하면서 "증희의 뜻을 찬성한다."고 하였다. 이는 공자가 상서로운 경향에 대한 무한한 동경을 밝힌 것이다.

[더 읽을 자료]

안회(顔回)(전521년－전481년) : 자는 자연(子淵) 혹은 안연(顔淵)이고 춘추 말년 노나라 사람이며 공자가 가장 좋아하는 제자이다. 안회는 공자를 숭앙하며 열심히 추종하고 공자의 학설을 최대한 일찍 깨닫고 이해하여 힘써 실천하였다. 안회는 공자를 부친으로 간주하였으며, 공자의 문하생으로 안회는 도덕적으로 가장 높은 경지에 이르렀으니, 실로 오랜 세월속에서 모범적이라고 할 수 있다.

曲阜复圣庙

天下為公 大道之行也

3、为政以德，譬如北辰，居其所而众星共之。

—— ≪论语·为政≫

[주석]

为政以德 : 정사(政事)를 덕으로 다스리고 나라를 도덕으로 관리한다.

以 : (으)로 한다.

北辰 : 북극성

所 : 처소, 위치를 이르는 말.

共(gǒng) : '拱'과 같은 의미로 둘러싸고 지킨다는 말.

[번역문]

자신의 도덕 수양을 바탕으로 나라를 다스리면 북극성처럼 일정한 위치에 있는데 다른 별들이 모두 그 북극성을 중심으로 돈다.

[해석]

공자는 정치의 본질은 오로지 자신의 몸을 닦아 남을 교화하는 것으로 다른 방법이 없다고 여겼다. 따라서 관리로써 정치를 하는 핵심과 근본은 도덕 수양을 강화하는데 있는 것이다. 하나의 생생한 비유로 이 주장의 중요성을 설명하였던 바, 덕으로 나라를 다스리는 것은 북극성처럼 일정한 위치에 있는데 다른 별들이 모두 북극성을 중심으로 도는 것과 같다. 덕으로 다스리는 것의 위력은 사람들의 마음을 사로잡고 응집된 힘을 보여줄 수 있다. 또한 대조의 방법으로 덕정(德政)의 중요한 의미를 한층 더 강조했다. 공자가 말하시기를, "행정 수단으로 나라를 다스리고, 형벌로 백성을 통일하면 백성들이 두려워서 잠시 죄를 저지르지는 않겠지만 염치를 모를 수 밖에 없다.

為政以德，譬如北辰居其所而眾星共之。

덕으로 나라를 다스리고, 예법으로 백성들을 통일하면, 백성들은 염치도 알고 마음으로 스스로 깨우친다."라 하였다.

공자는 '위정이덕(为政以德)'을 주장하였는데, 이는 자기 정치 사상의 이론적 기반이 되었다. 덕치를 주장한 공자는 형벌의 효과를 완전히 부정하지는 않았다. 공자는 역사상의 경험과 교훈을 고찰하고 '덕을 위주로 하고 법을 보조적 수단으로 삼는(德主刑辅)' 정치적 주장을 제창하였다. 즉, 공자의 정치사상은 주로 일종의 덕치관이고 정치가들의 개인 수양을 더욱더 강조한 것이었다. 그러나 형벌 폐지를 주장하지는 않았고 '용맹상제(너그러움과 엄격함을 잘 조화시켜 정치를 펼치기)'의 이론을 제시하였다. 예를 들어, 공자는 정국(郑国)이 형벌로써 도둑들을 징벌하는 방법에 대해 찬성하였다.

4、樊迟问仁。子曰："爱人。"

—— ≪论语·颜渊≫

[주석]

　樊迟 : 이름은 수(须), 字는 자지(子迟)이며, 공자의 제자이다.

[번역문]

　번지(樊迟)가 인에 대해 물으니, 공자는 "사람을 사랑하는 것이다."라고 말하였다.

[해석]

　유학은 "자기를 수양하고 사람들을 편안하게"하는 학문이며 사회가 혼란한 상황을 다스리는 것에 관심을 가지고 스스로 체계를 이룬 사상을 담고 있다. 그 중에서 '인(仁)' 사상은 가장 중요하며, 이는 공자 도덕 이론의 기본 원칙이며, 동시에 각종 도덕 규범과 요구의 기본적인 출발점이다. 정리하자면 유가의 도덕 규범 체계는 '인'을 핵심으로 펼쳐졌다고 말할 수 있다.

　전국시대에는 '인' 글자의 쓰임은 몸과 마음으로부터의 그리고 상하구조로서 자신을 반성하는 뜻을 가리킨다. 따라서 '인'의 실현은 대외적으로 자애로운 마음을 펼치는 태동적인 과정이었다. 자신이 자애심을 가지고 친족들에게 효도하여 이 자애심을 타인 심지어 자연 만물에 까지 전파하는 과정이다. 그래서 '인'은 다면적이고 다층적인 태동 과정이라고 이해할 수 있다.

　유가는 사람을 근본으로 하고 어진 사람은 사람을 사랑함을 부르짓는다. 유학은 사람의 생명에 대한 가치에 관심이 집중되어 있고 사람의 도덕적 경지를 높이고자 하니 마음으로부터 우러나오는 사랑을 친족부터 대외적으로 널리 확대시켜 온 세상에

像溪濂周

周敦頤

程 顥

가득 차게 하면 세상의 분쟁과 대립을 얼마나 많이 줄일 수도 있었겠는가?

후대의 유림이 공자의 이러한 정신을 계승하였다. 후대의 유림은 산과 물이 있는 자연을 마음에 둔 채로 좋아하고 이런 경지를 지향하였다. 전해 내려오는 바에 의하면 북송 시대의 대 유학자 주돈이(周敦頤)가 자신의 집 앞에 있는 잡초를 한번도 뽑지 않았다고 한다. 이에 대부분의 사람들은 주돈이가 게으르다고 생각했지만 주돈이는 사물과 나의 존재를 망각하고, 자연과 사람이 하나가 되는 경지라고 인식하였다. 또 다른 대 유학자 정호(程顥)도 이러한 영향을 받아 창문 앞에 잡초가 계단을 덮고 있으므로 다른 사람들은 하나같이 잡초를 제거해야 한다고 하였다. 허나 정호는 항시 만물 생명의 의취를 볼 수 있도록 잡초를 뽑지 않아야 한다고 하였다. 그리고 세수 대야에 작은 물고기를 기르면서 자주 보았는데, 왜 이렇게 하냐고 물어보니 만물이 스스로 즐거움을 느끼는 의취를 보기 위함이라고 대답했다. 정호는 잡초를 통해서 생명의 낙을 알게 됐고 물고기를 통해서 스스로 즐거움을 느끼는 의취를 깨닫게 되었던 것이다. 보통 평범한 사람들은 감히 함께 논할 수도 없은 식견이지 않는가? 이 두 사람을 통해서 볼때, 이는 유가의 만물을 사랑하고 자연과 조화롭게 지내는 정신을 몸소 보여준 것이다.

5、己所不欲，勿施于人。

── ≪论语·卫灵公≫

[주석]

欲 : -하고자 하다.

勿 : -하지 않다.

施 : 주다. 넣다.

[번역문]

자기가 하고자 아니하는 바를 남에게 베풀지 않는 것이다.

[해석]

공자는 인(仁)을 실천하는 것을 주장하였다. '인애(仁爱)'를 이루기 위해서는 먼저 자신의 친척들을 사랑해야 하며 사랑하는 마음을 길러 널리 펼치고, 일반 사람들도 폭넓게 사랑하며 마지막에는 온 세상 사람들을 사랑하는 경지에 도달해야 한다고 하였다. 공자의 '인' 사상은 '추기급인(推己及人)'의 도덕적 요구를 포함하고 있는데 '추기급인'은 '인도(仁道)'를 실현할 수 있는 기본적인 길이다.

"자기가 하고자 아니하는 바를 남에게 베풀지 않는 것"은 '추기급인'의 기본 요구이고 자신의 마음속에 담겨있는 사랑을 일반 사람들에게 펼치며 사리사욕을 채우지 않고 다른 사람을 최대한 이해하는 일련의 도덕적 정신과 기준인 것이다. 사람마다 사욕이 있는 사실을 인정하는 전제 조건하에 타인의 욕망을 존중하고 자신의 욕망에 대해서는 신중히 처신할 것을 요구하고 있다. 사욕을 남에게 적용시키지 말아야 할 뿐만 아니라 타인의 정당한 욕망을 경시하지 아니하고 다른 사람의 이익에도 손해를 입히면 안 된다는 관점이다.

"자기가 하고자 아니하는 바를 남에게 베풀지 않는 것"에 해당하는 또 다른 표현은 "자신이 서고자 하면 남부터 먼저 서게 하고, 자신이 뜻을 이루고자 하면 남부터 먼저 뜻을 이루게 해주어야 하는 것"이란 의미이다. 즉 자신이 성공하기 위해 먼저 남에게 도움을 주어야 하는 것이다. "자신이 서고자 하면 남부터 먼저 서게 하고, 자신이 뜻을 이루고자 하면 남부터 먼저 뜻을 이루게 해주어야 하는 것"은 '추기급인'의 긍정적인 측면으로, 공자는 이를 '충(忠)'이라고 지칭하였다. "자기가 하고자 아니하는 바를 남에게 베풀지 않는 것"은 '추기급인'의 부정적인 측면이니 공자는 이를 '서(恕)'라고 지칭하고 있다. 두 측면을 합치면 '충서지도(忠恕之道)'라고 칭할 수 있으니, 이것이 바로 유교가 '인'을 실행하는 방법이다.

"자기가 하고자 아니하는 바를 남에게 베풀지 않는 것"은 많은 사람들이 할 수 있는 것이다. 위로는 왕후장상(王侯將相), 아래로는 만 백성 모두가 이런 기준에 맞추어서 자신 스스로 요구해야 한다. 전해 내려오는 바에 의하면 안휘(安徽)성 동성(桐城)시에는 '육척항(六尺巷)'이 있었는데 그 유래에 대해서는 현지인이 모두 더 잘 알고 대를 이어 그 명성을 유지해오고 있다. 청(清)나라 강희(康熙) 연간에 문화전(文华殿)대학사이자 예부 상서인 장영(张英)은 어느 날 집으로부터 편지를 받았다. 편지에는 가족들이 집을 증축하기 위해 준비하고 있지만 땅 때문에 이웃집 오가(吳家)와 서로 갈등이 생겼다고 말했다. 그러니 장영에게 관직의 힘으로 오가를 굴복시켜달라고 요구했다. 장영은 그 편지를 보고 몇 번 깊이 생각한 후 시 한 수를 써서 집으로 보냈다. 시에는 "담장때문에 편지를 써 보냈는데 그에게 3척정도 양보한다고 해서 무슨 문제가 있겠는가? 만리장성은 지금도 이렇게 남아 있지만, 진시황은 이미 만날 수가 없지 않는가?"라는 내용이 담겨 있었다.

장영의 가족들은 편지를 읽고 그 뜻을 깊이 이해하여 이제 막 쌓으려고 하는 벽을 자발적으로 삼척 뒤로 물렸다. 이에 오가의 사람들은 이 상황을 알게 되었고, 오히려 그들 역시 부끄럽게 생각하고 그들이 쌓으려고 했던 벽도 삼척 뒤로 물렸다. 이후로 장가와 오가의 담장 사이에는 육 척 거리의 골목이 생기게 되었던 것이다. 살다보면 사람들 간에 갈등이 항상 생기기 마련이지만 그 중에는 피할 수 있는 갈등도 많이 있다. 남을 많이 이

桐城六尺巷

해해주고, 용서해주고, 자신도 받아들이지 못하는 일을 남에게 강요하지 말라. 남이 하고 싶지 않은 일은 아마 자신도 원하지 않을 것이다. 사람들이 모두 이렇게 생각한다면 아마 세상은 평화로워 지고 충돌은 줄어들 것이다.

사실 "자기가 하고자 아니하는 바를 남에게 베풀지 말라"는 사상은 공자만의 사상은 아니었다. 한 가지 행위 규칙에 대하여 동서양 여러 문명에서 비슷하게 서술하였지만 공자의 서술은 더 신중하고 간결하고 명료하다. 예를 들면, 인도 사시(印度史诗) ≪마하바라밀다(摩诃婆多罗)≫에는 "자신이 겪고 싶지 않은 일은 남에게 하면 안된다. 자신이 원하는 일은 남도 얻을 수 있기를 희망해야 한다. 이것이 법률의 전부이니 항상 유념하여 실천합시다."라고 했다. 기독교에서도 ≪성경·마태복음≫에서 "다른 사람에게 자신이 대우받고 싶은 대로 다른 사람을 대우하라. 이것이 모세 율법이고 선지자 교훈의 진정한 의미이다."라고 말하고 있다.

己所不欲　勿施於人

6、子谓 ≪韶≫："尽美矣，又尽善也。"

—— ≪论语·八佾≫

[주석]

  韶 : 순(舜)시대 악곡의 이름.

  美, 善 : 미(美)는 소리를 이르고 선(善)은 내용을 이르는 말. 순(舜)의 천자의 위는
        요(尧)로부터 받은 것이기 때문에 공자는 선을 최대한 이루었다고 생각하
        였다.

[번역문]

  공자는 ≪소(韶)≫에 대하여 이렇게 말했다. "지극히 아름답고 지극히 좋다."

[해석]

  '진선진미(尽善尽美)(지극히 아름답고 지극히 좋다)'는 공자가 예술에 대해 추구
하는 목표이다. '선(善)'은 도덕을 가리키는 말이고 '미(美)'는 예술을 가리키는 말이기
때문에 진선진미는 실제로 덕과 예술의 통일을 뜻한다. ≪소(韶)≫가 진선진미인 것은
순(舜)시대의 악곡이기 때문이다. 순(舜)은 천자의 위를 선양받아서 천하를 공평하게
하였고 인의(仁义)의 도를 행하였는데 이것이 바로 공자가 받드는 도덕 모범이다.
공자는 ≪소≫에는 이미 순의 인의(仁义)정신이 충분히 스며들어 있고 음악의 아름다
움과 덕(德)의 선을 갖추었기 때문에 이것이 바로 선과 미의 통일이고 진선진미라고
한 것이다.

  공자는 ≪무(武)≫에 대하여 ≪소≫와는 다르게 평가를 했다. ≪무≫는 주나라
무(武)왕의 음악이다. 순(舜)임금과 무(武) 임금은 모두 유가에서 성왕으로 존중하므

로 ≪무≫는 ≪소≫처럼 진미(尽美)라고 할 수 있다. 그러나 무왕(武王)의 위는 주(纣)를 토벌하고 상(商)를 멸망시켜 얻은 것이기 때문에 이는 군신지예 (君臣之礼)의 예를 범한 것이라 생각하여 공자는 ≪무≫의 음악이 진선(尽善)이라고는 하지 않았다. 여기에서 우리는 공자가 진선진미를 추구하고 있음을 알 수 있다.

중국 고대의 '악(乐)'은 성악, 기악, 춤을 포함하고 시라고 하는 가사도 포함한 것이다. 춘추 시대에 제일 유명한 음악이 여섯 가지가 있었는데 ≪소≫는 그 중의 하나이다. 제(齐)나라는 ≪소≫를 연주하는 수준이 매우 높았는데 공자는 이를 듣고 그 음악에 지극히 심취되어 오랫동안 고기의 맛까지 느끼지 못할 정도였다고 한다.

공자의 음악에 대한 사랑과 높은 예술적 경지는 보통 사람이 이를 수 없는 정도였다. 공자는 음악을 진심으로 사랑하고 중요하게 여겼는데, 왜냐하면, 악(乐)은 덕(德)과 깊은 관계가 있어서 예술을 도야함으로써 도덕의 경지를 높이는 데 큰 효과가 있다고 보았기 때문이었다.

[더 읽을 자료] 순(舜) : 중국 상고시대의 현명한 제왕이고 이름은 중화(重华), 국호는 '유우(有虞)'이다. 순(舜)은 효(孝)로 유명하여 공자의 마음 속에서 모범적 인물이다.

[더 읽을 자료] 선양(禅让) : 중국 상고시대의 부락 연맹 수령이 권위(权位)를 다른 사람에게 물려주는 제도이다. 천하를 현명한 사람에게 전하는 이상적인 모습으로 여기게 되었다. 중국 고대문헌의 기록에 따라 요(尧)는 선양(禅让) 제도를 가장 먼저 실천한 사람으로 그의 권위를 순(舜)에게 전했다.

[더 읽을 자료] 무왕극상(武王克商) : 주나라 무왕(武王)이 왕위를 얻은 후, 직접 군대를 거느리고 동쪽 상왕(商王)을 토벌했다. 상주왕(商纣王)은 군사를 즉시 모집하고 황급히 출병하여 응전했다. 그러나 상나라의 하층 군사들은 주왕에 대한 마음이 이미 떠나있던터라

전두에 서자마자 주왕(紂王)을 배반하여 주나라의 군대를 이끌고 주왕(紂王)을 공격했다. 주왕은 패전한 후 조가(朝歌)로 도망쳐서 록대(鹿台)에 올라가서 스스로 분사했다. 상(商)나라가 멸망하여 주(周)나라 건립되었다.

7、志于道，据于德，依于仁，游于艺。

—— ≪论语·述而≫

[주석]

志 : 뜻을 세우고 그 뜻을 향해 전심전력을 다 하다.

据 : 굳게 지키다.

依 : 의지하다. 어기지 않다.

游 : 놀다. 즐기다.

[번역문]

도를 향해 뜻을 세우고, 덕(德)을 굳게 지키고, 인(仁)에 의거하여 어김이 없이 하고, 육예(六艺)에 노닐어라.

[더 읽을 자료] 육예(六艺) : 여기에서 유가(儒家)의 '육예(六艺)'는 예(礼), 악(乐), 사(射), 어(御), 서(书), 수(数)를 가리키는 것이고 '소육예(小六艺)'이라고 하며 중국 고대 교육의 과목이었다. 공자가 춘추 말기에 사학(私学)을 창설하여 강학한 후에 이러한 전통을 이어받고 제자들을 교육하였다. 예(礼)는 예의(礼仪)이며, 악(乐)은 음악이고, 사(射)는 활쏘기 솜씨이다. 어(御)는 마차를 모는 기술이며, 서(书)는 서예이고 수(数)는 산수와 수론 지식이다.

[해석]

공자가 학문하는 방법에 대하여 논술하였다. 그 목적은 학문의 각종 과정과 앞뒤 순서를 설명하는 데에 있다. 먼저 뜻을 세워야 한다. 뜻을 세워야만 마음 속에 바른 생각을 가질 수 있고 그릇된 길로 가는 것을 피할 수 있다. 도덕을 근거로 해야만 뜻의 방향이 흔들리지 않게 된다. 인(仁)과 덕(德)을 기준으로 해야만 그 뜻을 계속 지켜나갈 수 있고 물욕에 빠지지 않게 된다. 그리고 육예에 빠짐없이 노닐면 서로 다른 여러 분야에서도 자아를 성장시킬 수 있게 된다. 늘 이런 식으로 나아가면 자신도 모르는 사이에 성현의 경지에 이를 수 있다.

공자는 배움을 구하는 첫 걸음은 바로 뜻을 세우는 것이라고 생각하였다. 지식인들은 굳게 정한 뜻의 방향이 있어야 한다. 독일 철학가인 피히테(費希特)는, 지식인들은 진리를 위

費希特

해 목숨을 바칠 수 있는 마음이 있어야 한다고 여겼다. 그리고 "나의 사명은 바로 진리를 논증하는 것이다. 내 생명과 운명은 하찮지만 내 생명의 영향은 무한히 위대하다. 나는 진리의 헌신자이다. 진리를 위해 일하고 모든 것을 감당해야 하며 용기 있게 말하고 용기 있게 행동하고 고통을 인내해야 한다. 진리를 위해 박해를 받고 원수처럼 여겨지거나, 진리를 위해 직분을 다하다가 죽음을 당한다고 해도, 내가 이렇게 하는 것은 특별한 것이 아니다. 내가 이렇게 하는 것은 너무 당연한 것이 아닌가?"

8、三军可夺帅也，匹夫不可夺志也。

—— ≪论语·子罕≫

[주석]

三军 : 주(周)의 제도. 큰 제후국은 상(上), 중(中), 하(下) 삼군 혹은 중(中), 좌(左), 우(右) 삼군을 거느릴 수 있고 각 군은 1만 2천 5백 명이다.

匹夫 : 서민, 여기에서는 개인을 말한다.

[번역문]

한 나라의 군대가 사람은 많지만 그 장수를 잃으면 지는 것이다. 한 사람은 비록 적지만 그 뜻을 견고하게 세우면 자기 주장을 버리게 하기 어렵다.

[해석]

이 문장은 수신입명(修身立命)하는 과정에서 뜻을 세우는 것이 중요함을 설명한 것이다. 사람이 기개가 있고 뜻의 방향이 견고하게 정해져 있으면 어떤 곤란과 도전에도 충분히 대응할 수 있다. 반대로 기개가 없고 견고하게 정해진 뜻의 방향이 없다면 중요한 순간에 유혹을 이겨내지 못하고 주변의 압력을 감당하지 못해 비굴하게 변절하고 꿈을 잃게 된다.

사실상 이 문장은 바로 공자 자신의 인생과 품격에 대한 묘사이다. ≪논어≫를 읽으면 언제나 공자의 의연하고 끈기 있는 정신에 감동하게 된다. 사람의 평균 수명이 보편적으로 낮았던 춘추시대에 50여 세의 공자는 이미 노인임에도 불구하고 그는 자신의 이상을 위해 천하를 다니면서 자신의 학술사상을 선양했다. 공자는 자신을 이렇게 평가했다. "나는 열심히 공부할 때 밥 먹는 것조차 잊어버리고 기쁠 때는 우울

하고 슬픈 것을 모두 잊어버릴 수 있다. 내가 점점 노인이 되어가는 것도 알지 못한다. 이와 같이 할 뿐이다." 이를 통해 공자의 생활 속의 즐거움, 열정과 실천 정신을 엿볼 수 있다. 얼마나 높은 경지인가!

공자는 좌절을 당할 때에도 여전히 낙관적인 태도를 가지고 있었다. 천하를 두루 다니던 중, 匡 지역의 사람들에게 겹겹이 포위되었지만 그는 무서워하거나 두려워하지 않고 이렇게 말했다. "전통 문화를 총결한 주문왕(周文王)이 죽은 후 예악지도(礼乐之道)의 문화 유산은 모두 나에게 있다. 만약 하늘이 이러한 문화를 없애고자 한다면 내게 이러한 문화를 가질 수 없게 하였을 것이다. 하늘이 이런 문화를 멸망하지 않으려고 하는데 광(匡)지역 사람들이 나를 어떻게 할 수 있겠는가?" 송(宋)의 司马 桓魋는 공자를 죽이려고 공자의 집에 있는 나무를 뽑았다. 공자는 두려워하지 않고 자신이 위험에서 벗어나 무사하게 될 것이라고 믿었다. 제자들은 공자에게 빨리 도망가라고 재촉했지만 공자는 아주 침착하게 하늘이 내게 인(仁)과 덕(德)을 주었는데 司马 桓魋이 나를 어떻게 할 수 있겠는가? 한번은 진채(陈蔡)가 식량이 떨어졌을 때 공자는 태연히 말했다. "군자는 가난해도 의연하게 견딘다. 그러나 소인은 곤궁하면 하지 않는 짓이 없다." 뜻밖의 어려움과 장애를 만나더라고 핑계를 찾아 피하지 않고 진심으로 대하면 백전불굴의 정신을 표현한다. 이렇게 하면 바로 상상할 수 없는 경지에 이를 수 있게 되는 것이다. 진인사대천명(尽人事听天命) 즉, 사람이 할 수 있는 모든 것을 다 한 후에 천명을 기다린다는 말은 운명을 인정한다는 것과는 다르다. 스스로 노력을 다 하면 실패해도 마음에 남지 않는다. 하늘을 원망하지 않고 남을 탓하지 않으며 스스로 원망하지 않고 적극적이고 진취적이어야 한다. 목표를 정한 후에, 바로 그 목표를 이루려는 끈기 있는 정신으로 마침내 공자는 유가학파를 세운 것이다.

공자 일생의 언행은 바로 삼군(三军)의 장수는 빼앗을 수 있으나, 필부(匹夫)의 뜻은 빼앗을 수 없다(三军可夺帅也, 匹夫不可夺志也)라 할 수 있으니 최고의 해석이다. 이 문장은 후세 지식인들이 역경에 처하거나 횡포를 당할 때 스스로 독려하는 말이 되었다.

[더 읽을 자료] 주유열국(周游列国) : 공자의 치국(治国) 이념은 노(魯)나라에서 취하지 못하기 때문에, 공자가 사직하여 제자들을 이끌고 다른 제후국을 두루 돌아다녔다. 선후 위(卫), 진(陈), 송(宋), 채(蔡), 초(楚) 등 나라에 도착했고 다른 지역도 다녀봤다. 공자는 노정공(魯定公) 13년(전497년)에 노나라를 떠나고 노애공(魯哀公) 11년(전484년)에 노나라로 다시 돌아와, 14년 동안 바깥에서 지냈다. 길에서 온갖 어려움을 겪었지만 공자의 걸음은 멈추지 않았다. 위(卫), 진(陈), 초(楚) 등 나라의 군왕과 다른 집권자들에게 뵙기를 청하였지만 당시 공자의 학설이 시의에 맞지 않는다는 이유로 결국 쓰이지 못했다.

君子不憂不懼

9、丘也闻：有国有家者，不患寡而患不均，不患贫而患不安。盖均无贫，和无寡，安无倾。

—— ≪论语·季氏≫

[주석]

有国有家者 : 제후와 대부. 제후는 나라를 가진 자이며 대부는 가를 가진 자이다.

患 : 걱정.

寡 : 적다.

贫 : 가난하다.

安 : 안정.

[번역문]

내가 들으니, 제후와 대부는 재물이 적은 것을 걱정하지 않고 고르게 분배하지 못할까 걱정하며, 백성이 적은 것을 걱정하지 않고 백성들이 안정하지 못할까 걱정한다. 분배가 고르면 가난함도 없고, 모두 화목하면 백성이 적다는 것도 느끼지 못한다. 백성들이 안정되면 기울어질 위험이 없다.

[해석]

이 문장은 공자가 나라를 다스리는 이념을 표현한 것이다.

춘추 말년, 각 제후국은 가신들이 정사를 장악하는 현상이 나타났다. 노나라에서는 국가의 실제 권력이 대부의 손 안으로 들어왔다. 이로 인해 노애공(鲁哀公)은 계손씨(季孙氏), 숙손씨(叔孙氏), 맹손씨(孟孙氏) 세 대부의 세력을 제거하려고 했다. 계손비(季孙肥)는 속으로 걱정하면서 대대로 노나라에 부용한 전유(颛臾)가 노나라를 도와 자신을 암해할까봐 전유를 토벌하려고 했다.

공자는 난세에 태어났기 때문에 고대의 예법과 제도를 회복함으로써 전쟁을 하지 않고 천하태평을 실현하려고 했다. 그래서 공자는 계씨(季氏)가 전유를 토벌하려는 것을 알았을 때 계손씨 아래에서 직무를 수행하고 있던 제자 염유(冉有)와 자로(子路)를 계속 꾸짖었다. 두 사람이 책임을 다하지 않았다고 생각했기 때문이었다.

공자는 백성들의 이익을 중시했다. 모든 생명의 가치를 충분히 인정하는 바탕 위에 '부민(富民)'를 주장하였다. 그리고 '부민'과 동시에 공평을 고려해야 한다고 하였다. 공자는 분배의 공평과 사회의 공정에 특히 주목했다. 나라의 위정자는 재부의 부족을 걱정하지 말고 그 재부가 고르게, 공정하지 못하게 분배되는 것을 가장 크게 걱정해야 한다고 명확하게 제시하였다. 그래서 계씨가 주나라의 공후(公侯)보다 더 부유하고 제자 염구(冉求)가 계속 계씨를 도와 백성을 수탈하여 재산을 늘리는 사실을 알자 공자는 분개하여 말했다. "염구는 더 이상 내 제자가 아니니 너희들은 그를 직접 공격해도 된다."라 하였다.

공자의 균등 사상은 오래도록 깊은 영향을 미치고 있다. 맹자(孟子)는 백성들의 생존과 발전 권리를 보장해야 한다고 명확히 제시하였다. 더 나아가 순자(荀子)는 '정의(正义)'를 중시하였는데, 그의 정의에 대한 관심은 공자와 맹자를 능가했다. 그 후의 유가 학자들도 이 이념을 계속 고수하면서 나라를 다스리는 일과 민중의 고통에 관심을 가지고 백성의 일상생활을 중시했다.

3

관리(管理)편

[독서 안내]

　　본편은 공자의 관리에 대한 사상을 주로 설명한 것이다. 공자의 학설은 본질적으로 일종의 사회치란에 대한 관리 학설이다. 그 핵심 정신은 덕치(德治) 사상에 있다. 덕정(德政, 도덕정치)을 실현하는 관건은 도덕 수양을 높이고 예악 교화를 실현하는 데에 있다. 그러므로 지도자는 백성을 인(仁)으로 대하고 만물을 사랑하여야 하며 신용을 지키고 화목하도록 노력해야 한다. 정직한 관리를 임용하고 백성들의 복지에 관심을 두어야 한다. 공자는 법치(法治)와 덕치를 비교 설명하였다. 법치는 백성을 정책으로 인도하여 형법으로 규범한 것이지만 덕치는 백성을 도덕으로 지도하고 예법과 제도로 규범한 것이다. 그러므로 법치는 위엄과 가혹함으로 백성이 죄를 저지르지 못하게 할 수 있지만 백성으로 하여금 도덕염치를 깨닫게 할 수 있을 지는 모른다. 덕치는 정면으로 민중을 교화하여 재난의 근원을 효과적으로 제거할 뿐만 아니라 백성이 도덕심을 가질 수 있게 함으로써 스스로 평화롭게 질서를 지켜야 한다는 생각을 갖게 한다. 관리(管理) 사상의 가장 높고 깊은 경지는 권세 및 권세자가 관리를 어떻게 이해했는가에 있지 않고 사회가 어떻게 효율적으로 관리되었으며 이러한 관리 조절 능력이 강해졌는가 하는 정도에 의해 더 많이 실현되었다.

1、人而无信, 不知其可也。

―― ≪论语・为政≫

[주석]

而: 접속사, 일단이나 만약의 뜻이다.

信: 성실하고 신용을 지킨다. 속이지 않다.

可: 된다, 통할 수 있다.

[번역문]

사람으로서, 신용을 지키지 않으니, 어찌 그럴 수 있는가?

曾子杀猪

[해석]

　'신(信)'은 공자 학설 중에 중요한 한 가지 윤리개념으로 '오상(五常)'-'인(仁)·의(义)·예(礼)·지(智)·신(信)' 중의 하나이다. 공자의 제자가 공자에게 치국(治国)에 대하여 물었다. 공자는 세 가지만 하면 된다고 하였다. 첫째는 '족식(足食)', 즉 충분한 식량이다. 둘째는 '족병(足兵)', 즉 충분한 군대이다. 셋째는 백성의 신임이다. 제자가 다시 물었다. "만약에 어쩔 수 없이 꼭 하나를 빼야 한다면 어느 것을 빼야 합니까?" 공자가 대답했다. "군대를 빼라." 제자가 또 물었다. "만약에 하나 더 빼야 한다면 어느 것을 빼야 합니까?" 공자는 대답했다. "식량을 빼라. 사람은 죽는 것이지만 백성이 믿지 않으면 국가를 세우지 못한다." 공자가 보기에는 민중의 신임을 받는 것이 무엇보다 더 중요하다. 다른 사람의 신임을 받지 못하면 어떤 일도 이룰 수 없다. 사람이나 가족이나 성실하고 신용을 지키는 것은 생존과 발전의 기본이다. 사람이 성실하지 않고 신용을 지키지 않으면 주위 사람들로부터 버림을 받고 그와 교제하고자 하는 사람이 아무도 없게 되며 일하고 살아갈 방법이 없어지며 큰일을 이룰 수 없고 좋은 사람이 될 수 없다. 마찬가지로 가족이 성실하지 않고 신용을 지키지 않으면 친척과 친구를 잃고 심지어 그 가정과 교제하려는 이웃이 없게 된다. 그들을 보면 모두가 두려워하고 가까이 하지 않으며 그들과 왕래하고자 하지 않는다.

[더 읽을 자료] 증자살저(曾子杀猪) : 증자(曾子)는 공자의 제자이다. 한번은 증자의 아내가 장을 보러 가고자 했다. 이때, 아이는 시끄럽게 울면서 같이 가겠다고 하였다. 그러자 아내는 데려가지 않기 위해 장에서 돌아오면 돼지를 잡아 주겠다고 달랬다. 이에 曾子는 진짜 돼지를 잡을까봐 황급히 아내를 말리니, 아내가 말하길, 자기는 그냥 아이를 달래려고 한 말이니 진짜로 받아들이지 말다고 하였다. 증자는 바로 이렇게 말하였다. "아이는 사고와 판단 능력이 부족한데 지금 당신은 아이에게 거짓을 가르치고 있구나! 당신이 아이를 속이면 아이는 앞으로 절대 당신을 믿지 않을 것이다."라고 하였다.

2、举直错诸枉，则民服；举枉错诸直，则民不服。

—— ≪论语・为政≫

[주석]

　　直 : 정직한 사람.

　　错 : '措'와 같다. 놓아 두다. 안배하다.

　　诸 : '之于'의 합음자.

　　枉 : 정직하지 않고 비틀어진 사람.

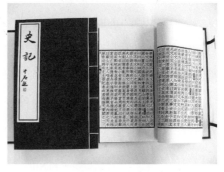

≪史记≫ 书影

[번역문]

　　정직한 사람을 사악한 사람 위에 두면 민중은 복종한다. 사악한 사람을 정직한 사람위에 두면 민중은 복종하지 않는다.

[해석]

　　이 말은 공자가 노나라의 주군 애공(哀公)의, "어떻게 해야 백성이 복종하겠는가?"라는 물음에 대답한 것이다. '거직(举直)', '거왕(举枉)'은 정직한 사람과 사악한 사람을 임용한 결과에 대해 말한 것이다. 정부는 국가의 관리(管理) 기구이다. 정직한 사람이 국가를 관리하면 세심하게 민심을 살피고 정책과 규율이 엄하고 분명하여 민심이 그를 향하여 마침내 백성의 호응을 받게 된다. 사악한 사람이 국가를 관리하면 공적인 직위를 이용하여 사리사욕을 취하고 형벌을 남용하여 백성이 편안히 살 수 없어 이런 정권은 반드시 오래가지 않는다.

　　춘추시대에 노나라 '삼환(三桓)'이 독재할 때 주군은 연약하고 우매했다. ≪사기・

공자세가(史记・孔子世家)≫에 따르면 노애공(魯哀公)이 공자에게 국가를 관리하는 방법을 물었을 때, 공자는 먼저 노나라가 정직한 대신을 임용하고 간사한 소인배를 몰아내야 한다고 했다. 공자는, 정직한 사람을 임용하고 사악한 사람을 면직시키면 사악한 사람이 정직하게 될 수 있다고 생각했다. 그러므로 사람을 쓰는 문제에서, 공자는 위정자가 민의를 중시해야 하고 관리를 임용할 때 백성의 반응을 봐야 한다고 주장했다. 위정자가 장중한 태도로 백성을 대하면 백성도 공손하게 위정자를 대한다. 사람을 쓰는 것이 민의에 따른 것인지의 여부가 국가 치란과 태평성세에 영향을 미친다. 한 마디 한 마디가 너무나 정확한 지적이니, 마땅히 관리자는 이를 좌우명으로 삼아야 한다.

[더 읽을 자료] 애공문정(哀公问政) : 노애공(魯哀公)은 춘추 시기에 노국 제26군주이다. 그는 공자에게 국가를 관리하는 도리를 물었다. 이에 공자는 애공(哀公)이 묻는 문제에 대한 답변을 통해 많은 위정 사상을 논술하게 된다. 지인과 용인(用人)에 관해서는 공자는 사람을 다섯 가지로 분류하였는데, 각각 용인(庸人), 사, 군자, 현인, 성인이 그것이다. 아래로부터 위까지 다섯 부류의 사람들로 나누고 있다.

圣迹图－孔子六十八岁返鲁

3、道之以政, 齐之以刑, 民免而无耻; 道之以德, 齐之以礼, 有
　　耻且格。

—— ≪论语 · 为政≫

[주석]

　道 : '导'로 쓸 수도 있다. 인도(引导) 또는 유도(诱导)의 뜻이다.

　政 : 법제, 정령 등의 통치술.

　齐 : 단정하고 규범에 맞게 하다.

　刑 : 형벌.

　格 : '正'이다. 경(敬)의 뜻이다.

[번역문]

　정책과 명령으로 교도하고 형법으로 통치하면 백성은 가까스로 형벌은 면하겠지만
염치를 모르게 된다. 그러나 덕행(德行)으로 교도하고 주의 예법으로 통치하면 백성은
염치도 있고 통치자를 존경하며 따르게 된다.

[해석]

　이 문장은 위정의 4대 강령 즉, 정(政), 형(刑), 덕(德), 예(礼)에 대한 것이다.
≪예기 · 치의(礼记 · 缁衣)≫를 보면, "도덕으로 민중을 교화하고 예로 민중을 규범하
면 백성이 위정자가 지닌 인덕(仁德)의 마음에 따르게 된다. 하지만 정령으로 민중을
훈계하고 형벌로 민중을 숙정하면 백성들은 형벌을 피하려는 마음만 갖게 된다." 여기
에서는 '덕치(德治)'와 '법치(法治)'의 관계에 대해 말하고 있다. ≪사기 · 태사공자서
(史记 · 太史公自序)≫를 보면, "도덕예교(道德礼教)는 행위가 발생하기 전에 단속

大哉宣聖斯
文在茲帝王
之式古今之
師志則春秋
道縣忠恕賢
拾克舜日月
其譽維時載
雍戢此武功
肅昭盛儀海
內聿崇

하는 것이고 정령형벌(政令刑罰)은 행위가 이미 발생한 후에 실시하는 것이다." 유가 사상에서 볼 때, '덕치'와 '법치'는 상호 보완적인 것이다. '덕치'는 선도하는 것이고 '법치'는 정해진 규범에 의해 행위를 구속하는 것이다. '덕'으로 민심을 안정시키고 '법'으로 악행을 징벌하여 다스린다. '덕치'는 법을 따르지 않으려는 힘을 줄일 수 있고 '법치'는 예의로써 더욱 권위있게 할 수 있다. 공자가 말하기를, "소송 안건을 심리하면 내가 다른 사람처럼 잘 할 수 있지만 이 세상에 소송 안건이 없도록 할 수 있다면 그것이 가장 좋다."고 했다. 먼저 될 수 있는 한 규범에 의하지 않은 화해 방법이나 도덕적인 규범을 권하고, 정말 부득이할 때 법률적 방법을 취한다. 공자는 백성들의 소송이 점점 적어져 좋아지기를 바랐다. 일반적으로 도덕규범을 권하는 것은 문제의 근본을 바르게 하기 위한 것으로, 단순히 법률과 제재 수단에 의해 사회의 평화를 진정으로 실현하기 어렵다고 본다.

[더 읽을 자료] ≪사기(史记)≫ : 중국 최초의 기전체 통사로 서한 시기 저명한 역사 학자인 사마천이 저술하였다. 여기에는 중국 상고 전설의 황제시대(약 기원전3000년)부터 한무제 원수(元狩)원년(약 기원전122년)까지 합계3000년의 역사를 기재하였다. 포함되지 않는 내용이 없고 고금을 융합하고 관통하였다. 문맥이 분명하고 상고 시대의 정치, 경제, 군사, 사회등 각각 방면의 정황을 상세하게 기록하였다. ≪사기(史记)≫는 그 후에 편찬된 ≪한서(汉书)≫, ≪후한서(后汉书)≫, ≪삼국지(三国志)≫와 함께 '전사사(前四史)'로 불리 워지고 있다. 그리고 북송 때 사마광의 ≪자치통감(资治通鉴)≫과 같이 '사학상벽(史学双璧)'으로 불린다.

4、不在其位，不谋其政。

—— ≪论语·泰伯≫

[주석]

位 : 위치. 직위.

谋 : 도모하다. 고려하다.

政 : 행정사무.

[번역문]

그 직위에 있지 않으면 그 정무를 모의하지 않는다.

[해석]

공자의 이 말은 두 가지 의미가 있다.

첫째, 자기의 직무를 열심히 수행해야 한다. 공자가 위정자에게 이렇게 훈계했다. 근면 성실해야 하고 산만하지 말고 게으르지 말라. 그리고 근엄하고 신중하게 할 것이며 자기의 위치를 정확하게 알고 자기의 분수에 맞게 자신의 일을 잘할 것이며 월권하지 말고 나서지 말라. 사실은 위정자뿐만 아니라 모든 사람이 자기의 위치를 정확히 알아야 한다. 다시 말하면, 자기의 위치를 잘 정하고 자기의 직무를 견실하게 하며 허망한 생각을 하지 말고 타인의 직무를 간섭하지 말아야 한다.

둘째, 자신의 직권 범위를 넘는 일을 처리하지 말라. ≪장자·소요유(庄子·逍遥游)≫에는 '월조대포(越俎代庖)'의 이야기가 있다. 제사 신주를 맡은 사람이 자기의 맡은 바 직무을 뛰어넘어 제기를 놔두고 주방에 가서 요리사 대신 밥을 한다는 것이다. 이렇게 하면 밥도 제대로 하지 못하고 남의 오해와 원망을 받게 된다는 것이다.

이 말을 통해 우리가 반드시 알아야 할 것은, 학이치용(学以致用), 즉, 진정한 학문은 사람의 모든 일에 부합되어야 한다는 것이다. 한 가지 일에 대하여 완전히 이해하지 못하고 판단할 수 없을 때 마음대로 결론을 내리지 말고 마음대로 비판하지 말라.

[더 읽을 자료] ≪장자(庄子)≫ : ≪장자≫는 ≪남화경(南华经)≫이라 부르기도 하며, 전국(战国)시기 도가학파 사상가 장자가 남긴 작품이다. 장자는 '천인합일(天人合一)'과 '청정무위(清静无为)'를 주장했으며, 도가학파를 창시한 노자(老子)와 함께 '노장(老庄)'이라 부른다. ≪장자≫는

庄 子

상상력이 매우 풍부하고, 문필이 호방하고 웅장하며, 정취가 활달하고 자유로워 그 어디에고 구속받지 않으며, 세속을 초탈했다. 변화무쌍하면서도 철학적인 이치가 풍부한 우화를 담고 있으며, 중국 철학사와 문학사에서 매우 기이한 작품이다.

不在其位，不謀其政

5、其身正，不令而行；其身不正，虽令不从。

—— 《论语·子路》

[주석]

　身正 : 자신의 행함을 단정히 하고 모범이 되어라.

　令 : 교령(教令), 정령(政令).

　行 : 집행하다. 실행하다.

　从 : 복종하다. 지키다.

[번역문]

　자신의 행함을 단정히 하면 명령을 내리지 않아도 정책이 능히 실행되고 자신의 행함이 단정하지 않으면 명령을 내려도 스스로 따르려는 사람이 아무도 없다.

[해석]

　이는 공자가 군자의 지도 책략에 대해 말한 것이다. 공자는 이렇게 생각했다. 지도자에게는 개인의 수양이 아주 중요하다. 어떤 제도든 결국은 사람이 만든 것이다. 지도자는 먼저 자신의 행함이 단정하고 사상이 순정하고 일을 할 때 책임감 등이 있어야 한다. 이것이 좋은 정치의 시작이다. 이에 대해 공자는 다음과 같이 비유했다. 군자의 덕행은 바람과 같고 백성의 덕행은 풀과 같아서 풀은 언제나 바람이 부는 대로 눕는다. 지도자가 스스로 먼저 규칙을 지켜 모범이 되면 엄한 법령이 없어도 사회 풍기가 저절로 바뀌어 단정해진다. 만약 지도자 본인이 정직하지 않고 다른 사람에게 명령으로 요구만 하면 결국 다른 사람의 분노와 원망을 초래하게 된다.

君子博學於文約之於禮亦可以弗畔矣夫

6、修己以敬。修己以安人。修己以安百姓。

—— ≪论语・宪问≫

[주석]

修 : 수양하다.

敬 : 존경하다. 존중하다.

安 : 안심시키다. 안정되다.

大学中庸

[번역문]

　자신을 수양해서 다른 사람을 존중한다. 자신을 수양해서 다른 사람을 안정하게 한다. 자신을 수양해서 백성을 안정하게 한다.

[해석]

　이 말은 '군자', '성인'의 세 가지 경지에 대한 것이다. 유가에서는 학문과 도덕이 일정 수준에 도달한 사람을 '군자' 라고 한다. "자신을 수양해서 다른 사람을 존중한다." "자신을 수양해서 다른 사람을 편안하게 한다." 자신을 수양해서 백성을 편안하게 한다." 이는 '군자'의 세 가지 경지이다. 제1 경지는 '수기(修己)', 즉 ≪대학≫에서 말한 '수신'이다. 바로 자신을 바르게 하고 다른 사람을 존중하는 마음을 가지며 고상한 인(仁), 덕(德)을 갖추는 것이다. 제2경지는 '안인(安人)'이다. 이는 인과 덕을 주위 사람에게 퍼지게 하는 것이다. 이는 유가 수신 사상의 일종으로 '추기급인', 즉 나로부터 시작하여 다른 사람에게 미치고 가까운 곳에서 시작하여 먼 곳에 이른다는특징이 있다. 제3경지는 '안백성(安百姓)'으로 최고의 경지에 이른 것이다. 즉 행동으로 실천하여 사회에 이익이 되고, 국가에 이익이 되고, 세상에 이익이 되며, 천하 백성에게 이익이 되는 것이다. 공자는 이 세 가지 경지에 이르면 가히 요(尧), 순(舜)과 같은 성인이 되었다고 보았다. (요는 상고 시대에 현명한 군주로 후에 덕이 높은 순에게 왕위를 전했다.)

[더 읽을 자료] 《대학(大学)》 : 원래 《예기(礼记)》중의 한편이다. 송나라 유학 종사인 정호(程颢), 정이(程颐) 형제는 《예기》에서 추려내어 문장과 구절을 만들었다. 주희는 《대학》, 《중용》, 《논어》, 《맹자》를 묶어 편찬하여 이를 《사서(四书)》라고 일컬었는데, 이것이 유가에서 가장 기본을 이루는 전적이 되었다. 《대학》첫머리에 바로 명명덕(明明德), 친민(亲民), 지어지선(止于至善)의 삼대 강령을 제시하고 또 격물(格物), 치지(致知), 성의(诚意), 정심(正心), 수신(修身), 제가(齐家), 치국(治国), 평천하(平天下)의 8조목을 말하고 있는데, 이 8조목은 삼대 강령을 실현하는 수단이다. 삼대 강령과 8조목은 유가의 내성외왕의 원대한 이상을 구현하고 있다.

人溺己溺　人饑己饑

7、邦有道, 谷; 邦无道, 谷, 耻也。

—— ≪论语·宪问≫

[주석]

邦 : 국가.

谷 : 봉록.

耻 : 치욕.

[번역문]

국가가 태평할 때 봉록을 받는다. 국가가 무도(无道)할 때에도 봉록을 받으면 부끄러운 짓이다.

[해석]

공자는, 원헌(原宪)이 치욕이 무엇인가 물었을 때 이렇게 대답했다. 벼슬을 할 것인가 말 것인가 하는 것은 정치 환경, 즉 나라에 도가 있는가 없는가에 달려 있다. 공자는 나라에 도가 있을 때 적극적으로 세상에 나아가 일을 하면 유가 정치 사상도 실현하는 동시에 자신의 생활도 부유하고 풍족하게 할 수 있다고 했다. 그러므로 태평성세를 만났음에도 불구하고 자기가 노력하지 않아 곤궁하게 산다면 이것이 부끄러운 일이라고 할 수 있다. 즉, 나라에 도가 있음에도 빈천하게 산다면 부끄러운 것이다. 만약 나라에 도가 없다면 나아가 벼슬을 하면 안 된다. 왜냐하면 이는 유가의 정치 이념을 위배하는 것이기 때문이다. 정치가 혼란할 때에 관직을 맡아 봉록을 받는 것은 실제로 나쁜 사람을 도와 더 나쁘게 하는 것으로 이것이 바로 치욕이다. 봉록을 위하여 자신의 정치적 신념을 버리는 것은 더 치욕스러운 일이다. 즉, 나라에

도가 없는데 부귀한 것은 부끄러운 것이다. 책임감이 있는 사람이라면 사회, 국가에 대해 마땅히 공헌하는 바가 있어야 한다. 시대가 안정하든 혼란하든 어떠한 공헌이 없다면 자기 직위 상 책임을 다 하지 않은 것으로, 이것도 역시 치욕스러운 일이라고 할 수 있다.

8、小不忍，则乱大谋。

—— ≪论语·卫灵公≫

[주석]

小 : 사소한 실리, 사소한 일.

乱 : 혼란을 야기하다. 위험하게 하다.

大 : 크게 도모하다. 여기에서는 큰 일을 가리킨다.

[번역문]

작은 일을 참지 않으면 큰 일을 도모하고 행할 때에 위험이 될 수 있다.

[해석]

≪논어≫에는 공자가 '인(忍)'에 대해 말한 기록이 많다. "일조지분, 망기신이급기친, 비혹여(一朝之忿, 忘其身以及其亲, 非惑欤？)" 이는 한 순간의 분노로 자신과 가족을 잊어버린다면 너무 어리석다는 말이다. 공자의 "군자긍이불쟁(君子矜而不争)" 등의 말도 모두 '인(忍)'에 대한 것이다. 인(忍)은 내심이 의연하고 단호하다는 뜻이다. 즉 사람으로서 참을 수 없는 것을 참는 것으로, 한 사람의 도덕수양뿐 아니라 그의 사상의 경지를 보여준다. 용인(容忍)과 겸양(谦让)은 예로부터 내려온 중화 전통 미덕이다. 중화민족은 대단히 꿋꿋한 인내력을 가진 민족이다. 유가(儒家)의 내성(内圣), 도가(道家)의 수유(守柔), 불가(佛家)의 자비(慈悲) 모두가 '인(忍)'의 내포한 개념이다. 한 발 물러서면 넓은 바다와 끝없는 하늘처럼 얽매이지 않게 되고 잠시 참으면 바람과 물결이 자는 것처럼 무사 평온할 수 있다. 만족할 줄 아는 사람은 언제나 즐겁고 참을 줄 아는 사람은 스스로 평안하다. 이는 모두 소양을 높이고 처신

을 잘 하는 데에 꼭 필요한 명언이다.

서주(西周) 초년에 주성왕(周成王)은 군진(君陈)을 경계하여 말했다. "필유인, 기내유제. 유용, 덕내대(必有忍, 其乃有济 ; 有容, 德乃大.)" 마음에 인(忍)이 있어야 구제할 수 있고 용서하는 마음이 있어야 덕이 큰 것이다. 공자는 "군자무소쟁(君子无所争)"라 하였으니, 즉 군자는 다툼이 없다고 했다. 노자는 "천도불쟁이선승, 불언이선응(天道不争而善胜, 不言而善应)"라 하였고, 즉 천

≪尚书≫ 书影

도(天道)는 다투지 않아도 이기며 말하지 않아도 응함이 있다고 했다. 그리고 불교의 "육도만행, 인위제일(六度万行, 忍为第一)", 즉 인간의 모든 행위에서 인(忍)이 으뜸이라고 한 것 등등 모두가 '인(忍)'의 도를 말한 것이다. 그러나 역사와 현실 생활에는 많은 사람이 '인(忍)'의 경지에 이르지 못하고 자기의 일시적인 충동과 '개인적영웅주의' 때문에 잘못을 저지르지만 후회할 때는 이미 늦어서 평생의 한이 되는 것이다.

[더 읽을 자료] ≪상서(尚书)≫ : ≪서(书)≫, ≪서경(书经)≫이라고도 부르는데, 모두 체재 문헌 휘편으로 중국 현존한 최초의 역사서이다. 하(夏), 상(商), 서주(西周) 시기의 국가 대사와 서류 문헌들을 기재하였다. ≪상서≫는 내용이 년대가 오래 되고 문자가 독해하기 어려우므로, 중국에서 읽기가 가장 어려운 고서 중의 하나이다.

9、君子谋道不谋食。

—— ≪论语·卫灵公≫

[주석]

道 : 도의, 진리, 천지 만물이 운행되는 규율.

谋 : 도모하다.

食 : 식록(食禄). 물질적인 이익을 두루 가리킨다.

[번역문]

군자는 대도(大道)를 도모함에 뜻을 두어야 하고 물질적인 이익만 도모해서는
안 된다.

[해석]

공자는 마음속에 천하를 품고 일반 백성의 복지에 관심을 두었다. 그는 끊임없이
백성이 편안히 살면서 즐겁게 일하고, 정치가 통하여 백성들이 조화롭게 되는 법칙을
추구했다. 공자는 중국 초기 지식인의 대표이다. 예(礼)와 악(乐)이 무너진 시대를
살면서 불가능하다는 것을 알면서도, 천하를 두루 다니며 계속 좌절당하고 이해받지
못 하고 많은 고난과 희노애락을 겪었지만 자신의 문화 이상을 끝까지 지켜나갔다.
그리하여 후세인들에게 이상적인 정신 세계를 구축하여 주었으니 이러한 정신적 재
산은 전 중국인, 전 인류로 하여금 그 속에서 지혜를 찾아 배우게 함에 충분하게
하였다. 이는 바로 "군자모도불모식(君子谋道不谋食)", 즉 군자는 도(道)를 도모하
고 물질적 이익을 도모하지 않는다는 정신이다. 수양을 한 사람은 당연히 높은 도덕
을 추구해야 한다. 그의 개인적 가치의 실현은 물질적 재부의 많고 적음에 달려 있지

않고 완전한 인격의 추구와 정신적 경지를 높이는 데에 달려 있다. ≪대학≫에서도 이렇게 언급하고 있다. "군자선신호덕, 유덕차유인, 유인차유재, 유재차유용. 덕자본야, 재자말야. (君子先愼乎德, 有德此有人, 有人此有土, 有土此有財, 有財此有用。德者本也, 財者末也。)" 즉, 군자는 먼저 덕(德)에 신중해야 한다. 덕이 있으면 따르는 사람이 있게 되고, 사람이 있게 되면 땅이 있게 되고, 땅이 있으면 재산이 있게 된다. 재산이 있으면 쓸 수 있게 되므로 덕이 가장 중요하고 재산은 그에 따르는 것이다. 덕은 도(道)이다. 도를 도모하면그 중에 도(道)도 있고 녹(祿)도 있고 식(食)도 있다는 것이다.

10、世举则民亲之，政均则民无怨。

—— ≪孔子家语・入官≫

[주석]

举 : 부흥하다. 성공시키다. 흥성하게 하다.

均 : 공평. '균(均)'은 산술적인 평균, 즉 모든 사람이 똑같이 가지는 것이 아니다. 사람마다 자기가 한만큼, 자기의 분수에 합당하게 갖는 것이다.

[번역문]

국가가 안정되고 예(礼)와 악(乐)이 흥하면 백성들이 군주를 따르게 된다. 정책이 공평하고 합리적이면 백성들이 원망하는 말이 없게 된다.

[해석]

이 말은 공자의 관리 철학 중 민본(民本)사상을 보여주는 것으로 공자가 백성의 생활상을 매우 중요시했음을 뜻한다. 예악 질서를 버리지 않고 국가 정책이 공평하고 합리적이면 백성이 정부를 따르고 사회에 대하여 원한과 분노가 없게 된다. 아울러 '정균(政均)'은 또한 '도(度)'에 대한 정확한 파악이 필요하니, 너무 간단하여 세부적인 규칙이 없어도 안 되고 너무 소원(疏远)하여 엄격해서 만도 안 된 다. 공자는 사람을 대함에 너그러움을 중시했지만 그 너그러움도 정도에 맞아야 함을 강조했다. 공자는 사회 관리를 마차를 끄는 것에 비유했다. 사회를 너무 해이하게 관리하는 것은 말에게 고삐와 채찍이 없는 것과 같아서, 사나운 말을 몰지 못하고 마침내 혼란을 일으켜 다루기 어려워지게 된다는 것이다. 사회를 너무 가혹하고 엄하게 관리하면 반드시 원망하고 분노하여 비협조적인 상황을 만들게 된다. 공자도 당연히 이런 상황을 깊이 이해하여 다음과 같이 주장했다. "관이제맹, 맹이제관, 정시이화. (宽以济猛, 猛以济宽, 政是以和。)" 즉, 너그러움으로써 엄함의 정도를 누그러뜨릴 수 있고 엄함으로써 너그러움에 위엄을 갖추게 할 수 있다. 정(政)은 이 두 가지가 조화를 이루어야 한다. 너그러움과 엄함은 서로 도와, 서로 보충하고, 서로 조절해 주어야 한다. 이러한 관맹상제(宽猛相济)가 바로 정치의 조화로운 상태를 이루게 하는 것이다. 이것 역시 공자가 관리학에서 말한 중용지도(中庸之道)로 "고기양단이갈언(叩其两端而竭焉)", "집양이용중(执两而用中)", "무과무불급(无过无不及)"라는 말과 같이 중용의 지혜를 표현하고 있다. 당나라의 대시인 이백의 ≪임성현청벽기(任城县厅壁记)≫에 다음과 같이 써 있다. "관맹상제, 현위적중(宽猛相济, 弦韦适中。)" '현(弦)'은 원래 활시위를 가리킨다. 그래서 '현급(弦急)'이라 함은 급하고 침착하지 못한 성정(性情)을 비유한다. '위(韦)'는 원래 익은 소가죽을 가리킨다. 그래서 '위완(韦缓)'이라 함은 너그럽고 부드러운 성정을 비유한다. 이 비유는 성정의 완급을 적당히 조절해야 함을 가리킬 뿐만 아니라 관리자가 관리하는 과정에서 갖추어야 하는 '정균(政均)' 사상도 가리킨다.

[더 읽을 자료] 이백(李白)(701년－762년) : 자는 태백(太白)이고 호는 청련거사(青莲居士)이다. 당나라때 위대한 낭만주의 시인으로, '시선(诗仙)'이란 칭호가 있다. 현존하는 시와 문장이 천 여편이 있다.

4

예악(礼乐)편

[독서 안내]

공자가 살았던 춘추시대는 '천하무도(天下无道)'의 난세였다. 한 마디로 '예붕악괴(礼崩乐坏)', 즉 예(礼)와 악(乐)이 파괴되고 붕괴됨으로 표현할 수 있다. 공자가 평생 끊임없이 추구한 것은 '예악(礼乐)'을 회복하는 것이었다. 예악은 기원전 11세기, 서주(西周) 초년에 정치가 주공(周公)이 세운 문명 질서이다. 예악 문명은 강상윤리(纲常伦理)이며 사회 제도이고 행위 규범이었다. 그러므로 개인의 도덕뿐만 아니라 세상의 모든 관념에 관련된 것으로 당시에는 그 예악의 작용이 미치지 않는 것이 없어, 위로는 법률과 제도를 대체할 수 있었고 아래로는 백성들의 생활에 깊이 스며들 수 있었다.

'예'와 '악'은 나눌 수 없는 하나로, 그 근본은 모두 '인(仁)'에 있다. '인'은 내재적으로 스스로 깨달아야 하는 것이고 '예'는 외재적 규약으로 구속하는 것이다. '예'의 작용은 '별이(别异)'에 있다. 즉, 사람은 각각의 사회적 계층과 지위가 다름을 구분하여 서로 존중하고 각각 자기가 있을 곳에 있어야 한다는 것이다. 그러나 계급과 예의만 강조하여 사람 간의 차이를 뚜렷하게 구별하면 전체 사회의 심리와 정서적 균형을 잃게 된다. '악'의 작용은 '합동(合同)'에 있다. 즉 서로 다른 계급과 지위의 사람들이 화목하고 친하게 살게 함으로써 지위에 의한 차별을 타파하는 통로를 만들어 주었다. 이와 같이 '예'와 '악'은 상호 작용하여 궁극적으로 사회를 안정되고 평화롭게 한다.

周公画像

실제로 '예'는 본질적으로 '존존(尊尊)'과 '친친(亲亲)' 두 원칙을 강조했다. '존존'은 아랫사람이 윗사람에게 복종해야 함을 요구한다. '친친'은 이친위친(以亲为亲)으로, 부모에 대한 효도와 형에 대한 공손을 근본으로 요구한다. 즉 아버지는 자애를 베풀며 아들은 효도하고 형은 우애롭고 아우는 공손해야 한다는 것이다. 그러나 '존존'이든 '친친'이든 모두 윗사람이 아랫사람에게 일방적으로 요구하는 것이 아니라 임금과 신하, 아버지와 아들 양 방향적인 요구로 저마다 자기의 자리에서 그 책임을 다함으로써 무도한 천하를 도가 설 수 있도록 변화시키는 것이다.

[더 읽을 자료] 주공(周公)(약 전 1100년): 성은 희(姬)이며 이름은 단(旦)이고 서주 시기에 뛰어난 정치가, 사상가, 유학 선구자, 예악 문화의 창시자로 '원성(元圣)'이라는 경칭도 수여받았다. 그의 봉지가 주(현재 산시성)에 있는 연유로 주공이라고 한다. 공자가 제일 존경하였던 고대 성인 중의 하나이다.

1、人而不仁，如礼何？人而不仁，如乐何？

—— 〈论语·八佾〉

【주석】

而 : 만약……라면/이면.

如……何: ……를/을 능히 어찌할 수 있겠는가?

【번역문】

　　사람이 스스로 인애지심(仁爱之心)이 없다면 예의와 제도가 있어도 어찌 그와 진정으로 약속할 수 있겠는가? 사람이 스스로 인애지심이 없다면 음(音)과 악(乐)의 영향이 있어도 어찌 그에게 진정으로 영향을 끼칠 수 있겠는가?

【해석】

　　공자가 말했다. "예(礼)가, 단지 예 의식을 거행할 때 사용하는 아름다운 옥이나 비단 등의 예기(礼器)라는 것인가? 악(乐)이, 단지 예 의식을 거행할 때 사용하는 종(钟)과 북(鼓) 등의 악기라는 것인가?"

　　'예자외작(礼自外作)', 즉 '예'는 외재적인 행위 규범이다. '악유중출(乐由中出)', 즉 '악'은 사람의 내재적 정서가 외적 표현 형식으로 드러난 것이다. 그러나 '인(仁)'이 없으면 사람의 마음에서 가장 본질적인 것을 잃게 되어 예와 악의 겉껍질만 남는다. 이러한 겉껍질은 아무리 규범에 맞고 우아하고 바르다 해도 아무런 의미가 없는 것이다. 반드시 먼저 마음 속에 공경심이 있어야 비로소 옥과 비단으로 예(礼)의 본뜻을 몸소 체험할 수 있다. 반드시 먼저 마음 속에 온화로움이 있어야 종(钟)과 북(鼓)으로 악(乐)의 본뜻을 몸소 느낄 수 있다. 예와 악은 겉으로 표현된 형식에 있지 않고,

人而不仁如禮何
人而不仁如樂何

모습이나 음색에 있지 않다. 예와 악은 사람의 내재적 정서가 진지하고 진정으로 드러남에 있다. 즉 예는 인에 귀속한다.

노나라 사람 임방(林放)이 공자에게 예의 근본에 대해 물었다. 공자는 이 문제 자체가 아주 좋은 문제라고 높이 평가했다. 왜냐하면 이 문제는 예(礼)의 근본적인 정신과 관련되기 때문이다. 공자는 예의(礼仪, 예의 외적 표현)는 예의(礼义, 사람의 진심)가 외적으로 표현된 것으로 생각했다. 즉, 경사롭고 장중한 의식을 거행할 때에는 성대하고 호화롭기보다 간소하고 검소하게 하는 것이 훨씬 더 의미가 있으며, 슬프고 엄숙한 장례와 같은 의식을 거행할 때에는 매우 융성하고 중후하게 하기보다는 마음에서 우러나는 슬픔이 훨씬 더 의미가 있다는 것으로, 간소하고 검소함은 사물의 본질을 나타내고 슬픔은 마음으로부터 우러나는 진심을 표현한다는 것이다.

중국에는 "피지불존, 모장언부(皮之不存, 毛将焉附)"이라는 말이 있다. 그 뜻은, 털은 피부에 붙어 있는 것으로 피부가 없으면 털은 존재할 수 있는 바탕을 잃게 된다는 것이다. 공자가 마음으로 생각할 때, 인(仁)과 예악(礼乐)을 비교하면 예는 근본이고 예악은 형식이다. 다시, 예악이 포함하고 있는 정신적 실질과 예기(礼器), 악기(乐器) 등의 기물(器物)을 비교하면 정신적 실질은 근본이고 기물은 형식이다. 이 두 가지 비교에서 전자는 '피부'이고 후자는 '털'이 되는 것이다.

물론 형식이 표현하는 것은 내용이기 때문에 형식 자체도 나름대로 의미가 있다. ≪논어≫에 이런 기록이 있다. 공자의 제자 자공(子贡)이 제물로 바쳐지게 된 양 한 마리를 불쌍히 여기지만 그 양을 놓아주고 싶어했다. 그것을 보고 공자는 "너는 양을 불쌍히 생각하지만 나는 이러한 예를 중요하게 생각한다."고 말했다. 공자가 말한 '이러한 예'는 그 당시의 중앙 정부가 거행했던, 매년 역서(历书)를 반포하는 예이고 백성들은 경작하고 생활할 때 이 역서를 필요로 했다. 자공은 제물을 절약하고 동물을 사랑하는 입장에서 양을 놓아주고 싶어했지만 공자는, 여기에서 제일 중요한 것은 절약이 아니라 이러한 예를 거행하는 의의라고 생각했다. 왜냐하면 이 예는 한편으로는 중앙정부가 통치하는 권력을 존중함을 상징하고 다른 한편으로는 각지 백성들의 일상생활에 필요하였는데, 이는 예의 형식 자체가 신성함을 갖추고 있기 때문이다. 사람들은 이런 형식의 끊임없는 강화와 반복을 통해 일종의 이성적 인식을 획득하고 계승할 수 있게 되었다.

2、兴于《诗》，立于礼，成于乐。

—— 〈论语·泰伯〉

[주석]

　　兴 : 일어나다. 여기에서는 분발한다는 뜻이다.

　　《诗》: 즉 《시경》이다. 중국 최초의 시가(诗歌) 총집(总集)이고 공자가 정리하여
　　　　　완성한 것이다.

　　立 : 입신하여 사회에 나아가다.

　　成 : 공자가 "악(乐)을 지도하는 것"을 교육의 최종 단계로 보았다.

[번역문]

　　《시경》의 각 편과 장은 사람으로 하여금 뜻과 패기를 분발하게 하며, '예(礼)'는
사람으로 하여금 입신하여 사회에 나아가게 하고, '악(乐)'은 사람으로 하여금 인격을
완미(完美)하게 한다.

《诗经》 书影

[해석]

　　이는 공자 수신지학(修身志学)의
'삼부곡(三部曲)'이다. 《시(诗)》는
성정(性情)을 근본으로 한다. 사람으
로 하여금 선(善)을 향하고 악(恶)을
버리는 마음을 갖게 하여 지혜를 찾아
일깨우게 한다. 그리하여 선한 마음을
갖게 되면 입신하여 사회에 나아감을

曲阜孔庙里的诗礼堂   在齐闻韶图

추구해도 된다. '예'는 겸양을 근본으로 한다. 사람의 마음을 단속하여 덕행을 확실하게 하고 정하여 사람으로 하여금 외부 세계의 유혹에 빠지지 않게 한다. '악(乐)'은 화합을 근본으로 한다. 희로애락 등 사람의 감정을 모르는 사이에 감화시켜 성정을 도야할 수 있게 하고, 사람으로 하여금 내적인 질(质)과 외적인 미(美)를 겸비할 수 있게 한다. ≪시≫, '예(礼)', '악(乐)'은 바로, 안에서 시작하여 밖으로 미치는, 내외(内外)가 유기적으로 통일된 군자 '성인(成人)' 삼부곡(三部曲)인 것이다.

　'예'는 사람됨의 근본이다. 군자가 수신함에 '예'와 '악'을 배우지 않으면 완전한 사람이 될 수 없고 완미한 인격을 갖출 수 없다. 공자의 고향인 곡부(曲阜)시 공묘(孔庙) 안에 '시예당(诗礼堂)'이라는 건물이 있다. 공자가 아들 공리(孔鲤)에게 '시'와 '예'를 가르친 장소를 기념하기 위해 후세인들이 세운 것이다. 공자는 아들에게 이렇게 말했다. "≪시≫를 배우지 않으면 말하는 방법을 알지 못한다. 예를 배우지 않으면 입신하는 방법을 알지 못한다."

≪礼记≫ 书影

'예'와 '악'은 서로 조화롭고 통일된 것으로 사회를 관리하고 나라를 다스리는 중요한 도구이다. 유학자들의 '예악인생(礼乐人生)'은 예술적 정신으로 가득 차 있다. ≪예기(礼记)≫에, "악(乐)을 이해하여 알게 되면 예(礼)를 거의 다 이해하여 알게 되었다고 할 수 있다. 예와 악을 모두 이해하여 알게 되면 덕이 있다 라고 할 수 있다."라 하였다. 공자도 '현가부절(弦歌不绝)', 즉 큰 소리로 노래 부르되 끊어짐이 없었고, 음악을 위해서라면 석 달 동안 고기 맛을 느끼지 못해도 괜찮다고 했다. 공자는 예술적 수양을 도덕 생명에 융합시켜 진선진미(尽善尽美)를 추구함으로써 미(美)와 선(善)을 아울러 얻고자 했다. 공자 이래로 중국의 지식인, 지식인 단체들은 계속하여 공자의 이러한 미선합일(美善合一)의 인생을 추구해왔다. 가슴에 천하를 품고, 마음을 묘당(庙堂)에 두고, 자연을 곁에 두고, 시악(诗乐)에 심취했다. 이것이 바로 중국 전통 지식인들의 추구했던 완미한 인생 경계인 것이다.

[더 읽을 자료] ≪예기(礼记)≫ : 전국 시대부터 진·한 시대까지(전 5세기 3세기) 유학자들이 경서인 ≪의례≫를 해석하고 설명한 선집으로 ≪주례(周礼)≫, ≪의례≫와 더불어 '삼예'로 일컬어진다. 내용은 주로 선진의 예법, 예의를 기재하고 논술하였으며, 공자와 그 제자들이 묻고 답한 것을 기록하고, 선진 유학자들의 정치와 철학, 그리고 윤리를 구체적으로 드러내고 있다.

不知命無以為君子也不知禮無以立也不知言無以知人也

3、夫礼者，理也；乐者，节也。无理不动，无节不作。

—— 〈孔子家语·论礼〉

[주석]

理 : 도리.

节 : 절제, 조절의 뜻이다.

动、作 : 모두 '하다'의 뜻이다.

[번역문]

예(礼)는, 실질적으로는 바로 도리(道理)를 말한다. 악(乐)은, 실질은 바로 절제를

曲阜周公庙制礼作乐坊

말한다. 도리에 맞지 않고, 절제하지 않은 일을 하지 말라.

[해석]

　　≪예기(礼记)≫에서 말하기를 "악(乐)은 만물의 화합을 보여주고 예(礼)는 천지의
질서를 보여준다"고 하였다. 성인(圣人)이 예와 악을 만든 목적은, 사람들의 감각적
욕망을 만족시키기 위해서가 아니다. 예와 악을 통해서 사람들이 스스로 호불호를
선택하는 기준을 가지게 하여 고아하고 정확한 길을 갈 수 있게 하는 것이다. 이것이
바로 '예와 악'의 사명인 것이다. 그리하여 '악'으로 정신을 높이 수양하여 평이(平易)
함, 정직함, 자애로움, 성실함을 함양하게 한다. '예'로 외모를 단정하게 하여 장중함,
공손함, 위엄을 갖추게 한다. '예와 악'의 이러한 도리가 나라 전체에 실행되면 천하를
잘 다스리는 것도 어렵지 않게 된다. '예'로 사람들의 뜻의 방향을 인도하며, '악'으로
사람들의 성정을 조화롭게 하고, '정령(政令)'으로 사람들의 행동을 통일하며, '형벌(刑
罚)'로 사람들의 사악한 행위를 방지한다. 이런 의미에서 말하자면 예, 악, 형벌, 정령
은 각각 그 방법은 다르지만 민심을 통일하고 천하의 큰 정치를 실현한다는 궁극적인
목적은 같다.

4、殷因于夏礼, 所损益可知也；周因于殷礼, 所损益可知也；其或继周者, 虽百世, 可知也。

——《论语·为政》

[주석]

夏, 殷, 周 : 중국 상고 시대의 중요한 세 왕조이다. 은(殷)은 상(商)이라고도 했다.

因 : 계승하여 이어가다.

损益 : 감소와 증가.

或 : 혹시, 여기에서는 '만약'의 뜻이다.

[번역문]

은(殷)은 하(夏)의 예(礼)와 제도를 계승하면서 무엇이 들어가고 무엇이 빠졌는지 알 수 있었으며, 주(周)는 은(殷)의 예(礼)와 제도를 계승하면서 무엇이 들어가고 무엇이 빠졌는지 알 수 있었으니, 만약 주(周)의 예와 제도를 계승하는 나라가 있다면 비록 백세(百世)가 지나도 무엇이 들어가고 무엇이 빠졌는지를 반드시 알 수 있을 것이다.

[해석]

공자 '백세가지(百世可知)'를 미루어 이치를 살피면 그가 평생 꾸준히 추구했던 '극기복례(克己复礼)'의 정치 이상을 담고 있음을 알 수 있다. 공자는, 만약 주(周)의 예를 시행할 수 있다면, 사람들은 자신의 친척하고만 친하지 않고, 자신의 자식만 자식으로 생각하지 않으며, 모든 사람이 서로 사랑하고, 상하친소의 구별과 혐의의 판단, 시비(是非)의 결정을 할 수 있게 함으로써 바로 천하대동(天下大同)의 한 길에 이르게 할 것이라고 생각했다.

　인류 역사를 보면, 어떠한 변화와 개혁도 그냥 나타난 것이 아니라 모두 원인이 있다. 그 원인은 과거와 이어져 계승되어 온 것이다. 중국은, 근대에 이르기까지 수천 년 동안 어떤 변화 속에서도 변함없이 종족과 가정이 사회의 기본 단위로서 국가 정치와 사회 생활의 모든 면에 영향을 미쳤다. 이런 뜻에서 보면 공자의 '백세가지'는 정말 그렇다고 할 수 있다.

　그러나 과거로부터의 계승은 과거를 그대로 계승한다는 뜻은 아니다. 공자는 다음과 같은 세 부류의 사람이 화를 초래한다고 생각했다. 스스로 총명하다고 생각하여 자기 고집만 내세우는 사람, 모든 면에서 천박하면서도 명령만 하려고 하고 독단적으로 행동하는 사람, 분명히 현재에 살면서도 과거의 것만 다 좋다고 생각하여 완전히 과거로 돌아가려고 하는 사람 등이다. 이를 통해, 공자가 '예'를 존숭하지만 과거의 예에 구애되지 않고 오히려 임기응변 사상이 풍부한, 시대에 따르고, 시대와 함께한 '성자(圣者)'였음을 알 수 있다.

5、礼之于人，犹酒之有糵也，君子以厚，小人以薄。

—— ≪孔子家语·礼运≫

[주석]

糵 : 누룩, 술을 담글 때 사용하는 발효제. 중국에는 일찍이 주(周)나라 때부터 '누룩'에
관한 기록이 있었다. 중국에서는 옛날부터 사람들이 곰팡이가 생기는 곡물로
누룩을 만들었다. 누룩 속의 미생물에서 나온 효소는 촉매로 작용하여 곡물에
있는 전분, 단백질 등을 당, 아미노산 등으로 바꾸어 주정(酒精)을 만든다.

厚 : 훈도와 영향을 받아 정서와 감정, 기질 등이 순후하게 되다.

薄 : 천박하다.

[번역문]

苏轼画像

사람에게 예(礼)는, 술을 빚을 때 반드시 필요한 누룩과 같다.
군자(君子)는 예를 추구하기 때문에 더 순후해지고 소인(小人)
은 예를 멀리하기 때문에 더 천박해진다.

[해석]

문명예의(文明礼仪)는 한 나라, 한 민족의 문명
정도, 도덕풍속과 생활 습관을 집중적으로 반영하며,
한 사람의 개성적 기질, 소질의 수양, 심미적인 정취
와 문화적 품위를 외적으로 표현해준다. 술을 빚을
때 누룩이 없으면 좋은 술을 만들 수 없는 것처럼, 성
장과정에서는 예의 수양이 없으면 군자가 될 수 없다.

중국 송(宋)나라의 유명한 문학가 소식(苏轼)은 그의 시에서 "마음 속에 시(诗)와 서(书)를 품고 있으면 그의 기질은 스스로 승화될 수 있다."고 했다. 그 뜻은 사람은 내적인 수양을 통해 외적인 기질을 만들어 낼 수 있기 때문에 만약 내적인 수양이 없으면 아무리 외모를 꾸며도 위풍당당한 군자가 되지 못할 것이다.

공자는 이렇게 생각했다. 군자가 성인(圣人)이 되기 위해서는 의(义)의 근본과 예의 질서를 연구하고 배워 성정을 도야해야 하는데 이는 밭을 가는 것과 같다. 예법과 제도를 정리하고 고치는 것은 땅을 가는 것이며, 도의(道义)를 천명하여 널리 펴는 것은 씨를 뿌리는 것이고, 교육을 시행하는 것은 잡초를 제거하는 것이다. 인애(仁爱)를 근본으로 하여 인심(仁心)을 모으고, 예와 악을 전파하여 백성을 안정하게 한다. 나라를 다스릴 때 예로 하지 않으면 농기구없이 땅을 가는 것과 같다. 예를 행할 때 의(义)가 없으면 밭을 갈았지만 씨를 뿌리지 않은 것과 같다. 의(义)를 행하면서 교육을 중시하지 않으면 잡초는 뽑았지만 수확이 없는 것과 같다. 의(义)에는 맞지만 예와 악으로 인심(人心)을 안정시키지 않으면 양식을 수확했지만 먹지 않은 것과 같다. 예와 악으로 인심(人心)을 안정시켰지만 그 인심(人心)이 화순함에 이르지 못하면 흰밥을 먹지만 건장하지 못한 것과 같다. 사지(四肢)가 성하고 몸에 살과 근육이 알맞게 붙은 것은 신체가 건강하다는 표현이다. 부자간의 정이 깊고, 형제가 화목하고, 부부가 화합하여 아름다운 것은 가정이 번영한다는 표현이다. 대신(大臣)이 법을 지키고, 소리(小吏)가 청렴하고, 모든 직책과 기능이 서로 어울려 합동하고 질서가 있는 것은 국가가 강성하다는 뜻이다.

6、恭而无礼则劳；慎而无礼则葸；勇而无礼则乱；直而无礼则绞。

—— ≪论语·泰伯≫

【주석】

恭 : 공경하다.

劳 : 고생스럽다.

慎 : 신중하다.

葸 : 두렵다.

乱 : 윗사람을 거역하다.

直 : 거리낌 없이 솔직하다.

绞 : 신랄하다.

【번역문】

일을 할 때에, 공경함만 갖추고 예(礼)로 조절할 줄 모르면 백성들이 매우 피로하게 되며, 신중하고 꼼꼼하기만 하고 예로 조절할 줄 모르면 소심하고 나약하게 되며, 용맹정진(勇猛精进)하기만 하고 예로 조절할 줄 모르면 윗사람을 거역하여 난(乱)을 일으키게 되며, 거리낌 없이 솔직하기만 하고 예로 조절할 줄 모르면 신랄한 말로 다른 사람의 마음을 상하게 된다.

【해석】

공자가 여기에서 말한 것은 공경, 신중, 용기, 정직의 네 가지 품덕(品德)과 예(礼)의 관계이다.

중국인들은 옛날부터 '공(恭)'과 '경(敬)'을 말할 때에 항상 함께 사용해왔다. '공'은 외적인 형태와 모습에 대한 지칭이고, '경'은 내적인 요구에 대한 지칭이다. 여기에서 말하는 것은, 나라를 다스릴 때에 직무와 책임을 다하고 윗사람의 요구를 그대로 따라 정령(政令)을 시행하되 예로 조절할 줄 모르면 백성들이 힘들게 된다는 것이다. '근신 (謹愼)'은 보통 언행에 대한 표현으로, 만약 명철보신(明哲保身)하여 매사에 소심하기만 하면 어떤 일도 맡길 수 없는 겁쟁이가 된다는 것이다. '용(勇)'과 '직(直)'은 서로 통하는 점이 있지만 표현상에서 약간 구별되는데, 만약 위정자가 용맹정진(勇猛精進)하기만 하고 예를 모르면 백성들도 그와 함께 용맹하기를 좋아하여 반드시 사회에 동란이 일어나기 쉽다는 것이며, 생각한 대로 거침없이 말하는 것만 알고 사람이나 일을 대하는 방법이 서투르면 신랄한 말로 다른 사람의 마음을 상하게 하기 쉬워 백성들은 끈이 엉킨 것과 같이 느끼게 된다는 것이다.

공자의 언론은 주로 '위정(为政)'에 맞춰진 것이었다. 여기에서 '예'의 중요성을 말한 것은, '예'가 나라를 다스리는 기본 원칙일 뿐만 아니라, 개인 특히 군자(君子)의 처세의 척도라는 것이다. 사람이 모두 서로 다르다는 점에서 볼 때, 인자(仁者)의 공경, 신중, 용기, 정직은 예에 맞지만 인자가 아닌 사람들의 공경, 신중, 용기, 정직은 저마다 일정한 차이가 있어 착취, 위협, 반란, 교살의 네 가지 폐단이 생길 수 있다. 군자가 가족을 잘 대하면 자기로부터 다른 사람에까지 미치고 그리하여 사람들이 인과 덕의 길로 향하게 되어 오랜 친구를 버리지 않으며 민심이 얕아지지 않을 것이다. 가족을 잘 대하는 것은 백성들에게까지 널리 미치므로 예(礼)의 범주에 속하며, 백성을 가르치고 이끌어서 인과 덕의 길로 향하게 하는 것은 백성의 내적인 마음과 정서와 밀접한 관계가 있는 것이다. 예의제도와 인륜은 이성(理性)적 관계에 있는 것이 아니라 오히려 이성과 감정이 서로 용합된, 사람들의 일상생활 속에 있는 것이다. 중국 전통 문화에서 가족 간의 관계를 주축으로 하는 '인정미(人情味)'는, 항상 이성적인 사회 운행과 모두 관련된 것이다.

7、未能事人, 焉能事鬼?　未知生, 焉知死?

—— 《论语·先进》

[주석]

事 : 섬기다. 모시다.

人 : 살아 있는 사람. 자신의 군왕과 부친을 이르는 말.

焉 : 어떻게.

鬼 : 귀신.

[번역문]

　살아 있는 사람도 잘 모시지 못하는데 귀신을 어떻게 잘 모실 수 있겠는가? 삶의 도리도 잘 알지 못하는데 어떻게 죽은 후에 대하여 알 수 있겠는가?

[해석]

　공자의 제자 자로(子路)가 어떻게 귀신을 모셔야 하는지 가르침을 청하였다. 이에, 공자는 군왕과 부친이 살아계실 때 충효를 다하지 못했다면 돌아가신 후에 그 귀신을 어떻게 모셔야 할지에 대해 말하는 것은 아무 의미가 없다라고 생각했다.

　공자는 귀신에 대해 줄곧 이런 태도를 취하였다. 즉, 귀신이 존재하는 것이라고 생각은 하지만 귀신을 논하지는 않는 태도이다. 인정하지도 않고 부정하지도 않았다. "귀신을 공경하나 가까이 하지는 않는다", "제사를 살아 계실 때 모시는 것과 같이 하고, 신을 제사할 때 신이 살아 계신 것처럼 한다", "공자는 말을 하지 않아도 그 괴력(怪力)이 신을 흔들리게 하였다." 공자는 현실과 이성을 중시하는 태도를 취했다. '효(孝)'를 '인(仁)'의 근본으로 하며 '인'을 '치국(治国)'의 근본으로 하고, '사람'이 되는 것, 고상한 군자가 되는 것, 삶의 현실적 문제들을 잘 해나가는 것을 중시하였으며 '죽음'에 대해서는 태연한 태도를 취하였다.

　제자 자공(子贡)이 죽은 사람에게 지각이 있는지 없는지에 대해 공자에게 물었다. 공자는 이렇게 대답했다. "내가 만약, 죽은 사람에게 지각이 있다고 말하면 효성스러운 자손들이 자신의 목숨을 버리고 죽은 이를 따라 죽을까 걱정한다. 죽은 사람에게 지각이 없다고 말하면 불효한 자손들이 가족을 내다버리고 매장하지 않을까 걱정한다. 너는 죽은 사람에게 지각이 있는지 알고 싶어하지만 지금 너에게 급한 일이 아니다. 앞으로 스스로 알 수 있을 것이다." 여기에서, 공자가 귀신이 있다고 생각은 하지만 논하려고 하지 않은 고충과, 현세의 실용적이고 이성적인 것을 중시한 까닭을 알 수 있다. 비록 귀신의 진실성을 논하지는 않았지만 귀신에 대한 종교적인 도덕과 심리 기능을 부각시켜, 신(神)의 도를 사람의 도로 귀속함으로써 이성과 지혜, 통달, 관용에 이르게 된다고 하였다.

季路問事
鬼神子曰
未能事人
焉能事鬼
曰敢問死
未知生焉
知死

8、君君，臣臣，父父，子子。

—— ≪论语·颜渊≫

[주석]

앞의 '군(君)', '신(臣)', '부(父)', '자(子)'는 명사, 뒤 의 '군(君)', '신(臣)', '부(父)', '자(子)'는 동사이다.

[번역문]

군주는 군주로서 갖춰야 할 것을 갖춰야 하고, 신하는 신하로서 갖춰야 할 것을 갖춰야 하며, 부친은 부친으로서 갖춰야 할 것을 갖춰야 하고, 아들은 아들로서 갖춰야 할 것을 갖춰야 한다.

孟子画像

[해석]

이 말은 군주와 신하, 부친과 아들 간의 권리와 의무가 모두 상대적이라는 뜻이다. 군주는 군주로서의 의무를 해야 하며, 신하는 신하로서의 의무를 해야 하고, 부친은 부친으로서의 의무를 해야 하며, 아들은 아들로서의 의무를 해야 한다. ≪대학≫ 에서 말한 것처럼 군주는 '인(仁)'에 이르도록 해야 하며, 신하는 '경(敬)'에 이르도록 해야 하고, 아들은 '효(孝)'에 이르도록 해야 하며, 부친은 '자(慈)'에 이르도록 해야 한다. 여기에서 말한 것은 사람의 사회적 역할에 대한 것이고 인격적 역할에 대한 것이 아니다. 그리고 모든 사회적 역할 간의 관계는 일방적인 것이 아니라 상호적인 것이다. 공자 이후에 맹자는 이렇게 생각했다. 군신관계에서 군주는 주도적 입장에 있지만 신하를 절대적 하위로 본다는 의미는 아니다. 군주가 신하에 대하여 취하는 태도에 따라 신하도 군주에게 그런 태도로 대한다. 만약 군주가 신하를 친형제처럼 대하면 신하는 군주을 진심으로 대한다.

군주가 신하를 견마(犬马)처럼 부리면 신하는 군주를 그저 평범한 한 사람으로 대한다. 군주가 신하를 지푸라기와 같이 하찮게 여기면 신하는 군주를 원수같이 대한다.

공자는 명성과 지위와 등급제도를 강조했을 뿐 아니라, 존비(尊卑), 장유(长幼)의 화목함도 강조하였다. 공자는, 부모가 자녀를 양육하는 것과 자녀가 부모에게 효경하는 것은 인류사회의 가장 중요한 질서이고 가장 규범적인 의무라고 생각했다. 이러한 바탕 위에서 사회, 단체, 국가는 각각 그 조직과 질서를 갖춰야 하며, 어떤 개체이든 똑같이 그 전체적인 질서를 존재의 전제 조건으로 해야 한다. 이것이 바로 사회의 안정과 번영을 유지할 수 있는 중요한 조건이다.

君臣臣父父子子

9、孔子谓季氏，"八佾舞于庭，是可忍也，孰不可忍也？"

—— ≪论语·八佾≫

[주석]

　佾 : 고대에 황실이나 대신의 집에서 어떤 의식을 행할 때에 춤과 연주를 하는 사람
　　　들의 행렬. 일(佾)은 행(行)이다. 그러므로 곧, 팔일(八佾)은 팔행(八行)이다. 주
　　　(周)나라의 예(礼)에는 이렇게 규정하고 있다. 천자(天子)가 조묘(祖庙)에서 제사
　　　지낼 때에만 팔일악무(八佾乐舞)를 추게 할 수 있다. 각 일(佾)은 여덟 명으로
　　　구성되는데, 그러므로 팔일(八佾)은 총 64명이 된다. 제후는 육일악무(六佾乐
　　　舞), 48명, 대부는 사일악무(四佾乐舞) 즉32 명이 춤과 연주를 하게 할 수 있다.
　　　가묘(家庙)에서 제사 재낼 때, 만일 자신의 신분을 초월하여 부당한 일무(佾舞)
　　　를 추게 하면 매우 예의에 어긋난 행위이다.

　是 : 이것.

　忍 : 용인하다. 참고 견디다. '인심(忍心)'으로 번역하는 사람도 있다.

　孰 : 무엇.

[번역문]

　공자는 노나라 집정대부(执政大夫) 계씨(季氏)에 대하여 이렇게 말했다. 그가
감히 자기 집에서 천자의 격(规格)으로 팔일무(八佾舞)를 추게 하였으니, 만약 이런
일을 한다면 무슨 일인들 하지 않겠는가?

[해석]

　"시가인야, 숙불가인야.(是可忍也, 孰不可忍也。 즉, 이런 일을 차마 한다면 무슨

일인들 차마 하지 않겠는가)", 이것은 중국에서 아주 유명한 성어로 공자가 계씨(季氏)를 질책한 데에서 나온 것이다. '인(忍)'은 '용인'으로 설명할 수도 있고 '인심(忍心)'으로 이해해도 된다. 공자는 자율(自律)을 특히 강조하기 때문에 '忍'은 여기에서는 '인심(忍心)'으로 이해하면 더 좋을 것 같다.

공자가 살았던 노나라는 국가 정권이 중손(仲孙), 숙손(叔孙), 계손(季孙) 삼가대부(三家大夫)의 수중에 있었고 군주는 실권이 없었다. 계손씨는 노나라 왕실을 약화시키고 심지어는 군주인 노소공(鲁昭公)을 내쫓아 노소공은 그 후 제(齐)나라, 진(晋)나라로 도망하다가 결국 이국 타향에서 객사하고 말았다. 계손씨의 많은 행위는 모두 부당한 행위에 속한다.

자유와 평등은 모든 사람이 지향하는 이상적인 것이지만 일정한 사회 질서를 준수하는 것과 대립하지 않는다. 공자가 보기에, 사상, 학술 공통점은 취하고 차이점은 보류해야 한다고 할 수 있지만 그 행위 규범은 반드시 서로 일치해야 한다. 어떤 사회에서도 공동으로 준수해야 하는 규칙이 있고, 이러한 규칙은 예법과 제도가 요구하는 것일 수도 있고, 법률규범일 수도 있고, 도덕윤리일 수도 있다. 모든 사람이 이러한 규칙을 준수하면 국가가 능히 안정되고 강성해져 백성들이 안전하게 살면서 즐겁게 일할 수 있다. 이러한 규칙을 파기하면 천하가 크게 어지러워지고 백성들도 편히 살 수 없다.

5

학습(学习)편

[독서 안내]

공자는 중국 역사상 가장 위대한 교육가이다. 그는 사학(私学)을 창시하고 특권적인 귀족 중심 교육을 타파했다. 차별없이 누구에게나 교육을 실시하여, 제자 삼 천, 현자(贤者) 72명 그리고 지덕을 겸비한 우수한 인재를 많이 배양했다. 오랜 교학 실천 과정에서 공자는 각자의 자질에 맞게 교육을 실시하였으며 계발식 교육과 상호 토론식 교육방법을 채택했다. 그리하여 풍부한 교학 경험을 쌓아 고대 문화를 계승, 발전시키고 전파하는 데에 혁혁한 공헌을 했다. 공자는 학생들의 도덕 수양을 중시하여, ≪시≫·≪서(书)≫·≪예(礼)≫·≪악(乐)≫·≪주역(易)≫·≪춘추(春秋)≫ 이 6가지의 경전으로 교과서를 삼아 학생을 가르침으로써, 하나의 완전히 정리된 교육 체계를 형성하였다. 공자의 계발식 교학방법과 덕재겸비(德才并重)의 교육 이념은 중국 교육사상 매우 중요한 의의가 있어 현재의 교육이념에서도 충분히 참고할 만한 가치가 있으며, 이는 그가 인류에게 남긴 가장 고귀한 문화 유산 중의 하나이다. 오늘날 공자의 고향인 곡부에서는, '공자 교육상'과 '공자 문화상' 두 개의 큰 상을 만들었는데 이는 공자를 기념하고, 교육 분야와 유학 연구 분야에서 탁월한 공헌을 한 뛰어난 인재를 표창하기 위해서이다.

[더 읽을 자료] 육경(六经) : ≪시(诗)≫·≪서(书)≫·≪예(礼)≫·≪주역(易)≫·≪악(乐)≫·≪춘추(春秋)≫는 역대 중국의 선왕들이 쌓고 전해 내려준 화하 문화 초기의 육부 유가 경전으로, 주공을 거쳐 완선되고, 공자가 정리한 후에 화하 문명 예절의 기초가 된다. 또 '대육예(大六艺)'라고 한다.

1、学而不厌, 诲人不倦。

—— ≪论语·述而≫

[주석]

학 : 학습

厌 : 싫증내다.

诲 : 가르치다. 교육하다.

倦 : 피곤하다.

[번역문]

열심히 공부할 때 싫증을 느끼지 않고, 다른 사람을 가르칠 때 피곤한 줄 모른다.

[해석]

이 문장은 공자의 학문에 대한 태도와 교학의 정신을 표현한다. 공자는 어릴 때부터 총명하고 공부하기를 좋아하여 학문의 뜻을 일찍기 세우고 훌륭한 스승을 찾아 가르침을 청하여 재능과 지혜를 쌓았다.

공자는 사양(师襄)에게 거문고를 배웠다. 한 곡을 열흘 동안 계속 배운 후, 사양은 공자가 이미 기본적인 것을 다 익혔다고 생각해서 이렇게 말했다. "너는 이제 이 곡을 다 배웠다. 새 곡을 배우자!"라 하니, 공자는 이렇게 말했다. "비록 곡은 배웠지만 연주 기교가 아직 능숙하지 않습니다!" 며칠 후에 사양은, "너의 연주 기교가 이제 아주 좋아졌다. 새 곡을 배우자!" 라고 하였다. 공자는 "저는 곡의 취지와 정신, 그리고 음운을 아직 충분히 이해하지 못했습니다!"라고 대답했다. 다시 며칠 후에 사양은 새 곡을 배우자고 세 번째 제의했다. 공자는 "저는 아직 이 곡의 작자가 어떤 사람인지

5. 학습(学习)편 125

상상되지 않습니다!" 라고 말하고 그 곡을 계속 연주했다. 며칠 후, 공자는 갑자기 깨닫고 생각에 잠긴 듯이 말했다. "저는 드디어 이 사람을 상상할 수 있습니다. 이 곡의 작가는 피부가 검은 편이고 키가 크며 풍채가 좋고 눈빛이 심오한 사람일 것입니다. 그가 만약 천하를 가졌다면 반드시 바로 주문왕(周文王)일 것입니다!" 사양은 매우 탄복하며 말했다. "이 곡은 바로 주문왕이 지은 것이다." 공자의, 끊임없이 탐색하고 열심히 연구하는 이러한 정신이, 바로 그로 하여금 풍부한 이론 지식과 실천 경험을 쌓을 수 있게 한 것이다.

공자는 유가 학파를 창립하고 사학을 창설했다. 널리 천하에서 제자를 받아 들이고, 몸과 마음을 다해 교육함에 조금도 게을리하지 않았다. 공자는 학생들의 능력이나 적성이 다 다른 것을 인정하고, 그들을 제대로 교육하기 위해 분야를 나누고 과(科)를 설치하여 각각 그 사람에 맞추어 교육했다. 공자의 제자 중에 자로(子路)와 염유(冉有)는 한 사람은 강하고 한 사람은 부드러워 성격이 완전히 상반되었다. 공자는 각각의 장점을 키워주고 단점을 보완하기 위해 그들에게 동일한 하나의 문제를 주었지만 해답은 완전히 상반되게 해주었다. 공자는, 염유에 대해서 이렇게 가르쳤다. "일을 할 때에는 과감해야 한다. 들으면 즉시 하고 주눅들지 말라." 자로에 대해서는 이렇게 가르쳤다. "일을 할 때에 여러 번 생각하고 실행하라. 경솔하지 말라." 바로 이러한 진재실학(真才实学)과 숭고한 스승으로서의 덕(德)이 공자로 하여금 제자들의 존중과 사회로부터의 인정을 받게 한 것이다. 제자는 3000에 이르렀고, 그 중 현자가 72명에 달했다. 이렇게 성대한 분위기는 전례 없는 것이었다.

师襄

[더 읽을 자료] 사양(师襄) : 춘추 시기에 노국의 악관이다. 칠현금 치기를 잘하였다.

周文王

[더 읽을 자료] 주문왕(周文王)(전1152년－전1056년) : 성은 희(姬)이고 이름은 창(昌)이다. 주왕조를 세운 자이다. 기산(岐山) 아래에 나라를 세워 선(善)을 행하고 인(仁)을 실행했으며, 정사에 부지런했다. 아들 무왕이 주조를 건립한 후에 주문왕으로 모셔졌다.

2、敏而好学，不耻下问。

—— 《论语·公冶长》

【주석】

敏 : 총명하다. 지혜롭다.

耻 : 수치스럽다. 치욕.

【번역문】

총명하고 근면하며 겸허하게 배운다. 지위나 학식이 자기보다 부족한 사람에게 가르침을 청하는 것에 대하여 수치스러워하지 않는다.

【해석】

이 문장은 공자가 위(卫)나라 대부(大夫) 공문자(孔文子)를 칭찬한 것이다. 공문자는 바로 공어(孔圉)이고 문자(文子)는 시호(謚号)이다. 일반적으로 제자가 스승에게, 아랫사람이 윗사람에게 가르침을 청하는 것이 자연스러운 일이라고 여긴다. 그러므로 스승이 제자에게, 윗사람이 아랫사람에게 가르침을 청하는 것은 쉽지 않다. 공자는 공문자의 이러한 '불치하문(不耻下问)' 정신을 매우 마음에 들어 하였다. 모든 사람은 저마다 자신만의 장점이 다 있고 서로 다른 분야의 사람은 각각의 전공을 가지고 있기 때문에 타인에게 허심하게 가르침을 청하는 것은 자기의 지식을 풍부하게 할 수 있고 자기의 시야도 넓힐 수 있다.

공문자의 이러한 정신에 감동하여 중국 역사상 '불치하문'과 관련한 이야기가 많았다. 송(宋)나라 경력(庆历) 연간, 구양수(欧阳修)가 권력자의 노여움을 사 안휘(安徽)성 처주(滁州)시 태수(太守)로 좌천되었다. 그 때 구양수는 자주 랑야산(琅琊山)에 가서 자연 속에서 감정을 토로하고 지선(智仙) 스님과 깊은 우정을 맺게 되었다. 지선 스님은 구양수가 편하게 유람할 수 있도록 산중턱에 정자(亭子)를 지었다. 정자가 완공되던 날, 구양수는 축하하며 친히 "취옹정(醉翁亭)"이라는 이름을 글씨로 써 붙여 주었고 그 자리에서 천고명편(千古名篇) ≪취옹정기(醉翁亭记)≫를 써 남겼다. 집에 돌아가서 그는 다시 불을 켜고 ≪취옹정기≫를 몇 부 더 베껴 쓴 후, 아랫사람들에게 분부하여 동, 서, 남, 북 4대문에 붙이고 사람들로 하여금 평가하고 고칠 수 있도록 하였다. 저녁 무렵, 노수재(老秀才, 나이 많은 생원. 수재는 명청대에 가장 낮은 등급의 과거시험을 통과한 선비를 말한다.) 한 사람이 방문하였다. 그는 구양수에게 거두절미하고 말했다. "태수님이 쓰신 문장을 보고 모든 사람이 칭찬하여 마지않습니다. 그러나 제 생각으로는 시작 부분의 몇몇 글자들은 생략해도 좋을 것 같습니다. '저주(滁州)의 사방은 모두 산으로 둘러싸고 있다. 동쪽은 오룡산(乌龙山)이 있고 서쪽은 대풍산(大丰山)이 있으며, 남쪽은 화산(花山)이 있고 북쪽은 백미산(白米山)이 있다. 서남쪽의 모든 봉우리에는 숲과 계곡이 특별히 아름답다. 그 중에서 가장 웅장하고 아름다운 산이 랑야(琅琊)산이다.(우环滁四面皆山, 东有乌龙山, 西有大丰山, 南有花山, 北有白米山, 其西南诸峰, 林壑尤美, 望之蔚然而深秀者, 琅玡也)'. 이 문장은 취옹정을 위해 쓴 것입니다. 취옹정은 랑야산에 있기 때문에 그 외의 산은 모두 하나 하나 쓸 필요가 없다고 생각합니다." 구양수는 고개를 끄덕이며 듣고 난 후, 붓을 들어 "사방의 산 이름"을 지우니 "저주의 사방은 모두 산으로 둘러싸고 있다.(环滁皆山也)"만 남게 되었다. 구양수의 이러한 '불치하문(不耻下问)'의 사적은 천고의 가화(佳话)가 되었다.

欧阳修画像

[더 읽을 자료] 구양수(欧阳修)(1007년－1073년) : 북송

시기의 정치가, 문학가, 사학가 및 시인이다. 중국 문학사에서 아주 중요한 한 위치에 있다. 그는 시문 혁신 운동을 강력하게 주창하였고, 당나라 말년부터 송나라 초기까지의 형식주의 문풍과 시풍을 혁신하여, 뚜렷한 성과를 올렸다. 그의 문풍은 원, 명, 청대에까지 계속 영향을 주었다.

3、知之为知之，不知为不知，是知也！

—— ≪论语·为政≫

[주석]

知之 : 알다.

不知 : 모르다

是知也 : "知"는 "智"와 같다. 지혜롭다. 현명하다.

[번역문]

아는 것을 안다 하고, 모르는 것을 모른다 하는 것이 바로 진정한 지혜이다.

[해석]

이 문장은 공자가 제자 자로(子路)를 가르치기 위해 한 말이다. 공자는 그에게 '실사구시(实事求是)' 즉, 공부하는 과정에서, 모르면서 아는 척하지 말며, 아는 것은 이미 알고 있다고 표시하고, 아직 잘 알지 못하는 문제는 반드시 다른 사람에게 가르침을 청해 계속 규명해야 한다고 가르쳤다.

이렇게 엄격한 학문 연구 태도와 실사구시의 기풍은 사람들의 입에 회자(脍炙)되어, 이에 대한 예증이 수없이 많다.

예를 들어, 노벨상 수상자 딩자오중(丁肇中) 교수가 중국 남경 항공항천대에서 사생에게 특강을 할 때 학생들이 몇 가지 질문을 했다. "인류가 우주에서 암물질(暗物质)과 반물질(反物质)을 찾을 수 있다고 생각하세요?" "교수님이해오신 과학 실험이 어떤 경제적 가치가 있다고 생각하세요?" "물리학의 향후 20년의 발전방향에 대하여 좀 이야기 해 주시겠어요?" 딩 교수는 저명한 실험 물리학자이지만, 이 세 질문에 대하여 모두 "모르겠습니다"라고 대답했다. '삼문삼불지(三问三不知)', 이러한 대답은 모든 청중들을 놀라게 하였지만 딩 교수의 진지하고 소박한 해석에 장내에서는 바로 열렬한 박수소리가 터져나왔다. 딩 교수는, 모르는 문제에 대해 절대로 주관적인 추측으로 단정을 해서는 안 되며, 과학적인 것은 아주 작은 것이라도 불분명해서는 안되며, 특히 최첨단의 과학은 주관적인 판단과 지나간 경험으로 가볍게 결론을 내려서는 안 된다고 생각한 것이다. 딩자오중 교수의 '삼문삼불지(三问三不知)'는, 한 사람의 학자가 과학을 대하는데 있어, 엄격하게 진리를 탐구하는 태도를 구체적으로 드러낸 것이다.

由誨女知之乎知之為知之不知為不知是知也

張伯煌書

沈禎

4、知之者不如好之者，好之者不如乐之者。

—— 《论语·雍也》

[주석]

　知 : 알다. 이해하다

　好 : [hào]로 발음한다. 애호하다. 좋아하다.

　乐 : ~하기에 즐거워 하다. ~하는 것을 즐겁게.

[번역문]

　공부든 처신이든, 그것에 대하여 아는 사람이 그것을 사랑하는 사람만 못하며, 그것을 사랑하는 사람은 그것을 즐겁게 여기는 사람만 못하다.

[해석]

　공자는 배우기를 좋아하고 배움을 재미로 여기며 즐긴 어른이었다. 그는 학생들에게 배움를 사랑하고 배우는 것을 즐거워하라고 가르쳤다. 배움에 있어 그 목적이 공리(功利)와 실용(实用)을 초월하여, 개인의 성장과 발전에 내재적인 요구로 추구될 때, 배움은 개인의 정신적 향유의 과정이 되는 것이다. 중국에는 이런 속담이 있다. "흥미는 제일 좋은 선생이다." 어떤 한 분야의 학문에 흥미와 관심이 생기면 저절로 자고 먹는 것을 잊고 탐색하고 연구한다. 그리하여 큰 지식욕이 싹트게 된다. 자신의 전공 분야에서 성취한 바가 있는 사람들은 모두 이러한 경험이 있다.

　신 중국의 건국 총사령관 진의(陈毅)는 공부하는 것을 대단히 좋아하여 공부를 낙으로 여긴 모범 사례이다. 그는 어렸을 때 독서를 아주 좋아해서 언제나 책을 가지고 다니며 틈만 나면 바로 꺼내어 몇 페이지를 읽곤 했다. 만약 좋은 책을 발견하게 되면 비할 데 없이 기뻐하였다. 한번은, 그가 친척 집에 가서 추석을 보내게 되었는데, 친척 집에 들어서면서 자기가 아주 읽고 싶었던 책을 보자 몇 십 리 길을 걸은 피로를 잊고 바로 집중하여 그 책을 읽어내려갔다. 그는 책을 읽으면서 하년으론 붓을 들고 점을 찍어가며 비평하였다. 그는 완전히 책읽기에 빠져 친척이 몇 번이나 밥먹기를 재촉해도 책 놓기를 아쉬워했다. 친척이 막 쪄낸 찹쌀떡을 그에게 가지고 왔는데 진의는 입으로 찹쌀떡을 먹으면서도 모든 정신은 책에 있었다. 찹쌀떡은 원래 설탕을 찍어 먹어야 되는데 그는 벼루에 손을 뻗어 먹물에 찹쌀떡을 찍어 먹었다. 친척이 그에게 국수를 가지고 다시 왔을 때 온 입에 먹물이 묻어 있는 진의의 모습을 보고 다른 모든 친척들을 불러 보게 하자 모두들 웃음을 터뜨렸다. 진의는 오히려 평온하고 조용하면서도 익살스럽게 말했다. "먹물 먹어도 괜찮아요. 저는 뱃속의 먹물이 너무 적은 것 같은데요."

5、温故而知新，可以为师矣。

—— ≪论语·为政≫

[주석]

温 : 복습하다.

故 : 이전에 배운 지식

新 : 새로 배운 지식

[번역문]

이전에 배운 것(지식)을 복습함으로써, 새로운(배운 적 없는) 지식을 얻을 수 있는 사람은 선생님이 될 수 있다

[해석]

배움은, 지식을 끊임없이 쌓고, 그 쌓인 기초위에 창조가 이루어지는 하나의 과정이다. '후적박발(厚积薄发)'이라는 중국 격언은 앞 사람의 지혜와 성과를 총괄하고 상속 계승하며, 이전의 문명과 그 성과를 열심히 진지하게 소화흡수하고 이해하고 받아들여서, 융회관통(融会贯通)해야만 새로운 시대에 창조와 발전을 이룰 수 있다. 새로운 발명과 창조는 그 하나 하나가 모두 앞서 간 사람들의 어깨 위에 서 이루어진 것이다.

공자의 제자 안회(颜回)는 언제나 공자의 교학 정신을 잘이해하여 공자가 제일 좋아하는 제자였다. 공자가 위나라(卫国)에 거주할 때였다. 날이 아직 밝지 않고 주위는 서늘하고 고요한 데 어디선가 구슬픈 울음소리가 은은하게 들려왔다. 공자는 옆에 있는 안회에게 물었다. "왜 우는지 아느냐?" 안회는 두 눈을 쌀짝 가만히 감고 자세히

温故而知新
可以为师矣

섬세하게 들은 후 말했다." 제가 듣기에, 이 울음소리에는 죽은 사람뿐만 아니라 생이별의 비통함도 들어 있습니다!" 공자는 안회의 견해에 놀랐다. "네가 울음소리만 듣고 어떻게 생이별의 슬픔을 아느냐?' 안회는 이렇게 대답했다. "제가 옛날에 이런 이야기를 들은 적이 있습니다. 환산(桓山)에서 새 한 마리가 새끼 네 마리를 낳았습니다. 어린 새끼새들이 깃털이 다 나서 사방으로 분산하게 되어 흩어지게 되면 어미새는 처량하게 슬피 울면서 자기의 새끼들을 보냅니다. 그 애절한 소리가 지금 이 소리와 아주 비슷합니다. 왜냐하면, 둘 다 한번 가면 다시 돌아오지않기 때문입니다! 저는 이러한 비슷한 소리로 오늘 이 슬픈 사람의 심경을 추측한 것입니다." 마음속으로 아직 의아하게 생각하고 있던 공자는 사람을 보내 왜 우는지를 물었다. 과연 그 울음소리는 한 아버지가 멀리 타향으로 떠날 자식을 떠나 보내면서 운 것입니다. 공자는 깊이 감탄하였다. "안회는 정말 하나를 들으면 열을 안다고 할 수 있겠습니다." 안회는 일찍이 어미새가 새끼새와 헤어질 때의 슬픈 울음소리를 듣고 하나의 비슷한 울음소리에서 사별과 생이별의 아픔을 구별했던 것이다. 이것은 바로 그가 정기적으로 세밀한 관찰을 통해, 이전의 것을 되새기면서 공부함으로써 새로운 지식을 얻은 결과인 것이다.

6、学而不思则罔, 思而不学则殆。

—— ≪论语・为政≫

[주석]

罔 : 시비를 가리지 못하다

殆 : 위험하다.

[번역문]

지식을 배우기만 하고 생각하지 않으면 배운 지식을 깊이 이해하지도 못하고 변화시켜 이용할 수도 없다. 그렇게 되면 곤혹스럽게 되고 아는 듯 모르는 듯 한 상태에 빠지게 된다. 단지 생각만 하고 학습한 자료에 의거하지 않으면 생각은 많으나 표준이 없이 공허한 환상에 빠져 매우 위태롭게 된다.

[해석]

이 문장은 공자가 학습과 사고의 관계에 대하여 말한 것이다. 학습은 성실하고 겸손한 태도를 필요로 할 뿐만아니라 좋은 학습 방법이 있어야 한다. 이는 바로 공자가 말하는 학습과 사고가 결합되는 방법이다. 공자는 제자들에게 이렇게 훈계하였다. "책만 읽고 사고하지 않으면 곤혹하게 되어 아무런 소득이 없게 된다. 심지어는 시비진위(是非真假)를 구별하지 못하여 속임수에 빠지게 된다. 생각과 공상(空想)만 하고 책 읽지 않으면 자신감을 잃을 수 있고 심지어 의혹(疑惑)에 빠져 사문왜도(邪门歪道)로 들어갈 수도 있다. 그것은 아주 위험한 일이다."

중국 송(宋)나라 때 방중영(方仲永)이라는 사람이 있었다. 그 가족은 대대로 농사를 생업으로 하였다. 방중영이 5살 이전에는 필기구가 무엇인지 몰랐다. 5살 때, 어느 날 그는 갑자기 붓과 먹을 달라며 울었다. 그의 아버지는 놀라워하며 이웃집에서 빌려 다 주었다. 방중영은 그 자리에서 곧바로 사행시를 쓰고 시 뒤에 자기 이름도 썼다. 그 사행시는 부모를 부양함으로써 종족(宗族)을 단결한다는 내용으로, 고향의 모든 수재(秀才)들에게 전해져 감상되었다. 그 후로, 사람들이 구체적인 내용을 지정 하여 시를 쓰라고 하면, 그는 바로 쓸 수 있었다. 시의 문채와 이치가 모두 감상할 만하였다. 고향의 사람들은 그를 매우 경이롭게 느껴서 여기서 점차 빈객의 예절을 갖추어 그의 아버지를 환대했다. 어떤 사람은 돈을 써 가면서 시를 써달라고 부탁했다. 방중영의 아버지는 이렇게 하면 이익이 되겠다고 생각해서 날마다 그를 데리고 여러 곳을 사방으로 방문하여 시를 쓰게 하였다. 이러한 상황에서 그는 공부할 시간이 전혀 없게 되었다. 12, 13세가 되자, 그는 이미 이전의 명성과 비교할 만한 시를 쓸수 없게 되었다. 20세가 되자, 그의 천부적 자질은 모두 이미 사라지고 보통사람이 되고 말았다. 방중영은 매우 통달하고 총명하며 지혜가 있어 그 천부적 자질이 보통사람보 다 매우 뛰어났다. 그러나 아쉽게도 계속 공부하지 못하여 마침내는 원래 가지고 있던 재주와 재능마저 재치도 다 잃어 버리고 그냥 평범한 사람이 되어 버린 것이었다. 정말 아쉬운 일이었다. 이 이야기는 우리에게 사고만 하고 공부하지 않는 것은 아주 위험한 것임을 가르쳐준다.

학습을 사고와 결합함으로써 깊이 있는 사고를 통해 학습한 내용으로부터 새로운 견해와 사상을 전파하고, 발휘하며, 다시 그 자신이 이해한 것, 체득한 것을 제자들에 게 전수해야 한다. 이것은 바로 공자의 평생사업이었으며 그가 후세 사람들에게 남겨 준 귀한 경험과 정신적 자산인 것이다.

學而
不思則
罔思而
不學
則殆

7、工欲善其事，必先利其器。

—— ≪论语·卫灵公≫

[주석]

善 : 잘하다. 성공하다.

利 : 연마하다.

[번역문]

장인이 일을 잘 하려면 먼저 도구를 잘 연마해야 한다.

[해석]

어떠한 일이든 성공은 모두, 필요한 선결 조건의 기초위에 세워진 것이다. 그러므로 하나의 일을 성공하게 하려면 충분한 준비 작업을 해야 하고, 유리한 객관적인 환경을 조성해야 한다.

맹자는 공자의 뒤를 이어 가장 위대한 유가 학파의 대표적 인물이다. 맹자가 어렸을 때, 그의 어머니는 애석해 하지 않고 세번이나 이사하였는데 이는 바로 맹자에게 좋은 학습 환경을 만들어주기 위해서였다. 한번은, 맹자가 수업을 마치고 집으로 왔는데 어머니는 마침 베를 짜고 있다가 그를 보고 물었다. "공부하는 것이 어떠하느냐?" 맹자는 전혀 관심없이 대답하였다. "뭐, 예전과 똑 같지요." 어머니는 맹자의 전혀 관심없는 모습을 보고 매우 화가 나서 이미 짜 놓은 베를 가위로 잘라 버렸다. 맹자는 어머니가 왜 이렇게 화를 내는지 몰라 매우 두려웠다. 어머니는 이렇게 말했다. "네가 학업을 등한시하는 것은 내가 이 베를 자르는 것과 같다. 덕행이 있는 사람이 공부하는 것은 명성을 세우기 위해, 지식을 늘리기 위한 것이다. 그래서 평소에 평온하고 무사하게 지낼 수 있는 것이며, 일 할 때는 화를 피할 수 있는 것이다. 네가 지금 학업을 등한시하면 고생스러운 노역을 면할 수 없으며, 화를 피하기 어렵다."하니, 맹자는 깜짝 놀랐다. 그 후부터 부지런히 공부하고 공자의 손자 자사(子思)의 제자가 되어 예(礼) · 악(乐) · 사(射) · 어(御) · 서(书) · 수(数) 등 기예(技艺)를 배웠다. 그리고 마침내 저명한 학자, 유명한 대유학자가 되어 공자와 더불어 '공맹(孔孟)'이라 불리게 되었다.

8、有教无类。

—— 《论语·卫灵公》

【주석】

　教 : 교육하다

　类 : 종류, 사회 등급 등 차별

【번역문】

　교육은 빈부(贫富), 귀천(贵贱), 지우(智愚), 가문(门第), 등급(等级) 등의 면에서 제한해서는 안 된다. 모든 사람이 교육을 받을 자격과 권리가 있다.

【해석】

　사람은 본래 모두 다르다. 먼저, 선천적인 조건의 차이가 있을 뿐만 아니라 사회 지위에 의한 차별도 있다. 예를 들면 어떤 사람은 똑똑하고 어떤 사람은 우둔하다. 어떤 사람은 건강하고 어떤 사람은 장애를 가지고 있다. 어떤 사람은 부유하고 어떤 사람은 가난하다. 그 외에 종교 신앙, 종족, 피부색 등의 차별도 있다. 그러나 어떤 사람이든 모두 교육을 받을 권리가 있으며 교육을 통해 이러한 차별을 점점 없애야 온 사회 전체의 교육 수준을 높일 수 있다. 이러한 것을 바로 '유교무류(有教无类)'라고 한다.

　역사적 기록에 따르면, 서주(西周) 시기에 이미 최초의 학교 교육이 있었는데, 소학(小学), 대학(大学)의 두 종류로 나누어 하였다. 소학은 성(城)안, 왕궁 밖에 설치하여 8살 이상의 어린이들에게 글자와 산술 및 초급의 예, 악 등을 가르쳤다. 대학은 성 밖에 설치하여 15살 이상의 소년들에게 예(礼)·악(乐)·사(射)·어(御) 등을 가르쳤다. 학생들은 모두 왕족의 아들, 경대부(卿大夫)의 아들 등 소수의 귀족 후손들이었으며, 스승은 주(周) 천자(天子)의 관리(官吏)가 담당하게 하였다. 서주가 망한 후, 평왕동천(平王东迁, 즉 평왕이 동쪽으로 이전하였다는 뜻)하고 주왕실(周室)이 점점 쇠미하게 되자, 많은 왕족관리가 과거의 지위를 잃고 제후국이나 민간으로 전락하게 되었다. 춘추 말기에 사학이 흥기하여 "관청에서 배운다"는 교육의 독점 현상은 철저히 파괴되었다. 이에 공자가 앞장서서 웅대한 규모의 사학을 창립하여 '유교무류(有教无类)'의 교육 사상을 제창하였다. 공자가 제자를 받아 들일 때, 종족(种族), 지역(地域), 신분(身份) 및 존비(尊卑), 빈부(贫富), 현우(贤愚) 등 방면에서 제한이나 요구가 없었다. 더 많은 사람들이 교육을 받을 권리를 얻을 수 있게 하였고 학술 문화가 아래로 내려갈 수 있도록 추진했다. 사학의 번영은 전국(战国) 시기의 '백가쟁명(百家争鸣)'을 열었고, 학술이 번영하는 상황을 촉진하여 만들어내었다. 공자는 화하(华夏) 상고(上古) 문화를 집대성하여, 그 당시에 이미 '천종지성(天纵之圣)', '천지목탁(天之木铎)'으로 칭송되었다. 당시 사회에서 가장 박식한 사람들 중 한 사람이었고, 후세의 통치자들로부터 성인(圣人), 지성선사(至圣先师), 만세사표(万世师表)로 떠받들어졌다.

9、不愤不启，不悱不发。举一隅不以三隅反，则不复也。

—— ≪论语·述而≫

[주석]

愤 : 어떤 문제에 대해 사고할 때 의문이 있지만 납득할 수 없는 상태.

悱 : 입 안에서는 말하고 싶은 것이 있지만 표출하여 말할 수 없는 상태.

启 : 계도하다.

发 : 계발하다.

隅 : 각도, 방위.

复 : 반복하다.

[번역문]

　학생들에게 지식을 전수할 때, 골똘히 생각해도 이해하지 못하는 경우가 아니면 그를 계도하지 말라. 말하고 싶지만 말로 표현해낼 수 없을 때가 아니면 그를 일깨우려 하지 말라. 만약 한 가지 사물의 이치를 들어주었는데, 그에 관련된 다른 도리를 추론하지 못하면, 학습 상태가 완전히 소극적이고 피동적인 것이다. 그러므로 반복하여 그를 가르칠 필요가 없다.

[해석]

　공자는 교학하는 과정에서 계발식 교육 방법을 사용하는것을 좋아했다. 계발식 교육 방법은, 학생들이 간절하게 알고자 할 때, 즉 급하게 하려고 하지만 좀 부족할 때, 그리고 말하려고 하지만 분명히 말하지 못할 때, 계도와 계시를 주어 학생들이 스스로 깊이 있게 사고하고 반복해서 갈고 닦을 수 있도록 유도하는 것이다.

≪논어·팔일(论语·八佾)≫에 '거일반삼(举一反三, 즉 하나를 들면 열을 안다.)'의 고사(故事)가 기록 되어 있다. 한 고시(古诗)에 이러한 말이 있다. "사람이 웃을 때 입과 눈이 단정하고 눈의 흑백이 분명하다. 이러한 자연미의 본질에 화려한 색깔로 꾸미면 마치 소박한 땅 위에 여러 가지 색으로 장식하는 것처럼 더 아름답게 되는 것이다." 자하(子夏)가 공자에게 물었다. "소(素)는 문식(文饰)이 없다는 뜻이고 현(绚)은 꾸민다는 뜻입니다. 시(诗)에서 말한 소이위현(素以为绚)은 무슨 뜻입니까?" 공자는 이렇게 대답하였다. "시(诗)는 소(素)가 현(绚)이라는 뜻이 아니고 소박하기 때문에 꾸며야 한다는 뜻이다. 예를 들면 회화()는 반드시 소박한 화폭이 있어야 하고 그 위에 여러 가지 색을 더하는 것이다. 즉 소(素)는 전(前)이고 현(绚)은 후(后)이다. 사람의 용모도 마찬가지다. 반드시 잘 생겨야 화장해서 더 예쁘게 될 수 있는 것이다." 자하는 공자의 대답을 듣고 문득 한 가지 이치를 깨달았다. 그리고 이렇게 말했다. "회화(绘画)를 통해 볼 때, 먼저 소박한 화폭이 있어야 색깔을 더 할 수 있다. 선인후예(先仁后礼)도 바로 이러한 이치이다. 인덕지심(仁德之心)은 마치 새하얀 화폭과 같고 예절은 화려한 색과 같다. 한 점 티없는 새하얀 화폭이 없으면 풍부하고 다채로운 도안을 그리기 어려운 것이다." 공자는 회화(绘画)를 비유해서 시구(诗句)의 뜻을 해석했을 뿐이었는데 효율적으로 자하를 깨닫게 하였다. 자하가 이로부터 예제(礼制)를 연상해낸 것은 공자가 언급하지 않은 것이다. 자하는 가히 하나를 추리하여 다른 것을 알 수 있었던 것(举一反三)이다. 그래서 공자는 그를 이렇게 칭찬하였다. "자하(子夏)야, 네가 참으로 나를 깨우쳐 주는구나!"

10、三人行，必有我师焉。择其善者而从之，其不善者而改之。

—— ≪论语·述而≫

[주석]

三人 : 허수, 많은 사람을 두루 가리키다.

择 : 고르다. 선택하다.

善 : 장점, 좋은 점.

改 : 고치다.

[번역문]

여러 사람이 함께 가면, 그중에 반드시 배울 만한 사람이 있는 법이다. 나는 그들의 장점과 좋은 품행을 선택해서 배우려고 한다. 그들의 좋지 않은 품행에 대해서는, 자신을 스스로 각성하고 참고로 하여, 이러한 좋지 않은 것과 멀리 하도록 한다.

[해석]

공자는 사람마다 장점과 특별한 점이 있다고 여겼다. 다른 사람과 교제하는 과정에서, 그의 장점과 좋은 면을 잘 발견하고 배우도록 하고, 그의 단점과 부족함에 대해서는 자신을 반성하고 경계로 삼아야 하며, 자기도 그와 같은 잘못에 물들지 않도록 피해야 한다. ≪논어≫에 증자(曾子)가 "나는 매일 세 번 자신을 반성한다."라고 말한 내용이 있다. 이는 자주 자신이 잘못한 것이 있는지 없는지 수시로 반성한다는 뜻이다. 반성하여 실수가 있었으면 바로 고치고, 없었다면 자신을 한 번 격려하고 교훈으로 삼는다는 것이다.

≪논어≫에 다음과 같은 대화가 기록 되어 있다. 한 번은, 위국(卫国)의 공손조(公孙朝)가 자공(子贡)에게 물었다. "공자의 학문은 어디서 배웠습니까?" 자공은 이렇게

대답하였다. "고대의 성인이 말한 도(道)는 사람들 사이에 남아 있습니다. 현인(賢人)은 그의 대지(大旨)을 인식하고 현명하지 않은 사람은 그의 말단을 인식할 뿐입니다. 곳곳에 모두 고대 성인의 도(道)가 있는 것입니다. 우리의 스승 공자는 언제나 어디에서나 공부합니다. 장점이 있는 사람이라면 누구나 자신의 스승으로 삼았습니다." 이러한 대화에서, 우리는 공자가 불치하문(不耻下问), 겸허하게 배우기를 좋아한 사람이었음을 알 수 있다. 그는 이찌기 기(杞)나라, 송(宋)나라, 동주낙읍(东周洛邑)에 가서 하상주(夏商周) 삼 대의 예를 전문적으로 고찰한 적이 있었다. 당시 그의 선배들, 예를 들어 노자(老子), 위(卫)나라의 구백옥(蘧伯玉), 제(齐)나라의 안평중(晏平仲), 초(楚)나라의 노래자(老莱子), 정(郑)나라의 자산(子产), 노(鲁)나라의 맹공작(孟公綽) 등 사람은 모두 그의 스승이다. 공자가 그 시대의 위대한 사상가가 된 것은, 그의 겸허하게 배우기를 좋아하는 자세, 그리고 사회에 깊이 들어가서 서로 다른 사람에게 배우고, 가르침을 청한 것과 관계가 깊은 것이다.

[더 읽을 자료] 노자(老子)(약 전571년-전471년) : 중국 고대의 철학가, 사상가이고 도가 학파의 창시자이다. 《도덕경》 (또는 《노자》로도 불린다.)을 저술하였다. 《노자》에는 다량의 꾸밈없는 변증법이 내포되어 있다. "자연에 순응하여 아무 것도 하지 않아도 천하가 저절로 잘 다스려 지다." 를 주장하였고, 그 학설은 중국 철학 발전에 깊은 영향을 주었다. 도교에서는 노자를 '도(道)'로 모신다.

[더 읽을 자료] 거백옥(蘧伯玉)(전585년-전 484년) : 그는 어렸을 때 총명함이 남달랐고, 경서를 많이 읽어 말솜씨가 좋았다. 또한 밖으로는

老子画像

관대하고 안으로는 곧았으며, 천성이 충성스럽고 관대하고 경건하면서 평탄하였다. 거백옥 (蘧佰玉)은 일생동안 위국 헌공(献公), 상공(殤公), 영공(靈公) 삼대 군주를 모셨다. 성품이 어질고 선량하여 유명하였던 고로 영공(靈公)은 그를 '현대부(賢大夫)'라고 불렀다.

[더 읽을 자료] 안평중(晏平仲)(전578년-전500년) : 안영(晏嬰)이라고 도 부른다. 춘추 후기의 매우 뛰어난 정치가, 사상가, 외교가이다. 생활이 검소하고 겸손하였으며, 지식이 있는 사람을 존경하기로 유명하였다.

子产像

老莱子彩衣娱亲

[더 읽을 자료] 노래자(老莱子)(약 전 599년-약 전479년) : 춘추 말기에 유명 한 사상가이다. 초나라 사람이고 몽산(蒙 山)에 은거하였다. ≪노래자(老莱子)≫ 를 저술하고 도가 사상을 선양하였다. 그 는 중국 역사상에 유명한 효자이다. 그는 72 살 때 부모님을 행복하게 해드리기 위해 자주 채의(彩衣)를 입고 어리광을 피워서 부모님을 즐겁게 해드렸다. 후세 사람들은 '노래의 (老莱衣)'라 하였는데, 이는 노인에 대한 효도와 순종을 비유한 것이다.

[더 읽을 자료] 자산(子产)(전584년-전522년) : 춘추 시대 정나라의 정치가요 사상가이 다. 정나라에서 수십 년을 집권하였는데 어질고 자애로웠다. 재물을 가벼이 보고 덕행을 중시하였으며, 백성을 사랑하고 중하게 여겨 정치적 공적을 많이 쌓았다.

6

가정(家庭)편

[독서 안내]

가정(家庭)은 개인과 사회를 연결하는 매개체로, 공자가 특별히 관심을 가진 중요한 내용중의 하나 이다. '백선효위선(百善孝为先, 즉 모든 선행 중에 효가 우선이다)', 공자는 삼대(三代) 이래의 제사 관념, 즉 하늘과 조상에게 제사 지내는 사상을 이어받아, 효제(孝悌) 관념을 대표적인 가정의 가치관으로 발전, 형성시켰다. 공자의 생각에, 효(孝)는 사람의 심리와 감정에 입각한, 일종의 도덕적 의무이고, 가정의 핵심적인 가치를 구현하는 것이었다. 부모에게 효도하는 것은 일반적인 봉양(奉养)을 체현할뿐만 아니라 '효경(孝敬, 효도와 존경)'의 정신적인 면까지도 구현하는 것이었다. 이러한 '효경'은 부모에게 맹종하는 것이 아니라, 부모에게 잘못이 있으면 설득해야 된다는 것이다. 공자는, 사람들이 부모에게 효도를 잘 해야, 나라를 위해 충성을 다할 수 있으므로, 가정과 나라가 하나의 동심원(同心圆)을 구성한다고 생각했다. 이렇게 공자의 효도 관념에는, 부자(父子), 형제(兄弟) 간의 사랑을 핵심 내용으로 하고, 점점 타인에 대한 사랑으로 확대되어 마침내는 전체 화하(华夏) 민족, 또는 전 인류에까지 미치는 것으로, 이는 안으로 포함된 내용이 풍부한 가정의 가치관념을 구현한 것이다.

공자의 가정관과 달리 서구의 가정관은 가족들 간의 감정도 중요시하지만 전통문화의 영향을 받아 개인의 가치와 독립성을 특별히 강조하고 있다. 아이들이 아주 어릴 때부터 결정을 스스로 내리고 자신의 행동을 책임져야 한다는 것을 배우게 된다. 성년 후 경제적으로 독립하고 인격적으로도 독립해야 된다. 그러나 서구의 이러한 가정에서의 개인주의는 양날의 칼과 같다. 자주성, 창조성을 높이는 긍정적 측면은 있지만, 가족들의 사랑을 유지하는 토대를 약화시켜 결과적으로 서양인들의 놀라울 정도로 높은 이혼율을 초래하고, 사회 복지를 지나치게 의존함으로 인해 노인들이 외롭게 생활하는 현상들이 나타나고 있다. 그러므로 공자의 가정가치관과 서구의 가정관은 서로 보완해 줘야 효과가 있다.

1、入则孝, 出则悌。

—— ≪论语·学而≫

[주석]

入, 出 : 고대에는 관직이 있는 선비는 서로 다른 방(궁)에서 살았다. '입(入)'은 부친
(父亲)의 방에 들어가는 것이고 '출(出)'은 자기의 방에서 나가는 것이다.

孝, 悌 : 부모를 잘 모시는 것을 효(孝)라고 하고 형을 공경하고 사랑하는 것을 제(悌)
라고 한다.

[번역문]

젊은 사람들은 부모에게 효도하고 순종해야 할 뿐만 아니라 형님에게도 공경해야
한다.

[해석]

'효(孝)', '제(悌)' 이 두 가지 윤리 관념은 처음에는 사람들이 부모형제에 대한 자연
스러운 정에서 비롯된 것이었다. 후에 공자 윤리 사상 중 두 개의 중요한 범주로
발전되었고 점차 중국 고대 사회의 가정 문명에 중요한 역할을 하게 되었다. 춘추
시대에 '탄자(郯子)'라는 사람이 있었다. 그의 부모가 연로하여 눈병을 앓았다. 의사는
사슴의 젖을 먹어야 나을 수 있다고 하니, 탄자는 위험을 무릅쓰고 깊은 산에 들어가
사슴의 젖을 짜왔다. 탄자가 사슴의 젖으로 부모를 섬긴 이야기는 미담으로 전해오고
있다. 한(汉)나라 때에, 조효(赵孝)와 조예(赵礼) 형제는 우애가 아주 깊었다. 갑자기
어느 날, 강도들이 동생을 잡아갔다. 형은 너무 다급해서 곧장 강도들에게 달려가
동생대신 자기를 잡아가라고 했다. 그러나 동생도 기어코 동의하지 않았다. 두 형제가

서로 껴안고 울었다. 이에 강도들은 그들의 우정에 감동을 받아 두 형제를 풀어주었다.

부모를 잘 대우하고 형제가 우애가 있는 것은 가정의 화목에 이롭다. 소위 '가화만사흥(家和万事兴)'은 중화 민족의 전통 미덕이다. 현대 사회에서도 우리는 여전히 이러한 윤리 관념이 가정의 화목과 사회의 화합에 적극적 역할을 하는 것을 볼 수 있다.

弟子入則
孝出則悌
謹而信汎
愛眾而親
仁行有餘
力則以學
文

張炳煌書

2、今之孝者，是谓能养。至于犬马，皆能有养。不敬，何以别
乎?

—— ≪论语·为政≫

[주석]

　　养 : 음식으로 봉양하다. 모시다.

　　至于 : ……에 대해 이야기하다. 언급하다.

　　犬 : 개를 가리킨다.

[번역문]

　　오늘날 소위 효도란, 부모를 먹여 살리면 된다고 하는 정도이다. 그렇다면 개나
말과 같은 동물들도 모두 사람이 먹여서 기르는 것이다. 만약 부모에게 마음으로부터
엄숙하게 효도하고 순종하지 않는다면, 개나 말을 먹여 기르는 것과 무슨 차이가 있겠
는가?

[해석]

　　공자는, 자녀가 부모를 모실 때에 물질적인 봉양도 인정하는 동시에, 부모에게
효도하고 순종함이 '경(敬)'이라는 정신적인 층까지 올라가야 함을 특별히 강조하고
있다. '경'은 '양(养, 즉 봉양)'보다 더 어렵다. 그러나 '경'은 부모로 하여금 노년에
부양 받을 수 있게 할 뿐만 아니라 정신적으로도 즐겁게 해드리는 것이다. ≪공자가어
(孔子家语)·곤서(困誓)≫에 이러한 예가 기록되어 있다. 어느 날, 자로(子路)가 공
자에게 물었다. "어떤 사람이 매일 일찍 일어나고 늦게 자며 논밭을 갈고 잡초를 제거
하여 농작물을 재배하는 등, 손과 발바닥에 못이 생기도록 부모를 모셨으나 효도했다

는 말을 듣지 못했습니다. 그 이유가 무엇입니까?" 공자가 대답하였다. "추측하건대 행동이 공손하지 않았거나, 말이 유순하지 않았거나, 온화하고 기쁜 표정이 아니었을 것이다. 공경하는 행동과 유순한 언어, 부드럽고 기쁜 표정으로, 정성을 다하여 부모를 모셨다면 어찌 효도했다는 말을 듣지 못했겠는가?"

≪대대예기(大戴礼记)·증자대효(曾子大孝)≫에서 증자(曾子)도 이렇게 말하였다. "효(孝)는 세 단계가 있다. 부모를 존경하는 것은 대효(大孝)이고, 둘째는 자기 때문에 부모를 난감하게 하지 않는 것이다. 부모를 음식으로 봉양하는 것은 가장 낮은 단계의 효도이다." 그러므로 공자가 말하는 효(孝)는, 부모를 물질적으로 봉양하는 것 뿐만 아니라, 마음 속으로부터 진정으로 부모를 존경하는 것이 더 중요하다는 것이다.

曾子画像

[더 읽을 자료] 증자(曾子)(BC505-BC436): 공자의 제자이고 성은 증이고 이름은 삼이며 자는 자여(子輿)로 춘추 말년 노나라 남무성(산동 가상현)사람이다. 증삼(曾參)은 위로 공자의 도를 계승하며 아래로 사맹 학파를 열고 공자의 유학학파사상을 계승하고 발전시키는 업적을 남겼다. 증자가 효를 근원으로 하는 효도 관념은 중국에 2천년 동안 영향을 끼쳐 아직도 아주 소중한 현실적인 가치를 지니고 있다.

3、父为子隐，子为父隐，直在其中矣。

—— ≪论语·子路≫

[주석]

隐 : 동한(东汉, 즉 후한)의 경학가 정현(郑玄)이 주(注)에 다음과 같이 말하였다. 아버지나 아들의 잘못을 칭찬하지 않는 것을 '은(隐)'이라고 한다.

直 : 동진(东晋)의 경학가 범영(范宁)은, 도(道)를 잃지 않는 것을 '직(直)'이라고 생각했다. 부자지간에 친정(亲情)으로써 서로 숨기어 말하지 않는 것은 효도를 체현한 것이다. 따라서 '직(直)'이다.

[번역문]

아버지는 아들을 위하여 숨기고, 아들은 아버지를 위하여 숨기니, 정직(正直)은 바로 그 안에 있는 것이다.

[해석]

공자의 '부자상은(父子相隐, 즉 아버지와 아들이 서로 숨겨주는 것)'에 대한 논설은, 도덕과 법제 사이에 때로 생길 수 있는 한 가지 모순을 들추어 내었다. 이 말의 전후 문맥은 다음과 같다. 엽공(叶公)이 공자에게 물었다. "어떤 솔직한 사람이 양(羊)을 훔친 아버지를 고발하였습니다. 아들이 그렇게 하는 것이 맞습니까?" 공자는 이에 대해 부정적인 대답을 하며 부자상은(父子相隐)의 합리성을 강조하였다. 공자 이후의 맹자도 순(舜)의 아버지가 사람을 죽인 이야기를 가정하여 아들로서 순은 반드시 아버지를 모시고 도망해야 한다고 여겼다. 여기에서 공자와 맹자는 모두 유가의 혈연적 친정을 우선하고 있음을 알 수 있다.

선진(先秦) 시기에는, '친친상은(亲亲相隐, 즉 친척들 간에 서로 숨겨주는 것)' 사상은 도덕과 관계된 것으로 하나의 법률 제도로 성립되지 않았다. 당(唐)나라 때에 이르러 '예법결합(礼法结合, 즉 예의와 법제의 결합)'을 실행하기 시작하여 유가의 윤리와 법률 제도의 연결을 실현했다. 이러한 제도의 제정과 보완은 '정(情)'과 '법(法)', '공(公)'과 '사(私)'의 대립 통일 관계를 구현했다. 이는 개인으로 하여금 친척이 죄를 저지르는 경우에 직면할 때 양쪽을 모두 곤경에 빠지게 하였다. 즉 친척을 고발하면 친정 윤리에 어긋나며, 고발하지 않으면 사회 정의를 위배하게 되는 것이다. 친척의 이익을 보호해 주고 싶은 희망과 타인의 이익 사이에서 곤란과 불안에 빠지게 되는 것이다. 이러한 모순 때문에 '친친상은(亲亲相隐)'의 문제는 오늘날 학술계에서 많은 관심과 토론을 불러 일으켰다. 그러나 한 가지 긍정할 수 있는 것은, 어떠한 법률의 제정도 친정의 존재를 완전히 피할 수 없다는 것이다. 2012년 봄에 중국인민대표대회 상무위원회에서 통과한 ≪형사소송법수정안(刑事诉讼修正案)≫도 그 안에 '친친상은(亲亲相隐)' 제도의 합리적인 요소를 구현하였다.

4、事父母几谏，见志不从，又敬不违，劳而不怨。

—— ≪论语·里仁≫

[주석]

　几 : 약하다. 완곡하다는 뜻으로 의미가 바뀌다.

　谏 : 권고하다. 잘못을 고치게 하다.

　志 : 소망, 마음이 향하는 바.

　违 : 무례를 범하다. 비위를 거스르다.

　劳 : 심려하다. 우울하다.

[번역문]

　부모를 모실 때, 만약 부모에게 잘못된 점이 있으면 완곡하게 권고해야 한다. 자기의 뜻대로 부모가 잘못을 고치지 않더라도 여전히 부모를 공경하여 거스르지 않아야 한다. 비록 심려하고 걱정하더라도 원망하지 말아야 한다.

[해석]

　공자가 부모에 대한 효경을 강조하지만 자녀들이 윗사람들에게 무조건 순종하라는 것이 아니니, 부모가 하는 일이 모두 정확하고 옳은 것은 아니라는 것이다. 그러므로 자녀가 부모에게 효경한다는 것은, 부모가 잘못이 있는 점을 곧바로 말씀 드려야 한다는 것이다. 그러나 여기서 공자는 다음과 같이 밝혔다. 부모에게 의견을 낼 때 부드럽고 완곡하게 말해줘야 하고, 심지어는 울음으로 권고를 대신할 수 있어야 한다. 만약 부모가 권고를 듣지 않고 자신의 뜻을 고집하신다면, 자식은 여전히 공경하고 최선을 다하여 거역하지 않아야 한다. 이는 공자가 '경(敬)'이라는 정신에 비판 정신을 추가

한 것이다. 비록 이러한 비판 정신이 완곡하고 마침내는 부모의 뜻대로 결정되겠지만, 공자는 유가의 효 관념 중에 존재하는 한 가지 적극적인 요소를 분명하게 보여주었다. 즉 절대적인 복종을 초월함에 있어서, 동시에 사람이 마땅히 지녀야 하는 태도를 지적함으로써, 효(孝) 윤리 사상을 풍부하고 진보적으로 깊이 발전시켜야 함을 밝혔던 것이다.

5、孝慈，则忠。

—— ≪论语·为政≫

[주석]

　慈 : 연소자에 대한 연장자의 자애로움과 온화함.

　忠 : 몸과 마음으로부터 정성을 다하다.

[번역문]

　부모에게 효도하고 순종함으로 대하고, 어린 사람에게 온화하게 대해주면, 그들도 너에게 몸과 마음으로부터 정성을 다할 것이다.

[해석]

　공자의 이 말은 노나라 정경(正卿)인 계강자(季康子)의 물음에 답한 것이다. 그 속에 숨은 공자의 뜻은, 통치자가 백성에게 정사(政事)를 하려면. 자신이 먼저 몸소 모범을 보여, 부모에게 효도와 순종하고 어린 사람을 사랑해야, 백성들이 몸과 마음으로부터 정성을 다할 것이고 게으르지 않을 것이다. 한문제(汉文帝) 유항(刘恒)이 바로 이러한 모범이었다. 유항은 한고조(汉高祖) 유방(刘邦)의 셋째 아들로 박 태후(薄太后)의 소생(所生)이었다. 기원전 180년에 유항이 왕이 된 후에도 어머니를 줄곧 모심에 태만한 적이 없었다. 어머니가 병석에 누운 3년 동안 유항은 항상 눈을 붙이지 못하고 옷에서 띠를 풀지 않은 채 편히 쉬지도 않았다. 그리고 어머니의 약을 직접 먹어 본 후에야 안심하고 어머니께 드렸다. 유항의 효행(孝行)은 천하 사람들을 감동시켰다. 재위(在位) 24년 동안, 그는 덕으로 정사를 돌보며 예의를 흥성하게 했다. 농업 발전에 온 힘을 쏟아, 사회가 안정 되고 인구도 늘었으며, 경제를 회복, 발전시켰다. 그와 한(汉)경제(景帝)의 통치시대를 후세사람들은 '문경지치(文景之治)'라 칭송하였다. 공자의 효도 관념은 가정과 국가를 연결하는 정신 토대임을 볼 수 있다.

6、仁者，人也，亲亲为大

—— ≪礼记·中庸≫

[주석]

亲亲 : 부모에게 효도 순종하다.

大 : 근본.

[번역문]

'인(仁)'이라는 것은, 사람을 사랑해야 하는 것이니, 부모에게 효도 순종하는 것은 대인(大仁, 즉 가장 큰 인)이다.

[해석]

'인(仁)'은 공자 사상에서 하나의 중요한 범주이다. '인'의 출발점은 사람이니, 인이라는 것은 사람을 사랑한다는 말이다. '인'의 범위는 매우 크며, 효(孝)는 그 중 하나의 중요한 내용이다. 인과 효는 단지 전체와 부분의 관계일 뿐만 아니라 효는 인의 범주를 이루는 하나의 토대이다. 공자가 "친친위대(亲亲为大), 즉 부모에게 효순하는 것은 대인(大仁)이다"라 한 것은, 실제로 효의 이러한 근본적 역할을 이야기한 것으로, 즉 인의 사상 범위에서 다른 내용은 모두 효로부터 밖으로 전파되어 형성된 것이다. 마치 나무와 같아서, 뿌리는 나무의 일부분이지만 단순하게 가지나 잎과 병렬되는 일부분이 아니고 나무 전체가 뿌리 로부터 자 란다는 것이다. ≪논어·학이≫편에 유자(有子)는 공자의 효에 대한 견해를 잘 이해하여 다음과 같이 말했 다. "부모에게 효순하고 형을 공경 하고 사랑하는 것, 이것이 바로 인의 기초이다."

물론 공자가 말한 효와 인은 실천하는 데 있어서 완전히 일치하지 않고 때로 모순이 생길 수도 있다. 예를 들어 공자는 '살신성인(殺身成仁)'을 말했는데, 그의 견해는, 때로는 인덕(仁德)을 이루기 위해 자신의 생명까지 희생할 수도 있다는 것이다. 공자는, 자신의 생명을 사랑하고 지키지 않는 것은 '불효(不孝)'한 행위라고 보았지만, 한 편 '인'의 이상을 실현하기 위해 생명을 포기할 수 있다고 한 것이다. 이로부터 우리는 이러한 모순성이 공자의 가정 가치 관념 중에 가장 심각한 문제점이지만 바로 이러한 모순성이 효를 밖으로 발전시키고 인(仁)의 이상을 실현할 수 있게 하였음을 알 수 있다.

7、不独亲其亲, 不独子其子

—— ≪礼记·礼运≫

【주석】

　独 : 다만. 단지.

　其 : 그(그녀)의.

【번역문】

　사람들은 자기의 부모만을 사랑하고 효도하면 안되고 오로지 자기의 자식들만 잘 보살피고자만 한다면 안 된다.

【해석】

　앞에서 공자의 효(孝)와 인(仁)은 때로 실천적 측면에서 서로 모순될 수도 있다고 언급했다. 이 문장은 이러한 모순에 대한 공자의 인식과 해결 방법을 표현한 것이다. 공자의 이상 세계는 가정에 경(敬)이 있고 세상에 사랑이 있는 것으로, 이러한 경애(敬愛)는 군신(君臣), 부자(父子), 부부(夫婦), 형제(兄弟), 친구(朋友), 이 다섯 가지 사회 관계에서 중요하게 구현 되는 것이다. 최초 의미 의 효제(孝悌) 관념에는 분명히 한계가 있는데, 공자는 이러한 한계를 넘어, 효제 관념을 강조하는 동시에 박애(博愛, 널리 사랑하는 것)를 제창하였다. 박애는 모든 사람을 두루두루 사랑하는 것이 아니라 일종의 차별적인 사랑이다. 단편적으로 박애를 강조하면 오히려 박애는 종이 한장에 있는 헛된 글이 될 수 도 있다.

　그러므로 공자는 그의 '대동(大同)'의 세계 를 다음과 같이 묘사했다. '대동'의 시대는 모든 사람이 천하를 공유하고, 현명하고 유능한 사람을 선발하여 정치를 하며, 사람과 사람 간에는 신용을 지키면서 화목하게 지내는 세상이다. 따라서 사람들은 자기의 부모만 친애하지 않고, 자기의 자식만 사랑하지 않는다. 노인들은 행복하고 편 하게 노후를 보내고, 장년들은 재능을 발휘 할 수 있으며, 어린이들은 좋은 교육을 받을 수 있고, 늙어 홀로된 사람들이나 부모를 잃은 사람, 그리고 장애인까지도 모두 다 잘 살 수 있는 사회인 것이다. 이와 같아야 비로소 세상은 더욱 아름다워질 것이다.

故人不獨親其親

8、夫孝，德之本也，教之所由生也。

　　　　　　　　　　　　—— ≪孝经·开明宗义≫

[주석]
　　本 : 근원.
　　教 : 교화.

[번역문]
　　사람에게 가장 중요한 행위는 효(孝)이다. 효(孝)는 사람의 덕행의 근원이므로 후세 사람들이 제일 먼저 모방하고 전수하는 것이다.

[더 읽을 자료]　≪효경(孝经)≫ : 중국 고대 유가 윤리학에 있어서 대표적인 저작 중의 하나이다. 이 경전은 효를 중심으로 유가 윤리 사상을 집중적으로 논술했다. 학자들은 이 경전이 한나라 시기에 저술되었다고 생각한다. 남송 시대 이후 유가 ≪십삼경(十三经)≫ 중에 하나고 꼽힌다.

[해석]
　　이 문장은 ≪효경≫의 시작 부분에서 고른 것이다. 당시, 공자는 증자(曾子)와 함께 선왕(先王)의 지덕요도(至德要道)에 대해 담론하고 다음과 같이 말하였다. "이러한 효도는 바로 덕행(德行)의 근본이고 교화(教化)의 출발점이다." 왜 그러한가? 공자는 두 가지 면에서 설명하였다.
　　첫째는 효도를 실천하는 것으로, 먼저 자신의 몸을 사랑하는 것에서 시작한다. 효도는 그 범위가 매우 크지만 실천하는 것은 매우 간단하다. 친한 사람들을 사랑하고 싶다면 먼저 자신의 몸부터 사랑해야 한다. 사람의 몸은 미세한 머리카락이나 조금의 피부도 모두 부모로부터 받은 것이다. 신체, 모발과 피부는 모두 부모에게서 받은 것이니 부모가 자식들을 사랑하는 마음을 이해하려 한다면, 자신의 몸을 보전하여 조금이라도 손상하지 못하게 하는 것, 이것이 효도의 시작이다.

둘째는 입신(立身, 즉 몸을 세우다)하고 도(道)를 행하여 후세에 이름을 길이 남기는 것, 이것이 바로 효도의 완성이다. 어떤 사람이 만약 외부의 이익과 욕심에도 흔들리지 않으면 그의 인격은 반드시 기준에 부합할 것이니 이는 바로 입신(立身)하는 것이다. 일을 할 때 그의 행위 방법은 모두 정도(正道)에 맞고 월권하지 않고, 함부로 행동하지 않으며, 시작부터 끝까지 변함이 없으니, 이는 바로 도(道)를 실천하는 것이다. 그의 인격과 도덕은 사람들의 추앙을 받고, 그의 명예는 당시뿐만 아니라 후대에까지 전해질 수 있다. 사람들이 여기에서 근본을 캐고 근원을 따지면 모두 그의 부모가 잘 가르쳐 키운 어진 덕을 칭송하게 되는 것이다. 이리하여 부모의 명성이 현저히 드러날 때 그 자녀의 효도가 완성되었음을 의미한다.

총괄하면, 공자의 가정 가치에 대한 관념은 부모를 모시는 것, 나라에 충성하는 것, 백성들을 위해 일하는 것 등의 내용이 포함되고, 공자의 전체 사상 학설의 토대가 되었다. 2천 여 년 전에 공자가 제시했던 이러한 관점들은 과거에도 영향을 발휘했을 뿐만 아니라 오늘날의 사회에도 여전히 현실적인 의미가 있다.

父在觀
其志父
沒觀其
行三年無
改於父
之道可
謂孝矣

7

교우(交友)편

[독서 안내]

사람들이 세상을 살아가다 보면 주위 환경과 피할 수 없는 관계에 접할 수 있다. 이러한 관계는 매우 복잡하게 얽혀 상호 연결되기도 하고 제약도 하게 된다. 친구 관계는 그 중 매우 중요한 하나의 관계이다. 전통적인 중국 사람들의 관념에 인간 관계는 다섯 가지 형태로 나타나는데 즉 부부(夫妇), 부자(父子), 형제(兄弟), 군신(君臣), 친구이다. 이를 '오륜(五伦)'이라고 합하여 일컫는데, 사람들 간의 모든 관계가 포함되어 있다. '오륜'은 개인으로부터 집단까지, 가정으로부터 사회까지, 간단한 것으로부터 복잡한 것까지를 논리적인 순서에 따라 배열한 것이고, 이 순서는 고정적이고 마음대로 뒤집을 수 없는 것이다.

친구는 '오륜'중 마지막의 것으로, 관련 범위가 가장 넓고, 층이 가장 두텁고 복잡하여, 처리하기도 제일 어려운 인간 관계이다. 친구 관계를 정확히 파악하고 처리하면, 사회적으로 평화롭고 우애로운, 포근한 환경에 처할 수 있게 되니, 친구의 중요성은 말하지 않아도 알 수 있다. 이 문제에 대해서는 동서고금을 막론하고 사람들의 인식이 대체로 비슷하며 문화적 차이가 크게 없다.

친구를 사귈 때, 제일 먼저 주의해야 할 것은 친구를 선택하는 것이다. 붕우지도(朋友之道)는 선(善)한 사람을 택하는 데에 있다. 스스로 좋은 친구를 사귀고, 좋지 않은 습관을 가진 사람을 멀리해야, 친구와 사귀는 과정 중에 자신의 수양을 향상시킬 수 있게 된다. 우정은 서로 존중하고 신뢰하는 원칙 위에 두어야 한다. 친구는 서로 인격이 평등하며 고저(高低) 귀천(贵贱)의 분별이 없다. 친구는 서로 비평해주고, 잘못에 대하여 곧바로 지적해야 한다. 차근차근 일깨우고 친구로 하여금 쉽게 받아들일 수 있게 하며, 서로의 감정이 상처 받지 않게 한다. 항상 친구의 입장에서 문제를 고려하여 더 많이 이해하고 용서하며 친구에게 상처 주는 일을 해서는 안된다. 이렇게 해야만, 좋고 건전한 친구 관계를 지켜갈 수 있고 더 높은 경계에 이를 수 있다.

1、益者三友, 损者三友。友直, 友谅, 友多闻, 益矣。友便辟, 友
   善柔, 友便佞, 损矣。

　　　　　　　　　　　　　　　—— 《论语·季氏》

[주석]

　損 : 손해.

　谅 : 진실하여 믿을 만하다.

　便辟 : 아부하다.

　善柔 : 앞에서는 치켜세우고, 뒤에서는 비방하다.

　便佞 : 감언이설.

[번역문]

　　사람을 유익하게 하는 친구가 세 부류 있고 해롭게 하는 친구도 세 부류가 있다.
정직한 사람, 성실한 사람, 견문이 넓은 사람과 교제하면 유익하고, 올바르지 않은
길에 잘 빠지는 사람, 상냥하고 친절한 척하면서 남을 기만하기 잘 하는 사람, 감언이설
을 잘 하는 사람과 교제하면 해롭다.

[해석]

　　인간 관계의 교제 과정은 어느 정도를 말하는가 하면, 친구를 어떻게 사귀고 어떻
게 함께 지내는가 하는 것이다. 한 사람의 운명적인 기복과 성공 여부는 교우(交友)의
질에 의해 많이 결정된다. 공자는 여기에서 교우의 기본적인 원칙을 제시하였다. 정직
하고 착한 사람과 사귀어야 하고 저의가 불량한 사람을 멀리해야 한다. 이는 교우의
가장 기본적인 원칙일 뿐 아니라 인류가 유익한 것을 추구하고, 해로운 것을 피하는

본능이다. 친구와 사귈 때, 친구에 대한 문서를 만들어 이와 맞지 않는 친구는 따로 나누어 분리해둘 수도 있다. 이렇게 하면, 교우 과정에 맑은 정신을 유지하여 냉철하게 판단할 수 있고, 재난을 멀리하여 성공한 인생을 이루는 데에 유익할 것이다.

2、君子不重则不威，　学则不固。主忠信。无友不如己者。过则
　　勿惮改。

—— ≪论语·学而≫

[주석]

　　重： 장중하고 자제하다.

　　学则不固 : 두 가지 해석이 있다. 하나는 견고하다는 뜻으로 앞 문장과 연결되어
　　　　　　　　장중하지 않으면 위엄이 없고 배운 지식도 두텁지 못한다. 다른 하나는
　　　　　　　　고루(固陋)하다는 뜻으로 견문이 좁지만 공부하면 식견이 넓어짐에 비
　　　　　　　　유한다.

　　主忠信 : 충(忠)과 신(信)을 중심으로 하다.

　　无 : '毋'와 같다. 하지 말라는 뜻이다.

　　不如己 : 보통, 자신보다 못하다는 뜻으로 해석된다.

　　过 : 잘못, 과실.

　　惮: 무서워하다. 두려워하다.

[번역문]

　　군자(君子) 된 자가, 만약 엄숙하지 않고 자중하지 않으면 위엄이 없고 배운 것도
견고하지 못하게 될 것이다. 군자는 충(忠)과 신(信)을 중심으로 하여, 인덕(仁德)이
부족한 사람을 가까이하면 안 된다. 잘못이 있으면 두려워하지 말고 그것을 고쳐야
한다.

君子不重
則不威學
則不固主
忠信無友
不如己者
過則勿憚
改
張海懷云

沈禎

　친구를 대할 때 올바른 태도가 있어야 한다. 다른 사람의 장점을 많이 보고 자신의 단점을 많이 반성하면, 자신을 계속 발전시킬 수 있어 친구의 존중도 받을 수 있게 된다. 중국 고대에 '염파(廉頗)'라는 장군이 있었는데, 함께 일하는 대신(大臣) 인상여(藺相如)의 재능을 질투하여 두 사람의 사이가 나빠졌다. 염파는 보통사람들이 저지를 수 있는 가장 흔한 실수를 하였지만, 나랏일을 중시하고 인상여를 지켜보면서 자신의 행위를 반성하고, 마침내는 그가 스스로 부형청죄(負荊請罪, 즉 스스로 형장을 짊어지고 처벌을 요청하다.)하며 인상여에게 자발적으로 사과하였다. 두 사람은 다시 사이가 좋아졌고, 마음을 함께 모아 나라를 위해 충성을 다하였던 바, 영원히 남을 미담이 되었다. 염파는 자신의 잘못을 직시하고 고칠 수 있어, 군자의 도덕 풍모를 진정으로 갖춘 것이다. 그와 인상여 간의 우정은 이미 개인적 감정의 단계를 뛰어넘어 국가에 대한 충성으로 승화된 것이다.

3、儒有合志同方, 营道同术, 并立则乐, 相下不厌, 久别则离流言不信, 义同而进, 不同而退。其交有如此者。

　　　　　　　　　　　　　　　　── ≪孔子家语·儒行≫

[주석]

　方, 법칙.

　同方 : 같은 법칙.

　并立则乐 : 친구가 모두 공이 있으면 서로 기쁘게 된다.

　立: 학업에 성과가 있거나 사업이 성공하는 것.

　相下不厌 : 뜻을 이루지 못하고 일 함에 아무런 성공을 얻지 못할 때에도 서로 싫어하거나 버리지 않는다.

　义同而进, 不同而退 : 뜻이 같으면 그와 친구로 사귀고 뜻이 같지 않으면 그를 멀리한다.

[번역문]

　유학자 상호 간에 서로 뜻이 같고 생각이 일치하면 정도(正道)를 실천하는 방법도 같다. 같이 있을 때 즐겁게 지내며 겸허하게 서로 대하고 지루함을 느끼지 않는다. 오랫동안 만나지 못해도 벗에 대한 티무니 없는 소문(流言)을 믿지 않는다. 뜻한 바가 같으면 같이 앞으로 나아가고, 뜻한 바가 다르면 헤어지고 멀리하게 된다. 유학자들이 교우(交友)하는 원칙은 바로 이러하다.

[해석]

　뜻과 취미가 서로 같고 통하는 것은, 오래도록 안정하고 화목하게 친구로 지낼 수 있는 교우 관계의 전제이다. 이렇게 해야만 친구와 교류하는 것이 재미있고 시간이 흘러도 멀리하지 않고 잊었다고 말하지 않는다. 맑고 진한 술과 같이 세월이 흐를수록 더 향기롭게 되는 것이다. 친구를 사귈 때에는 폭넓고 진실하게 사귀어야 한다. 단, 반드시 주의해서 친구를 선택해야 하니, 곧 취사선택해야 하는 것이다. 중국 동한(东汉) 때에 관영(管宁)과 화흠(华歆)은 친한 친구로 한 장의 돗자리에 함께 앉아 공부한 사이었다. 그러나 후에 관영은 화흠의 이상과 추구가 자신과 완전히 다르다는 것을 알게 되자 칼로 돗자리를 잘라 둘로 나누고 화흠과 절교하겠다는 뜻을 밝혔다. 이는 중국에서 아주 널리 전해 내려오는 이야기로, 공자의 '합지동방(合志同方, 즉 뜻이 같고 생각이 일치하여 도를 실천하는 길도 같다)'의 교우 원칙을 하나의 다른 측면에서 해석한 것이다. 즉, 뜻이 같고 마음이 맞는 사람을 찾는 것이 교우의 최종 목표라는 것으로 아무리 강조해도 지나치지 않는 말이다. 이 원칙은 오늘까지도 우리의 행위를 이끌어 주는 지침이 되고 있다.

君子泰而不驕，小人驕而不泰

4、与小人处而不能亲贤，吾殆之。

── ≪孔子家语·三恕≫

[주석]

殆 : 위험.

[번역문]

소인배와 함께 지내면 어질고 덕(德) 있는 사람과 가까이 하지 못하게 되니, 나는 이러한 상황을 위험하다고 생각한다.

[해석]

여기에서 공자는 우리에게 재능과 도덕이 있는 사람과 스스로 친해야 하고, 인격이 낮은 사람과는 일정한 거리를 두어야 한다고 훈계하였다. 그렇지 않으면 자신에게 불필요한 폐를 끼칠 수 있고 심지어 위험을 초래할 수도 있다. 삼국(三國)시대의 정치가 제갈량(诸葛亮)은 ≪출사표(出师表)≫에서 나이 어린 군왕에게 "어진 신하를 가까이하고 소인배를 멀리한 것"을 건의하며, 정반(正反) 양면에서 예를 들어 자신의 관점을 논증했다. 제갈량이 여기에서 논한 것은 치국지도(治国之道)이지만 실은 크게는 국가치리(国家治理), 작게는 친구나 이웃끼리 화목하게 지내는 것에 이르기까지 그 이치는 같은

诸葛亮画像

것으로, 어진 사람을 가까이하고 소인배를 멀리하는 원칙은 모두 보편타당한 것이다.

[더 읽을 자료] 제갈량(诸葛亮)(약181-234): 자는 공명(孔明)이고 호는 와룡(卧龙)이다. 삼국 시대 촉한(蜀汉)의 승상이고 저명한 정치가, 군사 전략가, 발명가, 문학가이다. 제갈량은 촉한(蜀汉)의 정권을 보좌하기 위해 심혈을 기울이고 죽을 때까지 나라를 위해 몸과 마음을 다 바쳤다. 후세에 존경을 받고 충신의 본보기로 삼았으며 지혜의 화신이 되었다.

5、君子之于朋友也， 心必有非焉， 而弗能谓"吾不知"， 其仁人 也。不忘久德，不思久怨，仁矣夫。"

—— 《孔子家语 · 颜回》

[주석]

久 : 과거. 이전. 원래.

[번역문]

　　군자는 친구를 대할 때 마음 속으로는 그가 한 일에 옳지 않은 점이 있다고 생각되고, 친구가 어느 정도 적당하지 않다고 생각되어도 자신이 이해할 수 없다고 말하지 않는다. 이는 어질고 자애로운 마음을 가진 사람이다. 친구가 과거에 자신에게 베푼 은덕(恩德)은 잊지 않지만, 과거의 원한은 기억하지 않으니, 이것이 바로 인(仁)과 덕(德)을 갖춘 사람의 마음인 것이다.

[해석]

　　친구가 내게 베푼 은덕을 잊지 않고 친구들 간의 원한을 마음 속에 오래 기억하지 않는 사람, 이가 바로 인자이다. 공자는 여기에서 감은과 기개 두 가지 면에서 인(仁)의 덕성이 필요함을 밝혔다. 이 단락의 아래 문장은 다음과 같다. 노나라의 관원(官员) 숙손무숙(叔孙武叔)이 안회(颜回)를 찾아 뵌 적이 있었는데 안회 앞에서 다른 사람에 대해 험담을 하였다. 안회는 이에 대해 그와 담론하지 않음으로써 숙손무숙을 절실하게 깨우치게 하였다. 다른 사람의 잘못을 말하면서 자신의 훌륭하고 정직함을 표현할 수 없다. 훌륭하게 수양된 사람은 마땅히 사실을 사실대로 논해야 하고, 다른 사람의 시비장단(是非长短)을 논하지 않는다. 이렇게 되었을 때 바로 군자가 지닌 인애(仁爱)의 풍격이라 부를 만한 것이다.

6、朋友之馈，虽车马，非祭肉，不拜。

—— ≪论语·乡党≫

[주석]

馈 : 선물, 증정품, 경품.

祭肉 : 중국 고대 제사할 때 사용하는 육류.

[번역문]

친구가 준 선물이, 수레와 말이더라도, 제사에 쓰이는 고기가 아니면 배례를 행하지 않는다.

[해석]

정(情)을 소중히 여기고 원칙을 논하는 것이 공자의 교우지도(交友之道)이다. 공자는, 친구의 선물은 돈으로 그 경중(轻重)을 판단할 수 없으며, 더 중요한 것은, 선물 안에 담은 의미라고 여겼다. 이는 중국의 전통적인 의리관(义利观)이 오늘날 친구와 사귀는 데에 한 가지 반영되어 있는 것이다. 중국 사람들은 옛날부터 의(义, 원칙)와 리(利, 이익)의 관계를 매우 중요시하였다. 그래서 이 둘 사이의 모순을 해결할 방법을 탐구하여 마침내 의를 중시하고 이익을 가벼이 여기며(重义轻利), 의를 먼저 생각하고 그 후 이익을 도모하는(先义后利) 사상관념을 형성했다. 중국에는 "멀리서 보내는 선물은 변변치 않으나, 성의만은 지극하다(千里送鹅毛，礼轻情意重)라는 말이 있다. 당(唐)나라 때, 중국 변방의 한 사신이 당태종(唐太宗)에게 큰 고니를 바치려고 했다. 그러나 도중에 고니가 날아가 버려 어쩔 수 없이 그 고니의 깃털만 가지고 황제를 알현했다. 당태종은 그에게 책임을 묻지 않고 기꺼이 깃털 조각을 받았다. 왜냐하면 멀리 온 손님의 모든 정감이 이미 이 작은 깃털 안에 모두 담겨 있어 깃털 자체의 가치를 훨씬 뛰어 넘은 것이기 때문이었다.

7、朋友切切偲偲，兄弟怡怡。

—— ≪论语·子路≫

【주석】

偲偲 : 권면, 독촉, 간절한 모습.

怡怡 : 온화, 친절, 순종하는 모습.

【번역문】

친구 사이에는 서로 독촉해야 하고, 형제 사이에는 화목하게 지내야 한다.

【해석】

친구가 친구로 되는 것은 바로 서로의 마음과 뜻이 맞기 때문이고, 그것이 우의(友谊)의 감정 토대이다. 그러나 때로는 친구 간의 이러한 사적인 감정이 자신의 판단에 영향을 미쳐, 시비를 가리지 않게 되고 친구의 잘못을 쉽게 비호하여 공정한 입장을 잃어 버리게 된다. 그러므로 친구 간에 서로 독촉하고 서로 일깨워 주는 것이 특히 중요하다. 친구는 서로 보살펴주고 지켜주고 일깨워주는 동시에, 서로 격려하고 서로 좋아해야 비로소 함께 나아갈 수 있으며, 친구와 더불어 함께 발전할 수 있는 단계에 이를 수 있다. 이것이 벗을 사귀는 가장 높은 경지이다.

朋友有信

8、老者安之，朋友信之，少者怀之。

—— ≪论语・公冶长≫

[주석]

安 : 편히 생활하게 하다.

信 : 신뢰하게 하다.

怀 : 배려하게 하다.

[번역문]

노인을 안심하게 하고, 친구간에 서로 신뢰하게 하며, 젊은 사람들을 배려할 수 있게 한다.

[해석]

여기에서 공자는 교우(交友)의 한 가지 중요한 원칙을 제시하였다. 즉 친구로 하여금 자신을 신뢰하게 해야 한다는 것이다. 친구를 사귈 때 서로 신뢰의 토대가 있어야 한다. 그렇게 되려면 먼저 본인부터 잘 해야 한다. 신용을 지키고 사람들을 사랑하며, 자기 수양을 높일 수 있도록 노력하여, 친구로 하여금 자기가 믿음직하고 의지할 수 있는 사람이라고 생각하게 해야 한다. 친구를 사귀는 것은 평생의 일이니 마음을 다하여 천천히 해나가야 한다. 이러한 과정에서 반드시 사람들을 성실하고 진지하게 대하고 잔꾀를 부리지 않아야 한다. 동시에 생활함에 있어서 사소한 부분을 잘 처리하여 친구 사이에 불필요한 오해와 마찰을 줄여야 오래도록 우정을 지켜갈 수 있다.

講信修睦

9、士志于道, 而耻恶衣恶食者, 未足与议也。

—— ≪论语·里仁≫

[주석]

　　道 : 숭고한 이상과 추구.

　　耻 : 부끄러워하다.

　　恶 : 품질이 나쁜 것.

[번역문]

　　지식인들은 진리 추구에 뜻을 두며, 누더기를 입고 보잘것 없는 음식을 먹는 것을 부끄럽게 여느는 사람과는 함께 도(道)를 논하지 않는다.

[해석]

　　공자의 생각에는, 사람이 만약 개인의 의식(衣食) 등 생활상의 사소한 일에만 신경을 쓰면 원대한 포부가 있을 수 없고 이러한 사람과 함께 인류가 최종적으로 추구하는 문제에 대하여 논의할 필요도 없다. 어떤 사람이 가장 많이 말하는 화제 내용을 들으면 우리는 이상 추구와 그의 인생이 뜻한 방향을 기본적으로 판단해낼 수 있다. 의식(衣食)은 인류의 가장 기본적인 생활 요구이고 더 높은 생활의 질을 추구한다고 해서 크게 나무랄 일은 아니다. 그러나 우리는, 가난하고 고달픈 생활에도 오히려 즐겁게 지내고, 힘들고 고단한 생활이 정신과 이상의 추구를 막지 못했던 사람들이 많았다는 점에 주의를 기울여야 한다. 그 사람이 물질 생활과 정신적 추구에 대해 어떠한지, 이것을 교우(交友)할 때의 한 가지 중요한 기준으로 삼을 필요가 있다.

老者安之朋友信之少者懷之

8

인생(人生)편

[독서 안내]

공자는 이렇게 말하였다. "나는 15세가 되어 배움에 뜻을 세우고, 30세가 되어 말과 행동에 어긋남이 없었다. 40세가 되어서야 미혹되지 않고 50세가 되어 천명을 알았다. 60세가 되어 귀에 거슬리지 않았고, 70세가 되어 하고 싶은 대로 해도 예규를 어기지 않았다." 이는 공자가 자기의 일생을 개괄하고 회고한 것이다.

공자는 평생 근면하고 열성적으로 공부해서 사회 치란과 인생 가치에 대해 깊이 고민하였다. 그리고 자신의 이상을 실현하기 위해 호소하였다. 조년에 곤궁하고 중년에 도처를 떠돌며 말년에 처량한 처지를 겪었다. 예법이 파괴되는 시대 배경 속에서도 적극적으로 세상을 구제하여 세상 인심을 구하고, 인생의 가치와 의미에 대해 깊이 사고하였다. 그의 생각에는 인생의 가치가 물질적 이익을 추구하는 것과 인생을 향락하는데에 있는 것이 아니라 이상과 뜻을 실현함과 도(道)를 추구함에 달려 있다고 보았다. 사람은 복잡한 사회 관계속에 속하고 있어서 마음대로 하면 안 되고, 먹을 욕심만 차리면 안 되며, 자신을 억제하고 반성해야 한다. '인의(仁义)'와 '충신(忠信)'의 도덕적 기준으로 자신을 수양해야 한다. '예(礼)'를 자신이 처세하는 준칙과 규범으로 삼아 자신의 사상과 행위는 '인(仁)'의 인생 경계에 도달하게 해야 한다. 말은 충신지도(忠信之道)에 맞게 하고 일은 독경지법(笃敬之法)을 실천하면 어디에 가든 잘 통할 수 있는 것이다.

공자는, 사람과 사람 사이에 조화롭고 온화한 관계를 만들어야 된다고 생각하였다. 타인의 피부색, 민족, 성격, 신앙, 관점 등이 다르기 때문에 충돌이 발생하면 안되고, 서로 다른 사람 간에도 서로 존중하고 이해하여 함께 조화로운 생활환경을 만들어야 한다고 하였다.

여기서 선택한 9마디의 공자 어록은 모두 충효인의(忠孝仁义)와 예의규법(礼义规范)을 둘러싸고 처세한 이치를 말한 것이다.

1、克己复礼为仁。

—— ≪论语・颜渊≫

【주석】

克 : 자제하다. 억제하다.

己 : 자신의 사욕.

复 : ……에 맞다. 요구에 만족하다.

礼 : 예의규범.

【번역문】

자신을 억제하여 말과 행동이 예에 맞게 하는 것, 이것이 바로 인(仁)이다.

【해석】

'극기복례(克己复礼, 즉 자기의 욕심을 누르고 예의규범을 따르다.)'의 과정은 바로 자신을 수양하여 높이는 과정이다. '예(礼)'는 높이는 수단이고 '인(仁)'은 수양하는 목적이다. '극기복례'는 인(仁)의 경계에 다다를 수 있는 길이다. 이는 공문(孔门, 즉 공씨 문중)에 전수되던 하나의 실용적인 수양 방법이었다. 여기서 말하는 '예'는 바로 당시 사회생활중의 각종 예의규범을 가리키는 것으로 각종 예를 배우는 것이 바로 공자 교육의 중요한 내용이다. 안회(颜回)는 이 말을 듣고 정확히 이해하지 못하여 스승에게 좀 더 자세히 설명해달라고 청하였다. 스승은 이렇게 말했다. "예가 아니면 보지 말고, 예가 아니면 듣지 말고, 예가 아니면 말하지 말고, 예가 아니면 행동하지 말라(非礼勿视、非礼勿听、非礼勿言、非礼勿动)". 이러한 '사물(四勿)' 정도에 이르려면 '극기(克己)'해야 한다. 수시로 자신을 억제하도록 주의해야 하고, 각종 좋지 못 한 습성과 사심을 극복해야 한다. 이는 사실 오늘날 우리가 말하는, '자신을 이긴다'는 말이다. 그렇게 하여 '극기복례'에 이르게 되고 바로 인(仁)의 경계에 다다르게 되는 것이다. 송대(宋代) 학자 주희(朱熹)는 이렇게 생각했다. '극기'의 진정한 의미는 자신의 사욕을 이기는 것이다. 여기에서의 '예'는 단지 구체적인 예절 뿐만 아니라 천리(天理)를 두루 가리키는 것이다. '복례'는 응당 천리에 순응하는 것이다. 이는 '극기복례'가 내적으로 지니고 있는 의미를 크게 확대하고 발전시켰다. 주희는, '인'은 사람 마음 속의 완벽한 도덕 경계로 자신의 사욕을 이겨내어 천리에 복귀할 수 있다면 자연스럽게 인(仁)의 경계에 도달하는 것이라고 하였다.

2、非礼勿视，非礼勿听，非礼勿言，非礼勿动。

—— ≪论语·颜渊≫

[주석]

　礼 : 예의규범, 예교.

　视 : 보다.

　听 : 순종하다. 듣는 대로 따르다.

　动 : 행동하다.

[번역문]

　예(礼)에 맞지 않은 일을 보지 말고, 예에 맞는 말이 아니면 듣지 말고, 예에 맞는 말이 아니면 말하지 말고, 예에 맞는 일이 아니면 하지 말라.

[해석]

　안회(颜回)는 공자에게 어떻게 해야 '극기복례(克己复礼)'의 경계에 도달할 수 있는지 물었다. 공자는 "예가 아니면 보지 말고, 예가 아니면 듣지 말고, 예가 아니면 말하지 말고, 예가 아니면 행동하지 말라(非礼勿视、非礼勿听、非礼勿言、非礼勿动)."라고 대답하였다. 이는 즉, 눈, 귀, 입, 몸의 네 방면에서 자신을 엄격하게 관리해야 한다는 것이다. 외적인 규범으로 자신을 교화하고 계발하는 것이다. 오늘날의 최면술, 요가술, 불가(佛家)의 선정 좌선이 모두 이와 같은 이치이다. 이는 실제로 수양하는 하나의 방법이다.

　이 말의 뜻은 보지 않고, 말하지 않고, 듣지 않고, 행동하지 않다는 뜻이 아니라, 단지 "말과 행동이 반드시 규범이 있어야 한다(言必中, 动有矩)"는 것이다. 시(视),

청(听), 언(言), 동(动)은 규범에 맞고 적당하게 해야 한다. 즉 '예'에 맞아야 한다. 강력히 요구된 일이 아니면 하지 말아야 하고 또한 해서도 안된다. 하게 되면 반드시 일정한 규칙에 따라 해야 된다. 예(礼)의 최고 목표는 '중(中)'이다. '중'은, 즉 알맞고 적합하다는 뜻이다. 외적인 예법을 내심의 욕구로 전환시키고, 예법으로 자신을 억제하여, 보고, 듣고, 말하고, 행동하는 모든 것을 예법에 맞게 하여야만, 인(仁)의 경계에 도달할 수 있는 것이다.

非禮勿視 非禮勿聽 非禮勿言 非禮勿動

張佩煌 écrit

3、里仁为美。择不处仁，焉得知？

　　　　　　　　　—— ≪论语·里仁≫

【주석】

　　里 : '居'. 편안하게 거주하다.

　　择 : '宅'으로도 한다. 거처를 선택하다.

　　知 : '智'. 지혜.

【번역문】

　　인(仁)과 덕(德)이 있는 곳을 선택하여 사는 것이 좋다. 인과 덕이 없는 곳을 선택하면 어찌 총명한 사람으로 삼을 수 있겠는가?

孟母三迁

[해석]

공자는 인과 덕이 있는 생활 환경을 선택하는 것이 아주 중요하다고 보았다. 속담에 "붉은 인주를 가까이하면 붉게 물들고 먹을 가까이하게 되면 검게 물든다.(近朱者赤, 近墨者黑)"라고 하였다. 환경은 모르는 사이에 영향을 주고 감화시켜 사람을 만들어간다. 성실하고 인애하며 화목한 환경에서 생활하면 자신의 도덕 수양을 향상시키는데 도움이 될 것이다.

전하는 말에 따르면, 맹자(孟子)가 어릴 때, 맹자의 어머니는 맹자 아버지의 시묘를 위해 묘지 가까이에 살았는데, 맹자는 이웃집 아이들과 같이 어른이들이 무릎을 꿇고 엎드려 절하고 곡을 하는 모습을 보고 장사(喪事) 지내는 흉내를 내며 놀았다. 맹자의 어머니는 이것이 아들의 성장에 좋지 않다고 생각하고 아들을 데리고 이사했다. 이번에 이사한 곳은 시장 근처로 돼지와 양을 도살하는 곳과 매우 가까웠다. 맹자는 또 이웃집 아이들과 같이 상인들이 물건을 파는 일이나 돼지와 양을 도살하는 일을 흉내내었다. 그래서 맹자의 어머니는 다시 이사했다. 이번에는 학궁(学宫) 근처로 이사하였다. 매월 초하루에 문관(文官)들이 학궁에 가서 예(礼)를 행하였는데 맹자는 하나하나 따라 배웠다. 맹자의 어머니는 마침내 이곳에 살기로 결정하였다.

맹자의 어머니는 맹자에게 좋은 성장 환경을 만들어 주기 위해 세 번이나 이사하였다. 나중에 맹자는 마침내 공자의 뒤를 이어 또 한 사람의 위대한 사상가가 되어 '아성(亚圣)'이라는 존칭을 받게 되었다.

4、德不孤，必有邻。

── ≪论语・里仁≫

[주석]

孤 : 고독하다. 외롭다.

邻 : 이웃 사람, 뜻이 맞는 사람

[번역문]

덕(德)이 있는 사람은 외롭지 않으니, 반드시 뜻이 맞는 사람이 함께하게 될 것이다.

[해석]

덕이 있는 사람은 외롭게 고립되어 구원받지 못함이 없고, 반드시 그와 친근한 친구가 있는 법이다. 남송(南宋) 주희(朱熹)는 ≪논어집주(论语集注)≫에서 이에 대해 "덕은 고립되지 않으니 반드시 호응하는 무리가 생긴다. 그러므로 덕이 있는 사람은 반드시 그를 따르는 무리가 있으며, 마치 이웃이 있는 곳에 살고 있는 것과 같다.(德不孤立, 必以类应。故有德者, 必有其类从之, 如居之有邻也)"라고 해설 하였다. 사람과 사람이 서로 함께 지내는 데 있어서, 늘 자신의 성격과 인품이 비슷한 친구를 찾아 사귀는 것을 좋아한다. 유가(儒家)에서는, 비록 사회에서 어떤 사람은 선(善)하게 행동하기를 좋아하고 어떤 사람은 자주 나쁜 짓을 하지만, 인간의 본성은 선하며, 착한 일 하기를 좋아하는 사람이 항상 절대적으로 우세하다고 본다. 그러므로 다른 사람에게 선의로 대하면 친구가 없다고 걱정할 필요가 없다. 공자도 "군자는 자신에게서 원인을 구하고, 소인배는 남에게서 원인을 구한다.(君子求诸己, 小人求 诸人)"라고 말했다. 공자는, 진정한 군자는 친구를 찾아 사귀기 전에 먼저 자신의 덕행(德行)을 닦으며, 이렇게 하면 친구는 청하지 않아도 스스로 찾아온다고 생각했다. 용렬한 소인배는 군자와 달라 항상 감언이설의 비열한 짓으로 남을 속이며 마침내 자신을 고립무원(孤立无援)한 곤란한 처지에 빠뜨리게 한다.

法乳不孤有邻

5、君子和而不同, 小人同而不和。

—— ≪论语·子路≫

[주석]

和 : 서로 다른 일이 조화롭게 공존한다.

同 : 똑같다, 단일하다.

[번역문]

군자(君子)는 주변 사람들과 조화롭게 지내지만 맹목적으로 추종하지 않고 나쁜 무리와 한패가 되지 않는다. 소인배는 단지 맹목적으로 따르고 서로 같은 것을 추구하지만, 주위 사람들과 조화로운 관계를 유지하지 못한다.

[해석]

화이부동(和而不同)은 자신이 하는 일에 원칙이 있어야 한다는 것이다. 주위의 모순이 있는 의견들을 조화롭게 하되, 자신의 원칙을 지킴에 변함이 없어야 한다. '군자'만이 '화이부동(和而不同)'의 경지에 이를 수 있다. 군자는 마음 속에 품은 생각이 넓고 깊어서 다른 소리를 받아들일 수 있고, 다른 의견을 들을 수 있으며, 다른 사람과 소통하고 교류함에 조화로운 경지에 도달할 수 있다. '소인배'는 이와 달리, 다른 사람의 영향을 쉽게 받고 다른 사람을 꾀어서 속일 수 있다. 이익이 상충할 때, 소인배는 사리 사욕 때문에 서로 화목하게 지내지 못 하고 당연히 동이불화(同而不和)로 변하게 되는 것이다.

세계 만물은 풍부하고 다채로우며 서로 다른 사물 간에 조화가 이루어지고 있는데 '화(和)'와 '부동(不同)'에는 변증적 관계가 있다. '화'는 하나의 천(天)·지(地)·인(人)

이 조화된 상태이고 인류가 추구하는 이상적 경지이다. '화'는 사물의 다양성과 모순이 조화되고 통일되는 것이다. '화'가 있어야 비로소 사물이 생겨나고 '화'가 있어야 비로소 새 생명이 탄생할 수 있다. 모순이 보편적으로 존재하지만 투쟁은 모순을 해결하는 방법이 아니다. 조화와 화해만이 세계 발전의 흐름에서 함께 살고, 함께 생존하고, 함께 발전할 수 있는데, 이것이 대세인 것이다.

[더 읽을 자료] 화(和) : 2008년 8월 8일, 중국 사람들은 세계 각국의 사람들과 함께 잊지 못할 격정(激情)의 밤을 보냈다. 그 날 밤, 제 29회 올림픽 개막식이 베이징 냐오차오 올림픽 경기장에

서 성대하게 개막되었다. 오랜 꿈이 그 밤에 숨막히게 아름답게 펼쳐지며 전 세계를 경탄케 하였다. 무엇을 보고 그렇게 경탄한 것일까? 바로 중국 역사의 유구함과, 중국 문화의 찬란함, 중국 인민의 지혜와 상상력, 중국의 세계에 대한 선의때문이었다. 개막식 공연에서, 오래된 긴 화폭에서 나풀나풀 춤추는 변화무쌍의 방괴자(方块字, 즉 한자)들은 보는 사람들에게 아주 깊은 인상을 남겼다. 이러한 한자 조합은 서로 다른 세 시대의 '화(和)'자(字)를 표현한 것으로, 사람들로 하여금 주목하고 깊이 생각하게 한 글자이다. 고대(古代)의 '화(和)'자는 현대의 '화(和)'자와 외형 상 변화가 있지만 내포한 의미는 똑 같은 것이다. 즉 세계의 평화, 인류의 화목, 사회의 조화이다. 이것은 '중국인의 꿈'이기도 하고 또한 '전 인류의 꿈'이기도 한 것이다.

君子和而不同，小人同而不和

沈禛

6、居处恭, 执事敬, 与人忠。

—— ≪论语・子路≫

[주석]

恭 : 용모가 공경하다.

敬 : 마음속으로 엄숙하고 진지하다.

忠 : 진실되고 중후하며, 충성스럽고 믿음이 있다.

[번역문]

평소에 단정하고 일할 때 진지하며 다른 사람과 진심으로 사귄다.

[해석]

공자의 '인(仁)'에 대한 대답들은 서로 다르다. 공자 사상은 모두 '인'에 대한 이야기이다. 그는 인(仁)의 역할, 인(仁)의 행위를 이야기한 적이 있었지만 인에 대해서는 명확하게 정의를 내리지 않았다. '극기복례(克己复礼, 즉 자기의 욕심을 누르고 예의 규범을 따르다.)'는 인이고 인(仁)의 구현을 말한 것이다. "예가 아니면 보지 말고, 예가 아니면 듣지 말고, 예가 아니면 말하지 말고, 예가 아니면 행동하지 말라 (非礼勿视, 非礼勿听, 非礼勿言, 非礼勿动.)"는 인(仁)의 수양 방법이다. 이는 번지(樊迟)가 질문한 인(仁)에 대한 공자의 대답으로, 개인 수양으로서의 인을 말한 것이다. 그는 자신이 평소의 언행이 공경하고 진실하며, 일하는데 맡은 바 책임을 다하고 상급, 친구, 부하에게 모두 성실하게 믿음을 지킨다고 말했다. 공경, 진실, 충신(忠信), 이 세 가지 요점을 갖추면 문화적인 분위기가 전혀 없는 야만 지역에 가더라도 존경을 받게 될 것이다.

7、人无远虑，必有近忧。

—— ≪论语·卫灵公≫

[주석]

虑 : 계획.

忧 : 우려.

[번역문]

사람에게 장기적인 계획이 없으면 반드시 눈 앞에 우환이 있게 된다.

[해석]

이 말은 공자가 우환의식에 대하여 이야기한 것이다. 공자는 항상 '快乐', 즉 즐거움을 강조했다. 즐겁게 생활하고, 즐겁게 공부하고, 즐겁게 일하고, 즐겁게 자신을 수양해야 한다는 것이다. 아울러, 사람들에게 우환의식이 있어야 한다고 경고했다. 일할 때 원대하게 바라볼 수 있어야 하고 눈 앞의 일만 생각해서는 안 된다고 했다.

중국에는 몇 천 년동안 '기인우천(杞人忧天)'의 이야기가 전해 오고 있다. 기(杞)나라의 어떤 사람이 푸른 하늘 밑에 있지만 하루종일 하늘이 무너져 내릴까봐 걱정하고 땅을 밟지만 땅이 꺼질까봐 걱정하여 심지어 잠을 자지 못하고 밥을 먹지 못할 정도였다. 그리고 그는 하늘의 해, 달, 별도 떨어질까봐 온종일 안절부절하질 못했다. 이 이야기를 읽으면 많은 사람들은 웃음이 나온다 생각할 것이다. 그러나 오늘날 보면, 자연 환경에 대한 이러한 우환의식이 괜한 것이 아닌 것 같다. 공업화, 도시화의 급격한 발전에 따라 전 세계에 환경 오염 재해가 만연해 있으며, 동시에 인위적인 요소의 강렬한 침해로 자연계가 변화되어 인류에게 점차적으로 재난도 가져오고 있다. 예를 들면 토양 사막화, 알칼리화, 수토 유실, 삼림파괴, 수자원 부족 및 사물의 종류와 다양성의 감소 등이다. 그 외에, 대자연(大自然) 자체가 인류보다 더 강렬하게 주기적인 변화가 생긴 것이다. 그리고 우리는 바로 눈앞에 이러한 주기적인 변화의 가장 중요한 고비를 맞고 있다. 예를 들면 지진 활동기, 화산 활동기, 기후 온난기 등. 자연적인, 인위적인 등등의 요인에 의한 각종 재난은 이미 사회 경제 발전을 가로막고 인류 생명 안전을 위협하는 적이 되었다. 그러므로 오늘날과 같은 사회 현상에 대해, 우리는 소위 "아무런 근심 걱정이 없어도 안 되고 지나치게 걱정해도 안 된다(不能无忧, 亦不必过虑.)"라는 너그러운 태도보다, 잠자코 옛 사람의 잠언(箴言)을 지키는 것이 더 좋을 것이다. 비록 우환 의식이 좀 더 많은 편이라도 그렇게 하면 재난을 아주 멀리하게 할 수는 없지만, 적어도 재난의 발생을 줄일 수는 있을 것이다.

人無遠慮
必有
近憂

8、言忠信，行笃敬，虽蛮貊之邦，行矣。

—— ≪论语·卫灵公≫

[주석]

忠 : 충성하다. 성실하다.

笃 : 충실하다. 한마음 한뜻으로.

蛮貊 : 중국 고대의 남방과 북방의 소수 민족에 대한 낮춤말이다.

蛮 : 남만(南蛮), 남쪽의 소수민족에 대한 낮춤말이다.

貊 : 북맥(北貊), 북쪽의 소수민족에 대한 낮춤말이다.

[번역문]

말을 할 때 성심성의껏 하고 행동을 돈후(敦厚)하고 공손히 하면 만맥(蛮貊)의 땅에 가서도 순조롭게 살 수 있다.

[해석]

자장(子张)은 어떻게 해야만이 행동이 타당한 것인가에 대해 물었다. 공자는 이렇게 대답했다. 말을 할 때 성심성의껏 하고 신의를 지키며 행동이 돈후(敦厚)하여 예(礼)가 있으면, 만맥(蛮貊)의 야만적인 나라에 가서도 능히 사람을 감화시켜 막힘없이 잘 통할 것이다. 뒤집어 말하면, "성실하게 말을 하지 않고 돈후하게 행동하지 못하다(言不忠信, 行不笃敬)"라는 경우이면, 비록 외국에 있던 자신의 고향에 있던 간에 미움을 받게 되어 곳곳에서 통할 수 없게 된다. 그래서 서 있을 때는 '언행충신(言行忠信)'이 네 글자가 눈 앞에 있어야 하고, 차를 탈 때는 이 네 글자를 끌채 횡목에 새겨 놓았다고 생각하여 모든 행위가 타당할 수 있는 것이다. 자장(子张)은 이말을 들고 공자의 말들을 자기 허리띠에 새겨 놓았다.

공자는 제자들에게 지식을 가르쳤을 뿐만 아니라 제자들의 행동도 지도했다. 그는 항상 제자들을 자신의 언어, 행위를 반드시 엄격하고 충신하게 해야 한다고 훈계했다. 그리고 절대 각박하고 경박하지 말아야 한다고 했다. 이는 수신(修身)의 기본적인 조건이며, 한 사람의 우수한 품격을 기르는데 도움이 되는 것이다.

9

자연(自然)편

[독서 안내]

인사(人事, 인간의 일)와 천도(天道, 자연의 도)가 서로 통한다는 것이 공자의 자연관의 사고방식이다. 이러한 사상은 서양의 천인상분(天人相分, 하늘과 사람은 서로 구분된다)의 자연관과 달리, 중국 고대 철학사의 기본적인 방향을 지배해왔다. 그러나 송명이학(宋明理学) 이후로 많은 학자들이 인간성만 중요시하고 연구하여 공자가 물성(物性) 즉 자연계를 중시한 원래의 뜻을 잃어버리게 되었다.

공자는 최초로 '기본론(气本论)' 사상을 세웠다. 공자는 노자(老子)의 "도가 사람과 만물을 낳으며, 만물은 모두 도에서 생겨난다."는 자연관을 받아들이면서 아울러 노자의 '도(道)'를 창조적으로 발전시켰다. 공자는 '도(道)'와 '기(气)'에도 음양(阴阳)이 있다고 생각하였는데 이는 노자(老子)의, '도(道)'에 음양(阴阳)의 구분이 없다는 사상보다 한 걸음 더 진보한 것이었다. 이러한 바탕 위에, 공자는 한 걸음 더 나아가 개별 사물 중에서 음양이 하는 역할을 찾아내고 개별 물성(物性, 인간성 포함)을 자세하게 알아야 한다는 생각을 도출한 것이다. 이러한 생각은 "선생께서 말한 성과 천도(夫子之言性与天道)"에서 가장 먼저 나타나고, 성(性)과 천도(天道)를 나란히 놓아, 인간의 성(性), 사물의 성(性), 천도(天道, 자연의 도)의 깊은 뜻을 표현한 것이었다. 사람들은 자공(子贡)의 "선생께서 성과 천도를 말한 것은 들어본 적이 없습니다.(夫子之言性与天道, 不可得而闻也)"라는 말을 흔히 쉽게 잘 못 해석하여, 공자가 천도, 자연에 대해 이야기하는 것을 좋아하지 않았다고 추측한다. 사실 공자는 제자들의 학습 수준에 따라 인간 사회의 문제를 먼저 가르치고 난 그 다음에 천도 자연에 대해 일러주었던 것이다. 이 말은 단지 자공이 공자의 박식한 자연 지식을 듣지 못해서 유감이라는 것을 표현한 것이다.

춘추 시대에 천명(天命) 신권(神权) 관념이 쇠락하고 물본(物本)과 민본(民本) 사상이 발전함에 따라 공자는 ≪역경(易经)≫에서 '삼재(三才)' 중의 인(人)을 뚜렷한 위치에 놓고 유례없는 관심을 두었으며, 그렇게 함으로써 그의 자연관을 한 걸음 더 나아가 견고하게 만들었다.

[더 읽을 자료] 음양(阴阳): 중국 고대 철학 개념으로, 음(阴)과 양(阳) 두 가지 부호로써 우주의 상대적인 두 가지 상황을 대표하는 것이다. ≪역경(易经)≫과 ≪도덕경(道德经)≫은 음양 철학의 원천이다. 음양 철학은 사물 간의 변증적 통일을 강조하는 것으로, 서양 철학에서 투쟁 철학을 강조하는 것과 다르다.

1. 天何言哉? 四時行焉, 百物生焉, 天何言哉?

—— ≪论语·阳货≫

[주석]

四時 : 봄, 여름, 가을, 겨울 사계절을 가리킨다.

[번역문]

하늘이 무슨 말을 했는가? 사계절이 순환 변화하고 만물이 제때에 생장(生长)한다. 하늘이 무슨 말을 했는가?

[해석]

이 대화는 공자의 제자 자공(子贡)의 질문으로부터 시작된 것이다. 자공은 공자에게 먼저 '천도(天道)'에 대해 물었는데, 공자는 아무 말도 하고 싶지 않다고 대답하였다. 자공은 "선생님이 말씀을 하지 않으시면, 저희가 무엇을 배울 수 있겠습니까?"라고 말했다. 공자는 "하늘도 아무 말을 하지 않는다. 그래도 춘(春), 하(夏), 추(秋), 동(冬) 사계절이 그대로 운행되고 우주 만물이 그대로 쉬지 않고 성장한다. 우리는 사계절이 운행되고 만물이 성장하는 것을 볼 때, 사람의 힘이 진실로 한계가 있다는 사실을 알 수 있다. 그러므로 자신이 해내지 못하는 일에 너무 무리하지 않아야 한다."라고 하였다. 공자의 말은 한 마디 말이 두 가지 의미를 가지고 있는 것이다. '천도(天道)'를 설명함과 동시에 자공(子贡)에게 무엇인가 암시를 해준 것이다. 선생은 아무 말 하지 않을 때에도 학생들에게 아무 것도 가르치지 않는 것이 아니다. 자신의 사상 학설로 자기의 행동을 지배하여, 자신의 행위로 시범을 보이는 것이니, 이것이 바로 소위 '신교(身教, 몸으로 직접 기르치는 것)'인 것이다. ≪논어≫에서 공자의 일상 생활 행동에 대한 기록에 의하면, 공자가 학생들에게 말로 가르치는 것과 몸으로 가르치는 것을 똑같이 중시했던 것을 볼 수 있다.

2、天无私覆, 地无私载, 日月无私照。奉斯三者以劳天下, 此之
  谓三无私。

　　　　　　　　　　　　　── ≪礼记·孔子闲居≫

[주석]

　覆 : 덮다.

[번역문]

　하늘이 천하(天下)를 덮는데 한쪽으로 치우침이 없다. 땅이 만물(万物)을 받아들
이는데 한쪽으로 치우치지 않는다. 해와 달은 천하를 비추는데 한쪽으로 치우치지
않는다. 이러한 정신(精神)으로 천하 백성을 위로한다면, 바로 삼무사(三无私)라고
할 것이다.

[해석]

　공자는 바로 자연의 '행(行)'과 '사(事)'에 대한 체득함을 통해, 풍부하고 뜻이 깊은
사상과 정신을 창조한 것이었다. 공자의 생각에는, 사람들이 마땅히 공평무사(公正无
私)한 정신을 견지해야 하는 이유는 자연의 '행'과 '사'가 모범을 보여주기 때문이라
하였다. 공자는 우리에게 다음과 같이 훈계하였다. 사회 생활중에서 다른 사람과 다투
어야만 생존할 수 있는 것이 아니다. 세계 만물은 함께 존재하고 살아갈 수 있다.
자신부터 최대한 할 수 있는 만큼 최선을 다하면 바로 제일 좋은 시작인 것이다.

3. 知者乐水, 仁者乐山。

—— 《论语·雍也》

[주석]

　　知者 : 즉 智者, 지혜로운 사람이다.
　　乐 : 좋아하다.

[번역문]

　　지혜로운 사람은 물을 좋아하고 인(仁)과 덕(德)이 있는 사람은 산을 좋아한다.

[해석]

　　공자의 이 말은 우리에게 아주 높은 정신적인 경지를 그려내 보여주었다. 물은 산을 따라 흐르고, 산은 물이 있어 활기가 있는 것이다. 요산요수(乐山乐水)는 인생의 가장 큰 지혜이며, 물과 산을 가까이하고 사는 것은 세상에서 제일 행복한 일이다.

　　이 말은 우리에게 모든 일들이 인연을 따라야 하며, 완전무결을 추구할 필요가 없으며, 법칙에 따라야 하고 자연에 순응해야 한다고 일깨워준다. 물론 자연에 순응한 다는 것은 아무 일도 하지 않고 횡재만 바라며(守株待兔), 운명을 하늘에 맡기는 것(听天由命)은 아니다. 자연에 순응하여 일을 하라는 것은 사람의 처신에 대하여 말하는 것이다. 일을 '하다'라는 것을 전제로, 하지만 무턱대고 하기만 하면 안 되며 본성과 어긋나는 일을 하면 안 되는 것이다. 잘난 체하고 거만하게 일을 하지 말고, 남을 이기려는 마음으로 자신의 본성을 왜곡하지 않는 것, 이 것이 바로 자연에 순응한 다는 진정한 의미이다.

　　다음 두 이야기가 이 점을 잘 이해하는데에 도움이 될 수 있다.

어떤 사람이 집에 가는 길에 나무 가장자리 사이에서 조금 갈라져 있는 누에고치를 봤다. 그는 이전에 이러한 상황을 본 적이 없기 때문에 멈추고 살펴 봤다. 그것은 나비의 누에고치였다. 새로 태어나는 나비가 누에고치의 그 작은 터진 곳으로부터 힘들게 조금조금 발버둥치며 나오고 있었다. 오랜 시간이 흘러갔지만 탈바꿈하는 것은 조금도 진전되지 않았다. 나비는 최선을 다 하는 것 같이 보였다. 옆에서 계속 지켜보던 사람은 마음이 조급해졌다. 이에 나비를 도우려고 결정했다. 그는 가위를 하나 찾아와 고치를 조심스럽게 잘랐다. 하지만 나비는 도와주려던 그 사람이 예상한대로 날개를 펼치고 춤을 추는 것이 아니라 오히려 몸이 위축되고 오래지 않아 죽고 말았다.

또 다른 이야기는 절에서 발생한 것이었다. 봄이 왔는데 사찰의 정원은 여전히 누렇게 시들어 있었다. 스승이 때때중에게 풀씨를 조금 준비하라고 하였다. 때때중이 스승에게 언제 씨를 뿌리느냐고 물어보자 스승은 "언제든지(隨時)"라고 대답했다. 봄에는 바람이 자주 불기 때문에 때때중이 뿌린 풀씨는 일부가 바람을 타고 날아갔다. 때때중은 당황하며 스승에게 "큰 일 났습니다. 많은 풀씨가 바람에 날아갔습니다."라고 말했다. 스승은 "바람에 날아간 풀씨는 대부분 비어 있는 것일 것이다. 본성을 따랐을 뿐이다(隨性)" 라고 말했다. 밤에 봄비가 내렸다. 이른 아침에 때때중이 급하게 스승에게 "스님, 많은 풀씨가 비에 쓸렸습니다."라고 말했다. 이에 스승은, "어디에나 싹이 날 수 있다. 인연을 따랐을 뿐이다(隨緣)"라고 말했다. 며칠 뒤, 누렇게 시든 풀 밑에 연한 푸른빛이 비치기 시작했다. 풀씨에서 푸른 싹이 돋아 나왔다. 때때중이 즐겁게 스승에게 달려가 알리자 스승은 "기쁨을 따랐을 뿐이다(隨喜)"라고 말했다.

첫 번 째 이야기에서 소위 '남을 도와주는 것을 낙으로 생각하는(助人为乐) 사람'은 나비가 자기의 노력을 통해 고치에서 빠져나와 체액으로 날개를 눌러 밀어 낸 다음에야 날개를 펼치고 춤을 출 수 있다는 변할 수 없는 자연 법칙을 몰랐던 것이다. 일할 때 이러한 법칙에 따르지 않으면 노력해도 성공할 수 없다. 그러므로 우리는 두 번째 이야기의 스님에게서 배워야 되고, 일의 법칙에 따라 행동해야, 큰 성과를 자연스럽게 얻음을 알 수 있다.

   ≪맹자(孟子)≫에서 "사람은 해서 안 되는 일을 하지 않아야 비로소 어떤 일을 할 수 있다.(人有不为也, 而后可以有为)"는 말이 있다. 만약 모든 일을 다 하고 싶어하면서 그 모든 일을 다 원만하게 한다면, 불가능할 뿐 아니라 좋은 결과도 없다. 성공해도 거만해져서는 안 된다. 거만함은 얻은 것을 다시 잃게 할 수도 있다. 공로(功劳)가 너무 많으면 안 되니, 공로가 너무 많아 가득히 차면 손해를 초래할 수도 있다. 이는 역사적 결론이다. 한신(韩信)은 용맹했기 때문에 유방(刘邦)으로부터 믿음을 잃고 살해당했다. 육기(陆机)는 재능이 당시의 으뜸이어서 피살되었다. 호광(霍光)의 실패는 권력을 이용하여 군왕을 협박했기 때문이었다. 석숭(石崇)의 죽음은 재부가 많기 때문이었다. 만약에 사람이 마지막 수단으로 빈틈과 활동 여지를 남겨 둘 수 있다면, 자만에서 벗어날 수 있다면, 그 사람은 바로 지자(智者)이고 인자(仁者)이다.

[더 읽을 자료] 수주대토(守株待兔) : ≪한비자(韩非子)≫ 중의 한 우화이다. 춘추시대 송(宋)나라에 부지런한 한 농부가 있었다. 농부의 밭에는 그루터기가 하나 있었다. 어느 날, 느닷없이 아주 빨리 달리던 토끼 한 마리가 밭 한가운데의 그루터기에 머리를 들이받고 목이 부러져 죽었다. 그 날부터 농부는 농구를 버리고 매일 그루터기를 지켜보며 토끼를 다시 얻을 수 있기를 기원했다. 그러나 토끼는 다시 오지 않았다는 이야기로, 결국 송(宋)나라의 웃음거리로 전해졌다. 이 우화는 적극적인 노력을 하지 않고, 요행(侥幸) 심리를 가지고 뜻밖에 성과를 얻기를 바라는 것은 허망한 것임을 비웃은 것이다.

[더 읽을 자료] ≪맹자(孟子)≫ : 유가 경전 저작 중의 하나이며, 선진(先秦) 시대의 뛰어난 산문(散文) 작품이다. 맹가(孟轲)와 그의 제자들이 같이 기록하고 정리하였고, 내용은 광범위하게 맹가의 정치 주장, 철학 사상, 미학 사상 등을 포함하고 있다.

4、以其不息，且遍与诸生而不为也，夫水似乎德。

—— ≪孔子家语·三恕≫

[주석]

諸生 : 만물(万物).

[번역문]

물은 쉬지 않고 흐르며 만물에 생명을 주고 끊임없이 성장하게 하며 이어지지만, 자신이 어떤 은을 베풀었는지도 모르니, 마치 아주 높은 경지의 '덕성(德性)'이 있는 것 같다.

[해석]

공자가 동쪽으로 흘러가는 물을 보는데 자공(子贡)이 보고 공자에게 물었다. "군자(君子)는 큰물을 보면 바로 감상하러 나가는데 이유가 무엇입니까?" 공자는 다음과 같이 대답했다. "물은 쉬지 않고 흐르며 만물을 끊임없이 성장하게 하며 이어지게 하는데, 자신이 만물에 은덕(恩德)이 있는 줄도 몰라, 마치 아주 높은 경지의 '덕성(德性)'이 있는 것 같다. 낮은 곳으로 흐르거나 구불구불하게 흐름을 막론하고, 자신의 물길에 따라 흐르는 것은 '의(义)'와 같다. 수세(水势)가 대단하고 언제까지나 마르지 않는 것 같은 것은 '도(道)'와 같다. 세차게 흐르며 내리퍼붓고 아주 깊은 계곡에 흘러도 무섭지 않은 것은 '용(勇)'과 같다. 지평면을 가늠의 기준으로 하고 공평하게 공정한 것은 '법(法)'과 같다. 물이 가득하면 균일하게 맞출 필요 없이 자연스럽게 평평하게 고른 것은 '정(正)'과 같다. 부드럽고 아름답고 투명하며, 미세한 곳도 흘러 갈 수 있는 것이 '명찰(明察)'과 같다. 어디에서 발원하든지 뜻을 변하지 않고 동쪽으로 흐르는 것이 "지향조수(志向操守, 포부)"와 같다. 물이 흘러 나가고 들어가며 모든 것을 깨끗하게 하는 것은 교화(教化)와 감화(感化)를 잘하는 것과 같다. 물의 덕성이 이와 같이 좋기 때문에 군자는 물을 보면 반드시 가서 관찰하고 느끼는 것이다."

공자가 물을 보며 이렇게 많은 물의 품덕을 제시한 것은 우리로 하여금 자연스럽게 물의 덕성을 존경하게 하였다. 물은 자연스럽고 침착하여 마음을 다해서 자기를 확연히 드러내지 않으며, 만물을 이롭게 하지만 자신에게 공로가 있다고 생각하지 않는다. 항상 낮은 곳으로 흐르고 우여곡절을 무서워하지 않는다. 설령 순탄하지 않더라도 틀림없이 자신의 길에 따라 흘러간다. 이는 군자가 원칙을 지키는 호연지기(浩然之气)와 같다.

5、山梁雌雉, 时哉时哉。

—— 《论语·乡党》

[주석]

山 : 산골.

梁 : 교량, 다리.

雉 : 새, 걸모습이 닭과 같고 일반적으로 꿩이라고 부른다.

时哉 : 때를 만나다.

[번역문]

산 속의 다리 위에 있는 암꿩이여, 때를 만났구나! 때를 만났구나!

[해석]

공자와 자로(子路)가 산 속을 거닐다가 꿩 한 무리가 하늘을 빙빙 돌며 날고 있는 모습을 보았다. 공자는 마음 속에 감명을 받아 표정도 좀 지으며 "산골 안에 다리 위에 있는 암꿩이여, 때를 만났구나! 때를 만났구나!"라고 하였다. 자로는 선생이 꿩을 칭찬하는 말을 듣고 꿩에게 두 손을 모아 경의를 표했다. 꿩은 꺼억 꺼억 몇 번 소리내어 울더니 날개를 펴고 흰 구름 푸른 하늘로 날아갔다. 공자는 우리에게 생동감 넘치는 비조도(飞鸟图)를 묘사해주고 있다. 우리는 공자와 자로가 산골 속에 걸어가는 모습을 상상할

山梁雌雉

수 있다. 꿩이 하늘을 빙빙 돌며 날고 있는 모습을 볼 것 같고, 공자의 꿩에 대한 칭찬도 들을 수 있을 것 같다. 꿩이 꺼억 꺼억 울며 날개를 펴고 하늘에 날아가는 소리를 들을 수 있을 것 같으며, 산야 속의 그 신선한 냄새도 맡을 수 있을 것 같고, 산야의 아름다움과 고요함을 느낄 수 있을 것 같다. 이 그림 속에는 움직임, 고요함, 소리, 색깔, 냄새가 모두 있는 것이다.

꿩에 대한 태도와 감정에서 우리는 공자의 사상을 터득할 수 있다. 공자는 경물(景物)을 보고 느낌이 생긴 것이다. 예쁜 산꿩이 하늘을 빙빙 돌며 날고 있는 것을 보니 산꿩의 안락함, 자유와 아름다움을 칭찬하는 느낌이 오고, 산꿩과 산꿩, 산과 구름, 하늘, 청산녹수(青山綠树)의 조화로운 생활도 찬송하였다. 사상과 감정을 생활에 깃들게 하여 사람들이 자연과 화목하게 지내야 하고 즐거운 생활을 보내야 함을 일깨워 주었다.

6、伐一木，杀一兽，不以其时，非孝也。

—— ≪大戴礼记·曾子大孝≫

[주석]

时 : 적당한 시기.

[번역문]

적절하지 않은 시기에 나무 한 그루를 베거나 동물 한 마리를 사냥하는 것은 효(孝)라고 할 수 없다.

[해석]

공자는 "하늘과 땅이 만물을 낳고(天地生万物), 자기에서 부터 남에게 까지 미치며(由己及人), 사람에서 부터 사물에 까지 미친다.(由人及物)"라고 생각해 '인애(仁爱)'의 정신을 우주 만물까지 확대했다. 인간과 자연의 관계에 대한 합리적인 인식을 바탕으로 만물을 사랑하는 환경 가치관을 얻고, 일련의 구체적인 환경 도덕 행위 규칙을 세웠다. 그 중에서 '화(和)', '절(节)', '시(时)'는 가장 중요한 것이다. 유가 사상 체계에서, '화(和)'는 대인 관계의 조화를 뜻할 뿐만 아니라 생태 관계의 협동 발전도 의미한다. '절(节)'은 자연 자원을 이용함에 있어 반드시 일정한 규율을 따라야 하고 일정한 제약도 있어야 한다는 주장이다. 유가에서 보면, 천지 간에 가장 뚜렷한 변화는 바로 춘하추동 사계절의 바뀜이다. 자연 만물의 성장·발육에는 일정한 규율이 있으니 사람들은 자연 규율을 순응하여 각종 생물을 대해야 한다. 물론 인간의 생존은 자연물을 멀리하지 못하고 인간은 자연계에 주도적 지위를 차지하고 있지만, 인간이 자연계에 언제나 모든 것을 할 수 있는 것도 아니다. 적절하지 않은 시간과 공간에서 나무

한 그루를 베거나 동물 한 마리를 사냥한다면 불효(不孝)이다. 공자는 사냥이나 벌목을 절대적으로 금지하는 것이 아니라, 사람들이 어떠한 때에는 이러한 일을 할 수 있고, 어떠한 때에는 이러한 일을 할 수 없다고 생각한 것이었다. 예를 들면 동식물이 어릴 때나 동물이 번식할 때는, 사냥과 벌목은 분명히 적절하지 않은 일인 것이다.

7、子钓而不纲，弋不射宿。

—— ≪论语・述而≫

[주석]

　　纲 : 그물의 위쪽 코를 꿰어 오므렸다 폈다 하는 줄. 동사로 사용할 때, 흐르는 물에
　　　서 물고기를 잡는 그물을 뜻한다.

　　弋(yì) : 가는 끈이 연결되어 있는 화살. 사냥감을 편리하게 회수하기 위해 한 것이다.

　　宿 : 둥지로 돌아가는 새들.

[번역문]

　　공자는 낚시할 때 낚싯대만 사용하고 그물을 사용하지 않았으며 나는 새만 쏘고
새둥지에 있는 새는 쏘지 않았다.

[해석]

　　공자의 이러한 행위에는 두 가지 의미가 있다. 하나는 욕망을 절제하는 것이고,
다른 하나는 생명을 소중히 여기는 것이다. 모두 '인(仁)'의 사상을 보여주고 있다.
평범한 사람들은 물고기를 낚시로 잡는 것과 그물로 잡는 것, 나는 새를 쏘는 것과
새둥지에 있는 새를 쏘는 것이 차이가 없다고 생각하여, 공자가 이 두 가지 일을
가려서 하는 행동에 대해 고리타분하다고 생각할 수도 있다. 그러나 실은 그렇지
않다. 공자는 자연을 사랑하고 생명을 귀중하게 여기는 사람이다. 공자는, 자연의
매력에 끌리고 자연 규칙을 존중하여 사람들이 자연계에서 생물의 존재와 발전을
방해하는 행동을 반대하고 하늘이 사람에게 준 귀중한 자원을 소중히 대해야 한다고
생각하였다. 절제는 중용의 도를 구체적으로 드러내는 것이다. 원래 낚시와 사냥은

일종의 오락으로, 생활을 더욱더 분위기 있게 해주는 것이다. 그러나 그물로 고기 잡는 행위나 새둥지에 있는 새를 쏘는 행위는 인격을 도야하는 의미를 잃어버리고, 완전히 공(功)과 이익만을 채우기 위한 살육이 되어, 인자하지도 않고 중용도 아닌 것이다. 이는 공자가 절대 반대하는 것이다.

공자의 행동은 우리들에게 생물을 보호해야 하고, 인류가 생존하는 자연 환경을 보호해야 한다는 것을 일깨워 주었다. 대자연 중의 일원으로서 인간은 인간과 자연, 인간과 다른 생물 간에 오랫동안 지켜왔던 균형, 제약, 서로 이익을 주고, 서로 공존하는 관계 등을 잘 처리하여, 인간과 자연이 조화롭게 함께 지낼 수 있도록 지내게 해야 한다고 하였다. 자연을 보호하는 것은 바로 인간을 보호하고 영원히 발전시킬 수 있게 하는 것이다. 자연을 파괴하는 것은 마치 자연에 암세포를 만들어 주는 것과 같아 마침내는 자연을 파괴할 뿐만 아니라 인간도 엄청난 피해를 보게 될 것이다.

8、逝者如斯夫，不舍昼夜。

—— 《论语·子罕》

[주석]

逝 : 사라지다. 흘러가다.

斯 : 이것. 여기에서는 강물을 가리킨다.

舍 : 동사, 머물다.

[번역문]

세월이 흐르는 물처럼 지나갔구나! 밤낮으로 상관없이 한 순간도 그치지 않는 것이다.

[해석]

큰 강과 큰 하천은 인류 문명의 원천일 뿐만 아니라 사상가와 철학자가 영감을 불러 일으키는 중요한 매체이다. 2천 5백년 전에 공자가 강변에서 "세월이 흐르는 물처럼 지나갔구나! 밤낮 상관 없이 한 순간도 그치지 않는 것이다."라고 한 명언이 있었다. 공자와 거의 같은 시대에 서양 철학자 헤라클레 이토스도 강변에서 "사람은 같은 강물에 두 번 들어갈 수 없다."라고 하는 명언을 남겼다. 공자는 시간이 한 번 가면 다시 돌아오지 않는다는 사실에 감탄하

孔子观川图

며, 인생은 유한하지만 지식에 대한 탐구는 무한하다고 감탄하였다. 장자(庄子)도 "우리의 삶에는 끝이 있지만 공부에는 끝이 없다(吾生也有涯, 而知也无涯)."라고

孔子出生地曲阜尼山观川亭

하였던 것처럼, 이러한 선현(先賢)의 감탄에서 우리는 깨달음을 얻어야 한다. 더욱더 시간을 아끼고 유한한 생명의 시간 내에서 공부하고, 추구하며, 성공하여, 인생을 누려야, 인생에서 한이 없게 될 것이다.

정말 그렇다. 만약에 어떤 사람이 시간 개념이 없고, 시간을 합리적으로 안배할 줄 모르면 결국 아무것도 이루지 못할 것이다. 시간은 아끼지 않고 후하게 대해주지만 인색한 것이기도 하다. 부지런히 공부하는 사람에게는 시간은 지식과 지혜를 가져다 주고 그 사람의 생활도 더욱더 다채롭게 만들어 주지만 게으른 사람에게는 시간은 그 사람을 버리고, 결국 그는 한 가지 일도 이루지 못하고 아무것도 없게 만들어 준다. 시간은 누구에게나 어떤 일에나 조금도 사정을 봐주지 않으며 사람의 의지로 바꿀 수 있는 것이 아니다. 우리는 꺼리낌없이 시간을 낭비할 수도 있으며, 반면에 효과적으로 시간을 활용할 수도 있다. 시간을 효과적으로 이용하려면, 일할 때 낭비하는 시간을 대폭 감소하는 것이 가장 중요한 대책이다. 이렇게 하면 동등한 시간 내에 생명을 연장한 것과 같은 것이다.

9、岁寒，然后知松柏之后凋也。

—— ≪论语・子罕≫

[주석]

　岁 : 년(年). 하(夏)나라 때 '년(年)'을 '세(岁)'라고 부르고, 세성(岁星)이 한 번 운행하는
　　　뜻에서부터 취한 것이다. 이후에는 '년(年)'의 통칭(通称)으로 된다.

　后 : 시간이 좀 늦다는 것을 가리킨다. 뒤늦다.

　凋 : 떨어지다. 초목(草木)이 쇠패(衰败)하다.

[번역문]

　매년 날씨가 추울 때 되어서야, 송백(松柏, 소나무와 측백나무)이 뒤늦게 시드는
것을 알 수 있다.

[해석]

　공자는 어릴 때부터 큰 포부를 가슴에 품고, 전대(前代)에서 전해온 문화 전적(典
籍, 경전)을 많이 공부하여 정계에서 성공하고자 하였다. 그러나 조국인 노(鲁)나라의
유권자들이 공자를 임용하지 않아 그의 벼슬길은 순조롭지 않고 몇 달 동안 사구(司
寇, 일중의 급이 낮은 관직) 벼슬을 맡다가 파직 당했다. 그는 제자들을 거느리고
열국(列国)들을 두루 돌아다니면서 자신의 포부를 실현하기를 바라지만 결국 가는
곳마다 거절당했다. 가까스로 초조왕(楚昭王)이 공자를 등용시키고자 하였는데, 진
(陈)나라와 채(蔡)나라의 대부(大夫)들은 공자가 초(楚)나라에 가면 진나라와 채나라
에 해가 될까봐 군대를 파견하고 공자를 포위했다. 7일동안 양식이 끊어져서 먹을
것 하나도 없는 상황이 되고, 외부와 소식도 통하지 못하게 되니 공자를 따르던 사람들

모두가 병이 났다. ≪공자가어(孔子家语)·재액(在厄)≫ 중의 기록에 따라, 공자의 제자 자로(子路)는 너무 분개해서 공자에게 물었다. "선생님은 저한테 이런 말씀을 해주신 적이 있었다. '선(善)을 행하는 자에게 하늘이 복(福)을 주고, 선(善)을 행하지 않는 자에게 하늘이 화(祸, 재앙)를 준다.' 선생님은 평소 덕(德)을 쌓고 의(义)도 품고 사는데, 왜 또 오늘 같은 곤경에 빠지게 되었습니까?"라 하니, 공자는 다음과 같이 말을 하였다. "인(仁)과 덕(德)이 있는 사람이 반드시 신뢰를 얻을 수 있다고 생각하면 백이(伯夷)와 숙제(叔齐)도 수양산(首阳山)에서 굶어 죽지 않았을 것이다. 지혜로운 사람이 반드시 임용될 수 있다고 생각하면 왕자비간(王子比干)도 배를 가르는 짓을 당하지 않았을 것이다. 충성한 사람이 반드시 보답을 얻을 수 있다고 생각하면 관용봉(关龙逢)도 극형(极刑)에 처하지 않았을 것이다. 권(劝, 설득)하는 말을 반드시 듣고 따를 수 있다고 생각하면 오자서(伍子胥)도 죽음 당하지 않았을 것이다. 한 사람은 다른 사람의 호감을 얻을 수 있을지 없을지 시기와 관계 있는 것이고, 현명(贤明)할지 불초(不肖)할지는 그 사람의 재능, 그리고 품성과 관계 있는 것이다. 박학(博学)하고 생각이 깊지만 인정받지 못하는 군자들이 많이 있거늘 오로지 나 공구(孔丘)만 그런 것이 아니다. 향초(香草) 지(芝)초와 난(兰)초는 깊은 밀림(密林)에서 자라고 있는지라, 사람의 사랑을 얻을 수 없다고 하여 방향을 내뿜지 않는 것이 아니다. 군자들은 도덕과 학문을 열심히 도야하면서 빈곤하다고 하여 품은 뜻을 바꾸지 않는다." 몇 일 동안 갇혀 있던 공자는 어느 날 아침에 주위 황량한 벌판을 둘러보고 풀이 마르고 나무도 떨어지고 송백(松柏)만 여전히 짙푸른 모습을 보고, 제자에게 "추운 날이 오고 서리와 눈이 내려야 송백은 본래의 모습을 유지하는 귀중함을 알 수 있겠구나"라고 감탄하였다.

공자는 송백을 통해서 집요하고 끈기가 있으며(坚毅执着), 변치 않고 도를 지키는 (守道不变)의 고귀한 품격을 깨닫게 되었다. 이는 바로 공자가 평생 굳게 지키며 대대적으로 선양했던 군자의 인격이고, 인류 도덕 중의 극치(极致)이므로 힘껏 칭송하

歳寒然後知松栢之後彫也

子謹書

沈禎

였다. 공자는 소나무와 측백나무를 사람들이 제일 숭앙하는 상고의 현성지군 요(尧)와 순(舜)으로 비유하여, 요순(尧舜)과 같이 송백도 천지의 정기를 홀로 차지하고 있는 사람과 물건의 본보기라고 칭찬하였다. 군자는 송백처럼 순수한 마음을 지킬 수 있으면 요순과 같이 인륜을 인도하여 사람들의 마음을 순수하게 변화시킬 수 있고, 권세에 아부하고 아첨하여 응변하는 나쁜 풍속을 없애어, 온 세상에 정기(正气)를 가득 퍼지게 만들 수 있는 것이다. 이러한 사상은 중국 고대 선비들에게 많은 영향을 미쳤다. 고대 선비들은 송백으로 군자를 비유하여 송백의 품격을 칭송함을 통해 군자를 칭찬하는 것을 좋아했다.

[더 읽을 자료] 비간(比干) : 춘추 시대 상(商)나라 주왕(纣王)의 숙부이다. 정직하고 사심이 없는 사람으로, 폭정(暴政)을 바로잡고 인정(仁政)을 실시하기 위해 계속 주왕(纣王)에게 권고했다. 주왕(纣王)은 비간(比干)을 해부하여 심장을 꺼내도록 하게 하니 비간(比干)은 거리에서 죽고 말았다.

[더 읽을 자료] 상(商)나라 말기 고죽국(孤竹国, 현재 하북(河北)성 루룽(卢龙)현 서쪽 지역) 왕의 장자와 차남이었다. 처음에 고죽국 왕은 차남 숙제(叔齐)를 계승자로 지정했는데 고죽국 왕이 죽은 후 숙제(叔齐)는 왕의 자리를 백이(伯夷)에게 사양하자, 백이(伯夷)도 굳이 사양하고 받지 않았다. 그후 두 형제는 주(周)나라에 함께 갔다. 무왕(武王)이 출병하여 주왕(纣王)을 토벌할 때 백이(伯夷)와 숙제(叔齐)는 무왕(武王)의 말 앞에 꿇어 앉아 권했다. 무왕(武王)이 아버지가 죽은 후 바로 출병하는 것은 불효(不孝)이고 윗사람에게 대드는 것은 불인(不仁)이라고 간언하였다. 무왕(武王)이 상(商)나라를 멸망시킨 후 백이(伯夷)와 숙제(叔齐)는 수양산(首阳山, 현재 산서성 영제남)에 들어가 주(周)나라의 곡식을 안 먹겠다고 하고 결국 굶어 죽고 말았다. 후세 사람들의 칭송을 받고 충(忠), 효(孝), 인(仁), 의(义)의 본보기가 되었다.

孔子这样说

刘续兵 主编

潘丽丽 翻译

韩汉双语

Korean and Chinese

编委会

主　任：李大友　杨朝明

委　员：胡志平　张文科　刘续兵

《孔子这样说》

主编：刘续兵

翻译：潘丽丽

编委：（以章节写作顺序排列）

宋立林　房　伟　韩　涛　刘续兵

李文娟　陈金海　周　建　路则权

书画：张炳煌　阮常耀　沈　祯

目 次

序　言

　　若在历史上找一个最能代表"中国"的人，自然非孔子莫属。有学者称孔子为"中国文化之中心"，并说"无孔子则无中国文化"，洵为中肯之论。从这样的意义上讲，海外数百所"孔子学院"实际上也可以称为"中国学院"或"中国文化学院"。不难理解，要了解中国，应该从孔子开始。

　　那么，怎样了解孔子？如果就这个问题向孔子本人请教，他一定会让我们关注"六经"，要我们修习诗、书、礼、乐，重点研读《春秋》和《周易》孔子晚年作《春秋》寄予褒贬善恶，表达政治思想，只是《春秋》过于简略，一般不易理解；《周易》则被尊为"群经之首"、"大道之源"，欲理解孔子，了解他思想的深度和高度，不可离开此书！然而孔子作《易传》在《周易》中"观其德义"，理解起来同样难度极大，需要认真揣摩！

　　既然"六经"难读，人们自然把目光投向《论语》投向"孔子遗说"。但需要知道，"孔子遗说"可不仅仅只有《论语》！孔子在世时，他的弟子随时记录整理师说；孔子晚年讲学，又专门有年龄较小的弟子轮流笔录。给我们留下了大量的材料，这是人类珍贵的历史遗产。孔子逝世后，孔子弟子后学集录整理孔子遗说，选编孔子的"善言嘉语"，使孔子教诲得以传留至今。因此，我们应该感谢孔子，感谢孔门弟子后学！

　　如果静下心来阅读，会发现"孔子遗说"真的很多，会发现竟然有那么多的孔子言论分布在那么多的典籍中，似乎让人无从着手，让人感觉庞杂而散乱。实际上，学者们以往进行过很多研究，检查过这些材料的来源或者可靠性。尤其在今天，借力大批地下新文献的问世，原来许多模糊的认识清晰了，很多纠缠不休的纷争解决了，让人感到由衷的欣喜！

说到这里，我们似乎最应该感谢一个人，他就是孔子的裔孙子思。人们对于子思，以往知之不多。但种种迹象显示，孔子逝世后，他的造诣越来越高，影响越来越大。随着孔子弟子的相继辞世，子思历史性地承担起了汇聚、整理、选编孔子遗说的使命，为此，他做了大量的工作！我们今天看到的《论语》、《孔子家语》，其最初的编纂，都与子思有直接关系。

我们了解到子思所做的工作，也看清了孔子遗说由先秦至秦汉传流变化的基本情况。孔子去世后，孔子弟子和子思等人聚录编辑孔子遗言，《孔子家语》的最初形态应即渊源于此；又选取其中"正实而切事"的内容，另外编辑成为《论语》。《论语》和《孔子家语》虽历经辗转传抄，也有篇章分合以及后人"润色"的成分，但在孔子遗说中，其材料最为集中，真实性也相对较高。

除《论语》和《孔子家语》之外，其他可靠的孔子材料当然还有很多，如《易传》、《孔丛子》、《左传》、《孟子》、《荀子》、《史记》以及早期出土文献等。《礼记》、《大戴礼记》的材料也十分重要，但这些材料已经过了重新编辑，为服从汉代政治的需要，对不少字句进行了更动。如果你有兴趣将二戴《礼记》与《孔子家语》相同的内容进行对比，就很容易发现这一点。

既然如此，在文献材料的研究方面，学者们首先需要做的工作有两点：一是相对更为"真实的材料"中有哪些可能的添加与润色；二是明显经过了后人特别是汉人改动的材料又包括了哪些方面。搞清这些问题，在使用相关文献时才可以不再缩手缩脚、动辄得咎。在此之后，方能进入思想义理的论说层面。

文献的基础研究固然重要，思想的诠释解说更需周全：

首先，世异时移，约2500年过去了，孔子都说了些什么？他为什么那样说？

第二，孔子思想是一个庞大体系，其"博大精深"肯定不是一句空话，那么孔子所言，其本意为何？我们理解得对吗？

第三，前沿学者看到经典"翻译"中的"意义流失"，遂尖锐地指出：翻译者本身必须是专业的哲学家。中文外译是这样，古文今译是否同样如此？

时下，孔子文化普及还存在不少问题，距离科学真实地展现孔子思想体系还有不少距离。其他语种的译本，因为文化背景等因素的限制，更存在不少偏颇乃至错误，急需提供文约义丰、原汁原味的孔子思想学说精编解说本。当年孔子后学或者子思选编《论语》，其用意也应该如此；但毕竟对于忙忙碌碌的多数今人而言，读起来依然艰涩，字数还显得较多。因此，很需要爬梳剔抉，精心选辑，编纂准确严谨、简明适用的孔子学说读本。

孔子研究院与韩国国立安东大学孔子学院有多年的友好合作关系，本书是由安东大学孔子学院和孔子研究院组织力量，在"正本清源研究孔子"学术理念指导下，立足学术最前沿，吸收最新研究成果编纂而成。我们希望通过这样一个儒学普及读本，能够还原一个真实的孔子，传达真实的孔子思想。

杨朝明

2013年7月6日　于孔子研究院

一

总导读

(一)了解中国，从孔子开始

在一些外国人眼中，中国是一个古老而神秘的国家。有学者说，他关于中国最初的概念，至多是曾在茶杯或花瓶上见过的几幅图画，他想象着，这里有"神情呆板的长辫子的小个子男人"、"有弓形桥的富于艺术性的花园"以及"挂着铃铛的小塔"……

看得出，他对中国的了解是有限的。可是，最近几十年来，人们对中国的有限了解正慢慢成为过去。显然，那样一个童话般的中国不曾有过。历史上，这个国家就面积辽阔，人口众多，上有最高统治者"天子"，下有各级地方统治机构。在这个庞大的国家里，人们使用着"共同的文字"。

英国作家贡布里希(Ernst H.Gombrich, 1909～2001)十分看重这种"共同的文字"。他认为，庞大的中国之所以得到很好的维系，与拥有汉字这种"共同的东西"密不可分。

可是，他更看重的，似乎还是"中华民族的伟大导师"孔子，在他看来，由于有了孔子的学说，这个有着众多省份的大国最终也没有瓦解。他认识到，孔子不是凭空创造了他的思想，而是遵循他以前数千年的美好传统，试图用自己的学说使人幸福。在孔子学说的影响下，中华民族比世界上别的民族更和睦、更和平地共同生活了几千年。

是的，他说得对，孔子的影响正是如此！

在中华文化发展进程中，孔子承先启后。孔子以前，中国历史已经有数千年以上的积累，而孔子集其大成；孔子以后，中国历史又有两千五百多年的演进，而孔子开其新统。无论对中国历史进程的指示，还是中国文化理想的建立，孔子都是影响最深、贡献最大的人。

有人说："在此五千多年，中国历史进程之指示，中国文化理想之建立，具有最深影响最大贡献者，殆无人堪与孔子相比伦。"在孔子以来的漫长岁月中，人们尊崇他、膜拜他，按照他的思想为人处事。也有人反对他，攻击他，但不论世事怎样变迁，人们却一直有着大体相同的基本需要，或者说，孔子所确立和阐述的价值观念，一直是人们的立足点。

看来，了解中国，应当从孔子开始。

(二) 在"贫且贱"中长大

公元前551年，孔子出生在中国山东的曲阜。这里当时属于周朝的鲁国，据说，孔子的母亲曾经到鲁城东南的尼丘山祈祷求子，于是他取名孔丘，字仲尼。泰山之南的这座山丘也因此名扬天下。

孔子的先祖曾经有显赫的地位。孔子是商代开国君主商汤的苗裔，这一特殊而久远的血缘关系完全可以令他骄傲。那时，人们十分推崇"三代明王"，尧、舜、禹处在夏朝前夕，商汤为商朝开国之君，文王、武王奠定了周朝基业。他们治理天下十分成功，他们都是极其了不得的"圣王"！

周朝灭商后，实行分封制度，齐国、鲁国、燕国、宋国、卫国等众多的诸侯国家就是在这时建立起来的。周朝有一个十分重要的传统，那就是特别注重对于祖先的祭祀，对于以前的"先圣王"，也都立其后人进行奉祀。因此，殷商灭亡后，仍然建立宋国以奉祀商汤。

宋国的前几代国君都是孔子的先人。本来，孔子的第十世祖完全可以继承君位，但他谦让，只做了大臣，以后几代，便都是卿大夫，辅佐国君。孔子六世祖孔父嘉是主管领军打仗的大司马，此时宋国发生内乱，孔父嘉被杀，其后代出奔到鲁。从此，他们家族在鲁国居住下来。

到孔子父亲的时候，这个家族已经衰落。不过，孔子的父亲叔梁纥身体强健，作战勇猛，是鲁国一位有名的武士，曾在一次战役中立有战功，被封为陬邑大夫。叔梁纥先娶有妻妾，但惟一的儿子有足病，不适合做继承人。于是，叔梁纥年迈之时又娶了年轻的女子颜徵在为妻，后来生了孔子。

孔子的诞生，无疑会给这个家庭带来了欢乐。只可惜，孔子三岁时，父亲便离开了人世。也许，任何杰出人物都会有不平凡的经历，曾经的困苦与磨难也许就是一笔财富。这时的孔子还不知道，他后来十分崇敬的圣王舜，就曾作为普通百姓久居民间。孔子也是如此，父亲的离去使他与母亲过起了孤儿寡母的艰苦生活，这使孔子更深切地了解了社会，认识了人生。

父亲去世后，他随从母亲来到鲁国都城居住。母子相依为命，直到十七岁时母亲去世，他们都过着贫贱的生活。单亲家庭对于孩子的成长是不利的，但母亲给了孩子更多的关爱，给他一个良好的学习和成长环境。生活的艰辛，命运的不公，反而磨练了孔子的意志。

成年后，孔子曾为人做过乘田与委吏。乘田是管理牛羊畜牧的小吏，委吏则是管理粮仓的小吏。即使对这样的低微平凡职位，孔子同样兢兢业业，认真做好。他负责牛羊畜牧，结果牛羊长得肥壮；他负责管理粮仓，结果出纳账目没有差错。这种认真负责的态度，正是他一贯的为人处事风格。

尽管父亲曾是鲁国贵族，但毕竟已经地位衰落。十七岁那年，母亲去世不久，鲁国的执政大臣季孙氏在家里设宴招待鲁国士人。孔子闻讯赶去，却被季孙氏的总管挡在门外，他还讥讽孔子！可以想象，孔子受到这一打击，一定促使他更加奋发努力，从而依靠广博的学识赢得尊重。

博學之

(三)"好学"与"博学"

孔子自幼表现出不同流俗的特异之处。鲁国是重视礼乐的东方诸侯国，浓郁的礼乐文化氛围影响了幼小的孔子。在母亲的教导下，他甚至在玩游戏时也经常摆放各种祭器，模仿祭祀的各种礼仪。

孔子小时候就很好学，十五岁时，他已经树立了经国济世的志向。青少年时代，他已经掌握了礼、乐、射、御、书、数"六艺"。那时，"六艺"是贵族以及平民子弟学校教育中的必修科目。年龄稍大，孔子对历史文化典籍产生了浓厚兴趣。他博览群书，尤为喜好那时成人教育的通行科目诗、书、礼、乐等等，全面认识和掌握了历史文化。

五十岁以前，孔子不断寻求从政机会，但他勤奋好学的习惯从未改变。只要能够学习知识，增长才干，他一定及时把握。有知识广博的人来访，他听说后便随即前往求教，他曾前往周朝都城向老子学习。孔子敬重那个时代各国的贤人，对他们非常了解，从他们身上学到很多东西。他学习内容广泛，仅音乐来说，他曾学乐于苌弘，问琴于师襄。有一次，他在齐国听到演奏《韶》乐，非常入迷，他领会了乐曲的内在精神，竟然"三月不知肉味"。

孔子博学多识，不仅鲁人皆知，还享誉其它各国。大臣孟僖子出使楚国，因为不懂得以礼处理外交事务，深感羞耻，因此发奋学礼。临终前，他命儿子向孔子学礼。孔子招收卿大夫的儿子为弟子，这使他声名鹊起，慕名前来求学的人越来越多。

孔子为人谦卑，但他对学术的追求却十分自信。他认为自己博学，是因为对历史文化的喜好与不懈努力。他曾说，要找到比自己更加忠信的人也许不难，但找到一个比自己喜欢学问的人却不容易。他也掌握了学习的基本方法。他善于将思考与学习结合起来。他虚怀若谷，主张应该向所有的人学习，因为寸有所短，尺有所长，每个人都有自己的长处。

孔子好学, 使他以"博学"著称, 世人有不解的问题, 往往向他请教。比如, 孔子在陈国时, 国君庭院中飞落了一只隼, 这只隼被一支箭射中。这支箭是楛木做的, 有一尺多长, 箭头是石头做成。国君派人咨询孔子, 孔子说:"这只隼是从很远的肃慎氏飞来的。武王克商时, 国势强大, 周边部落都来纳贡。肃慎氏进贡了楛矢石砮。周王把肃慎氏献来的楛矢石砮赐给陈国的女婿, 如果让人到府库里去找, 应该可以找到。"国君让人去找, 果然找到了。

季桓子挖井时, 获得一个腹大口小的陶器, 里面有一个似羊的东西。季桓子不太地道, 求教于人还说谎话, 故意试探孔子。他告诉孔子, 说在挖井时得到一条狗。孔子说:"以我所知, 如果是挖井的话, 得到的应该是羊。因为山林中的怪物叫夔、蝄蜽, 水中的怪物是龙、罔象, 而泥土中的怪物则是坟羊。"

孔子熟悉自然与历史, 精通古代典籍。他评人论事时, 常常娴熟地引用《诗》《书》孔子的博学, 使得他声名远播, 身边聚集了更多的弟子。

(四) 从政的成功与失败

孔子生活在春秋末年的乱世, 他为此深为忧虑。他立志改变这一切, 于是希望入仕从政。这种为政治国的志向, 很早就在他心中坚定起来。

然而, 直到50多岁时, 孔子才受命于危难之际。当时, 鲁国主政的季孙氏家臣篡权叛乱, 外部有强邻虎视眈眈。此时, 孔子被任命为中都(今山东汶上境内)宰, 即鲁国西部一个城邑的地方长官。虽然职位不高, 但孔子仅用一年时间便治理得井井有条, 其他国家都派人前来观摩学习。

由于政绩突出, 孔子在第二年便被提拔为司空, 这是一个掌管土木建筑的职官。孔子上任后, 同样尽职尽责, 成绩显著, 不久又被提升为大司寇。大司寇是掌管国家司法、刑狱及社会治安的最高长官, 在鲁国公室政权中, 与执政的"三卿"并列, 地位很高。

孔子刚刚上任, 便立场鲜明地贬抑了乱政大夫少正卯。早期典籍中都记载孔子"诛少正卯", 后世的人们多认为是杀掉了他, 其实不然！这个"诛"有"惩罚, 讨伐"之意, 汉代字书《说文解字》也说："诛, 讨也。"少正卯是当时很有影响的人物, 但他利口善辩, 粉饰邪恶, 行为邪僻, 思想凶险, 很容易迷惑众人, 危害社会。于是, 孔子在宫门前的望楼下, 公开从思想上批驳少正卯的言行, 以正视听, 教育民众。

孔子的非凡才能突出体现在夹谷之会中。齐景公与鲁定公在夹谷(今山东莱芜境内)会盟, 孔子任鲁君相礼, 主持会盟。他预见到齐国必以强凌弱, 便劝告鲁君做好军事准备。果然, 齐国阴谋加害鲁君, 孔子及时识破并揭穿。夹谷之会的胜利, 显示了孔子卓越的政治外交才能。

由于鲁国公室衰微, 国君失权, 为牵制鲁国执政的三个大贵族, 孔子又提出了拆除三大贵族封邑城堡的主张。开始时, 这一措施比较顺利, 但这一措施毕竟对执政大夫不利，最终失败，也加深了他与执政大夫的矛盾。

孔子励精图治，令邻国的齐人感到不安。他们阴谋离间鲁国君臣关系，向鲁定公与季桓子赠送美女80名，骏马120匹。鲁国君臣果然迷于声色，怠于政事，疏远了孔子。孔子安邦定国的愿望不可能实现，遂忍痛离开鲁国，开始了漫长的"周游列国"的生涯。

离开鲁国后，孔子在卫、宋、曹、郑、陈、蔡等诸侯国之间进行游历，希望能够找到实现自己理想的舞台。在长达14年的时间里，孔子师徒四处碰壁，落落寡合，难以找到能够赞同自己主张的国君。此间，他们迭遭困厄，备尝艰辛，曾经被围困，又曾被蓄意威胁，还曾绝粮七日，饥馁不堪……，但孔子依然勉励学生坚定理想，不为挫折而动摇，不为"无道"现实而更张。

十四年后，孔子结束了漫长的流浪生涯，回到鲁国，孔子此时已是68岁的老人。在最后的几年里，孔子全身心整理典籍，教授学生。73岁那年，孔子在无奈中离开了人世。

道不同不相為謀

子靖 書

(五) 最有成就的教育家

大概在30岁以前，孔子已经开始收徒授学。随着他名声的扩大，孔门弟子越来越多。他将私学的大门向社会敞开，不分贵贱、无论贫富，人人都可以跟从他学习，把受教育的范围扩大到一般平民。

孔子弟子来自各国，分布很广；他们出身各异，品类不齐，年龄也差别很大。孔子长期兴办教育，有的弟子只少孔子四岁，有的要少孔子50多岁。孔子开门办学，方法灵活，方式多样，弟子来去自由。据称，孔子有弟子3000人，学有所成的就有70多。

社会问题的本质是人的问题，要改造社会，最根本的就是转变人心。孔子显然意识到教育是实现这一目标的最佳途径，他招收弟子，目的是以礼乐、仁义型塑一大批"成人"，通过文化熏染和提升，使他们成为有知识素养、德性涵养的道德君子。这些君子之才进入政治，管理社会，才能更好地引领社会，改造社会，实现"天下有道"。

虽然学生成分复杂，孔子却能够成功地教之成才。孔子认为，人的天赋相近，但后天教育在人的发展过程中更为关键。教化对一个国家的发展和繁盛同样十分重要，人口繁盛后要使百姓富裕，随后就要施以教化。

孔子认为，人的智力各有差异，兴趣互有不同，教育必须有针对性。孔子对弟子的个性特征了然于心，能对不同的弟子施以不同的教诲，循循善诱。孔子讲学，形式自由灵活。他所培养的学生，更不是"皓首穷经"的书生，而是知行合一的君子。他注重实践行动，鼓励弟子参加政治。

孔子教学成功的关键在于身教。孔子深深明白以身作则在教学和从政中的作用。孔子平时严格要求自己，他的勤奋好学及为实现理想而孜孜追求的精神，形成巨大的人格魅力，深深地感染着学生。弟子们崇拜和敬仰老师，对老师心悦诚服，从而培养出既严肃又融洽的师生关系。

　　私学的出现使"学而优则仕"成为可能，也因之打破了贵族世袭制传统，刺激了社会的开放和流动，促进了士人作为一个阶层出现在历史舞台上。孔子所从事的教育活动，在中国教育史乃至文化史上具有里程碑意义。也正因为这种特殊贡献，后世尊奉孔子为"万世师表"。

十室之邑
必有忠
信如丘
者焉不
如丘之
好學也

(六) 弟子记录孔子言论

孔子远去了。但是，他留下了许多的言论，我们可以去追寻孔子，了解他的思想，认识他的学说。

孔子推崇古代的文化，孜孜不倦地学习与思索。除了整理典籍文献，修订鲁国史书《春秋》，孔子就再也没有一部属于自己的著作了。在他数十年的教学生涯中，他与弟子和当时人物的许多对话却被记录下来，其中的一些言论的被选出来编成了《论语》。

孔子的这些"谈话记录"主要出自孔子弟子。《论语》记载弟子子张向孔子请教"行"的问题，他希望到哪里都能通达，于是向孔子请教该怎样做。孔子认为，只要做到"言忠信，行笃敬"，无论在哪里都能顺畅通达，否则，即使在邻里乡党间也行不通，最关键的是要切实做到、做好。听到孔子的精彩论说，子张连忙"书诸绅"。所谓"书诸绅"，即写在大带上。不难推知，在与孔子相处问学时，孔子弟子有随时记录孔子重要言论的习惯。

与《论语》价值不相上下的还有一本书，名曰《孔子家语》。其中有更多的类似记载，从中发现，在很多时候，弟子们在听了老师的教诲后"退而记之"；也有时候，孔子在讲完之后命学生记录下来。《孔子家语》还提供了一条重要材料，那就是孔子晚年教学时，往往由更年轻弟子轮流记录。

现存孔子的言论可以大体分为两类：第一类为语言片段，没有具体的言语情景，字数不多，属于语录体，很像《论语》；第二类为成篇的论述，记述事情较为完整，有一定论说情景的交代，与《孔子家语》相类，篇幅相对较长。当然，这样分类只是为了更好地概观孔子遗说的材料。

人们推测，《论语》的结集可能在孔子去世后不久，因为以常情而论，孔子去世，

"微言"将绝，弟子中也有不同学派，他们在聚会治夫子之丧时，很有可能会考虑今后大家离去，"微言"分散，不利于传承夫子之道。此时倡议纂辑孔子弟子言论，应该时机最为成熟，最为方便。

但是，此时所汇聚起来的可能是弟子们各自记录整理的孔子言语，它应该就是《孔子家语》的雏形，因为《孔子家语》很像是不同弟子"听课笔记"的整理汇编。而《论语》中记载了曾子临终时的言论，曾子少孔子四十六岁，那么《论语》的编辑不会太早。

如果细致研究，还会发现《论语》材料不是随意的堆砌，而是有一定的内在逻辑，表达了编者对孔子思想的理解与把握。西汉时期孔子后裔孔安国说《论语》具有"正实而切事"的特征，很有道理！古时候，"论语"的"论"与"抡"相通，意思是挑选、选择。"论语"其实就是选择出来的孔子言语。

《论语》显然不是匆忙的"集体汇编"，而是经过了细心的选择与排比。《孔子家语》之称为"家"，并记录孔子身世、生平，又有《本姓》叙述其家世源流，说明它属于"孔氏家学"的范畴。孔安国说《家语》与《论语》"并时"，种种迹象表明，二者的最后整理与编订者很可能都是孔子的裔孙子思。

(七) 孔子言论远不止《论语》

如果你是刚接触孔子，很可能会被告知应该先读《论语》，因为那是一本最为可靠的关于孔子言行的文献。

但是，《论语》之外，还有大量的孔子言论被保存下来。除了《孔子家语》还有不少，如《礼记》、《大戴礼记》、《易传》、《左传》、《孟子》、《荀子》、《孔丛子》以及其他诸子乃至出土文献中，都有一定数量的孔子遗说。

以往，人们认为典籍中的孔子遗说未必可信。随着大量地下新文献的不断问世，人们发现以前的许多怀疑都"过了头"。这种过头的怀疑造成了十分严重的后果，给人的感觉甚至是几乎"无书不伪"。因此，在很长的时期内，人们学习和了解孔子只习惯于使用《论语》，更有甚者，许多人连《论语》也进行怀疑，认为《论语》是孔子弟子及其后学陆续添加的结果。

实际上，先秦两汉典籍中凡单纯以"子曰"形式出现的记载，其中的"子"都是指孔子，至今发现的材料无一例外。以"子曰"为"孔子曰"，这是那时典籍记述的通例，也说明孔子在那时的巨大影响。当然，个别诸子著述假托孔子，所引述、介绍的孔子言行未必完全可靠，也不会一定是出于孔子弟子的记述。除此之外，绝大多数都应当是孔子弟子传述下来的孔子遗说。

特别值得提出的是，《孔子家语》的价值不可小觑。《孔子家语》在字数上远远超过了《论语》，这是一部极其珍贵的孔子言论集，内涵十分丰富。此书命运多舛，经过了弟子和后学的润色和加工，但这种"润色"是古籍传流过程中的正常现象，与所谓"造假作伪"在性质上根本不同。

事实上，后人对孔子言论进行辑录整理、润色加工，情况各有不同。例如，有人怀疑子思所记录的孔子言论可能属于子思本人，子思说，自己所记述的孔子之言，有的是亲身听说，有的是从他人那里听来，虽然不会一字不差，但决不会背离孔子，失去孔子之"意"。同样，孔安国想方设法找到并排比孔子言论，编辑《孔子家语》，也是担心"先人之典辞将遂泯没"。他看不惯"各以意增损其言"的做法，他本人怎么会去"造假"或者"作伪"呢？

(八) 慢慢"品"才有味道

面对大量的孔子言论, 我们怎样知道孔子主要在讲什么？可以想见, 孔子言论零散分布在不同文献中, 即使相对系统的《论语》, 其二十篇的结构也较为松散, 这会让习惯阅读完整文本的现代人很不习惯。

这是一个很有意思的现象。孔子的言论多以对话的形式保存下来, 古希腊苏格拉底的言论也是以对话的形式流传下来。这种文体似乎也有其妙处, 它们经过了选择, 犹如浓缩的精华, 蕴藏着睿智之思。只要静下心来, 仔细品读, 其中的思想与智慧灵光, 才会沁入心脾, 荡胸生云。这就如同中国人喝功夫茶那样, 将茶叶泡在热水中, 慢慢品味, 方觉美妙。

但是, 也有人不以为然, 认为孔子的话不过是一些"老练的道德说教", 没有什么特异之处。不过, 如果真正读懂《易传》、《中庸》等孔子的论述, 就会感到孔子的思想学说可不这么简单！

孔子没有孤立地、静止地思考问题。他思考"人道"时, 也思考"人情"; 他把"人道"放在天、地之间一起思索。就像他常提到的"礼", 他在思考礼的天然合理性问题。在他看来, "礼"就是"理", 它必须符合天时, 配合地产, 顺应鬼神, 切合人心, 才能有"理万物"的功能。

孔子提出的方法是简单的, 不管你是否喜欢孔子这些言论, 但其中肯定蕴含着比我们第一眼所看到的更多的智慧。比如, 我们生活的世界需要人与人之间的关爱, 那么, 培养爱心就成为最为关键的问题了。于是, 孔子教导说：爱心培养就从孝敬父母开始！之所以如此, 简直简单地不需要再加论证。

说起来, 儒学博大精深, 是一个庞大思想体系, 但它真的又十分简单。孔子不止一次对弟子说：不要以为我博学而强记, 其实我的学问"一以贯之"。曾子认为, 这个"一贯"的学问就是"忠恕"，就是"修己以安人"。所以孔子说："己所不欲，勿施于人。"认为这是人们都应当学会的"君子之道"。

但是，"推己及人"真的"说起来容易做起来难"，它需要一个切切实实的"修养"功夫。孔子言论所涉及的话题十分广泛，无一不是围绕这样的中心。

为帮助读者更好地把握孔子，我们按照不同论题对孔子遗说大体分类。将精选出的孔子言论，按照"理想"、"管理"、"礼乐"、"学习"、"家庭"、"交友"、"人生"、"自然"等八篇进行了编排。在每篇之前，都有"导读"进行总体介绍、解说。而对所选的孔子语录，除了原文，还有注释、译文和解读，各有侧重，层层深入。

希望你能耐心去读、去品，并读到妙处、品出味道！

二

理想篇

【导读】

　　理想为人生指明了方向。人有了理想，生命才会有价值。

　　孔子被后世尊为"圣人"，地位之隆与影响之大，罕有其匹。孔子何以成为中华民族的"至圣先师"？又何以具有无与伦比之崇高地位？除通过自身的努力学习而成就的学问事业与德性境界外，更为根本的原因还在于孔子始终坚持着自己的信念和理想，虽万死而犹未悔！

　　孔子心中有一片圣洁的天地，他孜孜以求的是天下大同、和谐安康的理想社会，希望人们讲信修睦，互相友爱。为此，他十分关注人心与社会人生，主张从调适自我、完善人格出发，以和睦家庭、均衡社会、平治天下。他提倡为政以德、仁者爱人，倡言忠恕之道，追求尽善尽美，构建了以礼、仁、中庸等为基本内容的思想学说。

　　圣人，并不是让人顶礼膜拜的对象，也非供奉起来的雕像。圣人是一种人生境界，是一种理想人格，是既仁且智的完美形象，是一种文化上的象征。

學而時習
之不亦說
乎有朋自
遠方來不
亦樂乎人
不知而不
慍不亦君
子乎

1、学而时习之，不亦说乎？有朋自远方来，不亦乐乎？人不知，而不愠，不亦君子乎？

—— 《论语·学而》

【注释】

　①学：学说。指思想主张，对社会、人生的总体认识。

　②而：假如，如果。

　③时：时代，社会，现世。

　④习：应用、实践。

　⑤说：通"悦"。喜悦、高兴。

　⑥有朋：即"朋友"。这里的所谓"朋友"不是一般意义上的朋友，其所指应当是志同道合的人。

　⑦君子：一般指有学问、有地位、有修养的人。

《论语》书影

【译文】

　如果我的学说被社会普遍接受，在社会实践中应用它，那不是很令人感到喜悦吗？即使不是这样，有赞同我的学说的人从远方而来，不也是很快乐的事吗？再退一步说，不但社会没采用，而且也没有人理解，自己也不恼怒，不也是有修养的君子吗？

【解读】

　这是《论语》开篇第一句话，诠释了孔子的人生追求，体现出《论语》编者对孔子境遇及人生态度的深刻理解。孔子对所处的时代有清醒的认识,希望伸展自己的治世情怀。虽然始终没有得到真正的理解与重用,但他依然怀抱理想,关注社会,体现出高尚的君子品格。

孔子临终前的一天,他一大早起来,背着手,拖着手杖,悠闲地在门口漫步排遣,口里唱道:"泰山大概要坍塌了!栋梁大概要折坏了!哲人大概要病逝了!"唱完进屋,对着门坐着。他的弟子子贡听见,快步走进去见孔子。孔子叹息着说:"圣明的君王不出现,那么天下谁能尊崇我的学说呢?"

孔子生前最后留下的话意味深长。他知道自己将不久于人世,在即将撒手人寰的时候,他以泰山、梁木、哲人自喻,感叹无道的现实,感慨自己的学说未能行世,这也映照出孔子一生都在追求用自己的学说拯救世道人心,实现和谐天下的抱负!

2、大道之行也，天下为公。选贤与能，讲信修睦。

—— 《孔子家语·礼运》

【注释】

①大道：指夏、商、周三代"圣王"时期治理天下的准则。

②选贤与能：选举贤能的人。

③讲信修睦：讲求诚信，和睦相处。

【译文】

大道实行的时代，天下是人们所公有的。选举贤能的人为政，人与人之间讲求诚信，和睦相处。

[链接]

三代：中国古代夏、商、周三个朝代的合称。据中国"夏商周断代工程"专家组公布的《夏商周年表》，夏为前2070－前1600年，商为前1600－前1046年，周为前1046－前256年。

【解读】

本句是对孔子社会理想的概述。

孔子的"大同"理想是对为政者提出的要求，本质上则是对社会成员的人心教化。他认为，全体民众应心系天下，以宽广的胸怀对待现实世界，以天下人的利益为重。他希望天下的老人都能过得安逸，朋友之间都能相互信任，少年人都能胸怀大志。

这样的社会是孔子一生的追求，也是儒家的一贯追求，不时在具体生活片段中得以展现。有一次，孔子与弟子子路、子贡、颜回等人到鲁国北部游览，登上农山山顶。孔子让他们几个人畅谈志向。子路、子贡等人分别从文武两方面谈论自己的理想。颜回则讲到：希望能辅佐贤明的君主，布施父义、母慈、兄友、弟恭、子孝这五种教化，用礼乐教导民众，让百姓不用去修建城墙，无须越过护城河去打仗，将刀枪剑戟熔铸成农具，在原野湖畔放牧牛马，夫妇没有分别的思念苦痛，天下永远没有战争的灾难。孔子非常严肃地说："真是美好的德行啊！"这何尝不是孔子所渴望的呢？

在子路问孔子会如何选择时，孔子更是对颜回赞赏有加："不耗费钱财，不危害百姓，不用说太多的话，这样来治理国家，只有颜回能做得到。"

实现"大同"，是孔子的理想和抱负，哪怕是到了晚年他也没放弃。一次，孔子与子路、曾皙、冉有、公西华四人谈论志向，弟子们各抒己见，只有曾皙的回答得到孔子的认同。曾皙说："暮春三月，已经穿上了春天的衣服，我和五六位成年人，六七个少年，去沂河里洗洗澡，在舞雩台上吹吹风，一路唱着歌走回来。"这是一幅多么美好的图画！孔子一句长叹："吾与点也！"道出了他对祥和之景的无限向往。

[链接]

颜回(前521－前481)：字子渊，亦称颜渊，春秋末年鲁国人，是孔子最得意的学生。颜回对孔子崇仰备至，努力追随，竭精体悟、理解、力行孔子学说，视孔子如父。作为孔门高足，颜回达至道德的最高境界，堪称千古典范。

3、为政以德，譬如北辰，居其所而众星共之。

——《论语·为政》

【注释】

　　①为政以德：以德为政，用道德治理国家。

　　②以：用。

　　③北辰：北极星。

　　④所：处所、位置。

　　⑤共(gǒng)：同"拱"，拱卫，环绕。

【译文】

　　凭着自身的道德修养管理国家，就会像北极星那样，自己处在一定的位置上，众星都环绕着它转动。

【解读】

　　孔子认为，政治的本质就是正己以正人，修己以治人，舍此无他。因而，为官行政的灵魂和根本在于加强道德修养。他曾用一个形象的比喻来说明这个主张的极端重要性，以德治理国家，就像北极星一样，居于一定的位置而其它星辰都环绕着它。这表明德政的威力在于能够征服人心，凝聚力量。他还用对比的方法，进一步阐述德政的重要意义，他说："以行政手段来治理国家，使用刑罚来统一百姓，百姓由于惧怕可以暂时不犯罪过，但却不知道廉耻；如果以德来治理国家，使用礼制来统一百姓，百姓不但知道廉耻，而且会人心归服。"

　　孔子主张"为政以德"，这是其政治思想的理论基础。主张"德治"的孔子，并不否定刑罚的作用。孔子考察历史上的经验教训，提出了"德主刑辅"的政治主张。所谓"德主刑辅"，即是说，孔子的政治思想主要是一种德治观，他更多地是在强调为政者的个人修养。但是，他并不主张废弃刑罚，而是提出"宽猛相济"，比如孔子就十分赞同郑国通过刑罚来惩治盗贼。

為政以德，譬如北辰，居其所而眾星共之。

4、樊迟问仁。子曰："爱人。"

—— ≪论语·颜渊≫

【注释】

①樊迟：名须，字子迟。孔子弟子。

【译文】

樊迟问什么是仁。孔子说："爱人。"

【解读】

儒学是"修己安人"之学，关注的是社会治乱问题，有其自成体系的思想。其中，"仁"的思想最为重要，是孔子道德理论的基本原则，是各种道德规范、道德要求的基本出发点。可以说，整个儒家的道德规范体系都以"仁"为核心展开。

"仁"字在战国时的写法为从身从心，上下结构，表示应反省自身，但"仁"的实现却是仁爱外推的动态过程。自身具有仁爱之心，然后孝亲，再将这一仁心外推至他人乃至自然万物。可见，"仁"应当理解为一个多层次的动态过程。

儒家提倡以人为本，仁者爱人。儒学关注人的生命价值，提升人的道德境界，当我们把内心深处的爱从自己的亲人向外扩充、推广，爱心弥漫开来，让爱充满世界，洋溢全球，人类将会减少多少对抗和冲突啊！

孔子的这一精神为后儒所继承。后世的儒生文士，往往喜欢流连于山水之间，所向往的就是这一境界。相传北宋大儒周敦颐住所前的杂草从来不除，别人以为他懒散，他却说这正是物我两忘、天人一体的境界。另一位大儒程颢也受此影响，他的窗前有茂盛的青草覆盖了台阶，有人劝他把这些草除去，程颢却不同意，他说之所以这样是为了常常看见万物的生命的意趣；他还置办了一个盆子似的小池，养了几尾小鱼，常常观看。有人问他为什么这样做，他说："这是为了看万物自得其乐的意趣。"程颢看到草便知道生命的趣味，看到鱼就知道自得其乐的意趣，这岂是一般世俗之人的见识可与之同日而语的呢？二人的这些做法，所体现的正是儒家仁爱万物、与自然和谐相处的情怀。

像 溪 濂 周

周敦颐

程 颢

5、己所不欲，勿施于人。

—— 《论语·卫灵公》

【注释】

①欲：想做

②勿：不要

③施：施加

【译文】

自己不想要的事物，都不要强加给别人。

【解读】

孔子主张行仁。要实现"仁爱"，首先要爱自己的亲人，培养自己的爱心，然后推而广之，广泛地友爱众人，最终达到天地之爱的境界。孔子"仁"的思想中包含了"推己及人"的道德要求，而"推己及人"又是实现仁道的基本路径。

"己所不欲，勿施于人"则是"推己及人"的基本要求，就是把自己内在的爱推及于爱众人，尽量地去理解别人，而不是为了满足一己之私欲。它所阐明的是一种道德精神，是一种道德底线。它要求在承认每个人都有欲望的前提下，强调要尊重他人的欲望和谨慎地对待自己的欲望，不能把自己的欲望强加到他人身上，还不能忽视他人的正常欲望，也不能损害他人的利益。

与"己所不欲，勿施于人"相对应的，是"己欲立而立人，己欲达而达人"，即自己要想有所成就，也帮助别人有所成就；自己想通达，也帮助别人通达。"己欲立而立人，己欲达而达人"是推己及人的肯定方面，孔子称之为"忠"；而"己所不欲，勿施于人"

则是推己及人的否定方面，孔子称之为"恕"。这两方面合在一起，称为"忠恕之道"，就是儒家实行"仁"的方法。

桐城六尺巷

"己所不欲，勿施于人"是很多人可以做到的，上至王侯将相，下至黎民百姓，都可以也都应该以此来要求自己。安徽桐城有一条"六尺巷"，其来历颇为人当地人所称道。相传清康熙年间的文华殿大学士兼礼部尚书张英有一天接到一封家书，说家里正准备扩建院宅，却因地皮问题而与毗邻而居的叶家产生了矛盾。信中隐约有要求张英用名位官威来压服叶家的意思。张英看完信后，沉思再三，急就了一首诗作为回复："千里家书只为墙，让他三尺又何妨。万里长城今犹在，不见当年秦始皇。"

张英家人见信后，深明其义，马上主动把将要砌建的院墙让后三尺。叶家的人知道情况后，愧疚之余，也立即把正想修建的院墙退后三尺。从此，张叶两家的院墙之间，就形成了一条六尺宽的街巷。生活中，人与人之间经常会发生一些矛盾。然而，这其中有许多的矛盾是可以避免的，只要我们对别人多一些理解，多一些宽恕，自己不能接受的事情也不要强迫别人去接受，别人不肯做的事也许你自己也同样不愿意做。如果都能这么想，那世界上就会多一份和谐，少一份冲突。

其实，"己所不欲，勿施于人"并非孔子所特有。作为一种行为准则，它在东西方其他文明形态中都有类似表述，只是孔子的表述更为严谨、简洁、明了。比如，印度史诗《摩诃婆多罗》："你自己不想经受的事，不要对别人做；你自己想望渴求的事，也该希望别人得到——这就是全部的律法，留心遵行吧。"基督教《圣经·马太福音》："你们要别人怎样对待你们，就得怎样对待别人——这就是摩西律法和先知教训的真义。"

己所不欲　勿施於人

6、子谓《韶》：“尽美矣，又尽善也。”

——《论语·八佾》

【注释】

①韶：舜时的乐曲名。

②美、善：美指声音言，善指内容言。舜的天子之位是由尧禅让而来，故孔子认为尽善。

【译文】

孔子谈到《韶》乐，说：美极了，而且好极了。

【解读】

“尽善尽美”是孔子对艺术目标的追求。“善”是指道德而言，“美”是指艺术而言，“尽善尽美”实际上是德与艺的统一。《韶》之所以尽善又尽美是由于《韶》是舜乐。舜禅让，以天下为公，行的是仁义之道，是孔子所尊崇的道德楷模。舜已把仁的精神渗透到《韶》中去，孔子认为其既具有乐之美，又具有德之善，是善和美的统一，是尽善尽美。

与此相对的则是孔子对《武》的评价。《武》为周武之乐，舜、武皆为儒家尊奉之圣王，故《武》与《韶》一样均为“尽美”。但由于武王之位是由伐纣灭商而来，毕竟是以臣犯君，于君臣之礼有悖，故孔子称《武》乐未为“尽善”。从这里我们更能看出孔子“尽善尽美”的追求。

中国古代所谓“乐”，既包括声乐、器乐，也包括舞蹈，还有歌词，即所谓诗。春秋时期，最有名的音乐有六种，《韶》便是其中之一。齐国演奏《韶》水平很高，孔子听了，觉得是极大的享受，竟然达到了很长时间尝不出肉味的地步。

孔子对于音乐的痴迷，其艺术境界之高蹈，非常人所能企及也。孔子对音乐十分热爱也十分重视，根本原因在于，乐与德有着深厚的关系，艺术之陶冶，对于道德境界之提升具有巨大的功效。

[链接]

舜：中国上古时期的一位贤明帝王，名重华，国号"有虞"。舜以孝著称，是孔子心目中的榜样。

禅让：中国上古时代的部落联盟首领将权位让给别人的一种制度，被认为是把天下交给贤人的理想形式。在中国古代文献记载中最早实行禅让的是帝尧，他把权位让给了舜。

武王克商：周武王即位后，亲自率领军队东征商王。商纣王拼凑军队仓惶出兵应战。但由于商朝下层士兵对纣早已离心，一到阵前，便倒戈起义，引导周军攻打纣王。纣大败后逃入朝歌，登鹿台自焚而死。商朝灭亡，周朝建立。

7、志于道，据于德，依于仁，游于艺。

—— 《论语·述而》

【注释】

①志：立志，专心向往。

②据：据守。

③依：依倚，亲近，不违。

④游：游玩，涵泳。

【译文】

要立志向道，据守住德，依倚于仁，优游于六艺。

[链接]

六艺：这里说的儒家的"六艺"是指礼、乐、射、御、书、数，被称为"小六艺"。是我国古代教育的科目，孔子在春秋末期创立私家讲学之后，又继承了这一传统，并以之教育弟子。礼，礼仪；乐，音乐；射，射箭技术；御，驾驭马车的技术；书，书法；数，算术与数论知识。

【解读】

孔子论述做学问的方法，意在说明一个人为学的各种历程与先后顺序。首先要立志，立志才能心存正念，避免走上歪路；以道德为根据才不会动摇志向；以仁德为依归才能继续坚持，不为物欲所迷惑；而涵泳六艺，无所遗漏，便能在不同领域中自我成长，长此以往，将不自觉地进入圣贤境界。

孔子认为求学的第一步就是立志,知识分子要有坚定的志向。德国哲学家费希特认为知识分子要愿意为真理而死,他说:"我的使命就是论证真理;我的生命和我的命运都微不足道;但我的生命的影响却无限伟大。我是真理的献身者,我为它服务,我必须为它承受一切,敢说敢做,忍受痛苦。要是我为真理而受到迫害、遭到仇视,要是我为真理而死于职守,我这样做又有什么特别的呢?我所做的不是我完全应当做的吗?"

费希特

8、三军可夺帅也，匹夫不可夺志也。

——《论语·子罕》

【注释】

①三军：周制，大的诸侯国可以拥有上、中、下三军，或称中、左、右三军，每军一万二千五百人。

②匹夫：庶民，这里指个人。

【译文】

一个国家的军队尽管人多，但却可以使其丧失主帅；一个人虽寡，只要立志坚定，就很难使其放弃自己的主张。

【解读】

本句说明修身立命过程中个人立志的重要性。一个人只要有气节、志向坚定，那就能够应对各种困难和挑战了；反之，一个人如果没有气节、志向不坚定，那么就会在关键时刻经不住诱惑，或者经受不住高压，因此屈膝变节、丢掉梦想。

实际上，这句话正是孔子自己人生和品格的写照。读《论语》，经常被孔子那种坚毅执着的精神所感动。在春秋时期人均年龄普遍较低的情况下，五十多岁的孔子可以说已经是垂垂老者，然而，为了自己的理想仍然周游列国，宣扬自己的学术思想。他自我评价说："我发愤时连吃饭都能忘了，我快乐时连忧愁都忘了，不知道自己马上就垂垂老矣了，如此罢了。"可以看出孔子生活的快乐、热情及其力行的精神。这是何等的境界！

孔子受到挫折时，仍然抱着乐观的态度。周游列国期间，孔子被匡地的人们所围困，他没有像平常人那样害怕，而是表现出一种大无畏的精神，他说"总结传统文化的周文王死后， 饱含礼乐之道的文化遗产不都在我这里吗？上天要消灭这种文化，那就不会让我掌握这种文化了；如果天不灭亡这种文化，匡人又能把我怎么样呢？"宋国司马桓魋欲杀孔子，拔其树，孔子并不恐惧，相信自己一定能转危为安。弟子催促孔子快跑，孔子很镇定，认为老天把仁德降生在我身上，司马桓魋又能奈我何？陈蔡绝粮时，孔子坦然地说："君子虽然穷困，仍然坚持。而小人穷困时则会无所不为。"面对意想不到的困难和障碍，没有找任何借口躲过，而是认真面对，表现出一种百折不挠的精神，这样就可以达到意想不到的境界。尽人事听天命，不等于认命，而是尽自己的努力做事，即使失败，也不耿耿于怀。不怨天，不尤人，不自怨自艾，而是积极进取。认定目标后，正是凭借着对事业的执着的精神，孔子最终创立了儒家学派。

孔子一生的言行正是对"三军可夺帅也，匹夫不可夺志也"的最好诠释。这句话成为后世读书人处于逆境、面对强横时的自励之语。

[链接]

周游列国：孔子的治国理念在鲁国得不到施展，因而去职，率领学生周游其它诸侯国。他先后到过卫、陈、宋、蔡、楚等国，还经历过其它一些地方。孔子于鲁定公十三年(前497)离开鲁国，至鲁哀公十一年(前484)回到鲁国，在外凡十四年。途中，遇到过种种困难，但孔子没有为此而止步。他求见过卫、陈、楚等国君主以及其他一些当权人物，但由于自己的学说不合时宜，终未能见用。

君子不憂不懼

9、丘也闻：有国有家者，不患寡而患不均，不患贫而患不安。盖均无贫，和无寡，安无倾。

—— 《论语·季氏》

【注释】

①有国有家者：诸侯和大夫。诸侯有国，大夫有家。

②患：担心。

③寡：少。

④贫：贫穷。

⑤安：安定。

【译文】

我听说：对于诸侯和大夫，不怕财富少，而怕分配不均；不怕人民少，而怕不安定。大概分配平均了，也就没有所谓贫穷；大家和睦，就不会感到人民少；安定了，也就没有倾覆的危险了。

【解读】

本句表达了孔子治理国家的理念。

春秋末年，各诸侯国出现了家臣掌政的现象。在鲁国，国家的实际权力也落到了大夫手里。因此，鲁哀公想除掉季孙氏、叔孙氏、孟孙氏三家的势力，季孙肥于是就心存隐忧，同时又担心颛臾世代为鲁附庸而帮助鲁君暗算自己，因而便有讨伐颛臾之举。

孔子生于乱世，他希望通过恢复古代的礼制而非用战争的方式来实现天下太平。

因而当他得知季氏将伐颛臾一事时，一再训斥在季孙氏手下任职的弟子冉有、子路，认为他们并没有尽到责任。

孔子重视老百姓的利益。他在充分肯定生命价值永恒的基础上，提出"富民"的主张，而"富民"的同时还要照顾到公平。孔子注意到分配正义、社会公正问题，他明确地提出，对于国家的执政者来说，财富不足并不足以让人担忧，财富分配不均不公才是最大的祸患。因而，当得知季氏比周朝的公侯还要富有，弟子冉求却又一再帮他搜刮，使之增加更多的财富时，孔子非常气愤的说到："冉求不再是我的学生了，你们这些学生可以大张旗鼓地攻击他。"

孔子的"均平"思想影响甚为久远。到了孟子，明确提出要保证老百姓的生存和发展权利。荀子更是提到了"正义"，而他对正义的关注甚至超过了孔孟。此后的儒家也一直坚持这一理念，关注国事民瘼，关心民间疾苦，关注民生日用。

三

管理篇

【导读】

　　本篇主要阐释孔子的管理之道。孔子的学说本质上是一种关于社会治乱的管理学说，其核心精神在于德治思想。实施德政的关键在于道德修养的提高和礼乐教化的实现。因此领导者应仁民爱物，讲信修睦，任用正直的官吏，关心人民的福祉。孔子还对法治和德治进行了比较说明，他认为，法治用政策来引导，用刑法来规范；德治用道德来指导，用礼制来规范。法治可以凭借其威严苛刻从而使老百姓避免犯罪作乱，但不一定会有道德廉耻。德治从正面教化民众，不仅有效消除祸乱的根源，而且使老百姓具有道德之心，自觉维护和谐秩序。管理之道的高深绝不仅仅是对于权势及拥有权势者的解读，而更多体现在对如何实现有效管理，并使这一管理控制能力变强。

1、人而无信，不知其可也。

—— 《论语·为政》

【注释】

①而，连词，表示一旦或如果的意思。

②信，诚信，守信用，无欺。

③可，可以，行得通。

【译文】

做为一个人，却不讲信用，那怎么可以。

曾子杀猪

【解读】

　　"信"是孔子学说中的一个重要伦理概念，是所谓"五常"——"仁义礼智信"之一。孔子弟子问孔子如何治国，孔子说只需做到三点：一要"足食"，即足够的粮食；二要"足兵"，即足够的军队；三是百姓的信任。弟子又问，如果不得已必须去掉一个，去哪一个？孔子回答："去兵"。弟子又问如果必须再去掉一个，去哪一个？孔子说"去食。自古皆有死，民无信不立。"在孔子看来，得到大家的信任比什么都重要。如果得不到别人的信任，什么事都办不成。无论一个人，还是一个家庭，诚实守信都是根基。一个人如果不讲诚实守信，就会众叛亲离，就不会有人愿意跟你打交道，就无法开展工作和生活，既干不成大事，又做不了好人。一个家庭如果不讲诚实守信，同样会缺亲少友，甚至连邻居都不愿意与你交往，大家对你会望而生畏，敬而远之，谁也不乐意与你家往来。

[链接]

　　曾子杀猪：曾子是孔子的弟子。有一次，曾子的妻子准备去赶集，孩子哭闹着也要去。妻子哄孩子说，你不要去了，我回来杀猪给你吃。她赶集回来后，看见曾子真要杀猪，连忙上前阻止，说自己只是哄孩子，不必当真。曾子说，小孩子没有思考和判断能力，现在你在欺骗他，这是教孩子骗人啊！你欺骗了孩子，孩子就会不信任你。

2、举直错诸枉，则民服；举枉错诸直，则民不服。

—— ≪论语·为政≫

【注释】

①直：正直之人。

②错，同"措"，放置，安排。

③诸，"之于"合音字。

④枉，不正直、邪枉之人。

≪史记≫ 书影

【译文】

将正直者置于邪恶者之上， 民众就会服从；将邪恶者置于正直者之上，民众就不服从。

【解读】

这句话是孔子回答鲁国国君哀公"如何才能使百姓服从"的问题时所说的，"举直"、"举枉"，说出了对正直者及邪枉之人使用的结果。政府是国家的管理机构，如果正直者管理国家，体察民情，政纪严明，人心所向，必然会受到人民的拥戴；如果邪枉者管理国家，以公谋私，滥用刑罚，民不聊生，这样的政权必定不会长久。

春秋时期，鲁国"三桓"专政，国君软弱昏庸。≪史记·孔子世家≫记载，鲁哀公向孔子询问治理的国家方法，孔子首先指出鲁国应该任用正直的大臣，罢黜奸佞的小人。孔子认为，选拔正直的人，罢免邪恶的人，这样就能使邪恶的人变得正直起来。由此可见，在用人问题上，孔子主张执政者应该重视民意，执政者任用官吏，要看重老百姓的反应。执政者用庄重的态度对待老百姓，老百姓就会对执政者恭敬。用人是否顺从民意，关乎国家治乱，世运否泰。此则言言痛切，当为管理者的座右铭。

[链接]

圣迹图－孔子六十八岁返鲁

哀公问政：鲁哀公是春秋时期鲁国第二十六任君主。他曾多次向孔子咨询政治理国家的道理，孔子通过回答哀公的问题，阐述了很多治国为政的思想。关于知人用人，孔子把人划分为五种，分别是庸人、士、君子、贤人、圣人，代表着从低到高的五种人生境界。

3、道之以政，齐之以刑，民免而无耻；道之以德，齐之以礼，有
耻且格。

——《论语·为政》

【注释】

①道：又作"导"，引导、诱导之意。

②政：法制政令等统治措施。

③齐，使之整齐、规范。

④刑，刑罚。

⑤格，正也，意为"敬"。

【译文】

用政令来教导，用刑法来整治，民众苟免刑罚但缺乏廉耻；用德行来教导，用周礼来整治，民众有廉耻而且敬服。

【解读】

本句谈为政的四大纲领：政、刑、德、礼。《礼记·缁衣篇》讲到，用道德教化民众，用礼来规范民众，百姓就会有归附仁德之心；而用政令来训诫民众，用刑罚来整肃民众，百姓就会有逃避刑罚之心！这里谈的是"德治"与"法治"的关系。《史记·太史公自序》中讲到，道德礼教，是约束在行为未发生之前，政令刑罚是实施在行为已经发生之后。以儒家思想来看，"德治"与"法治"是相辅相成的，"德治"为先导，"法治"为准绳；以"德"稳定民心，以"法"惩治恶行；"德治"可以减少推行法律的阻力，"法治"可以使礼仪更加具有权威。孔子说："审理诉讼

大哉宣聖斯
父在茲帝王
之式古今之
師志則春秋
道繫忠恕賢
拯克舜日月
其譽維時載
雍戢此武功
肅昭盛儀海
內率崇

案件, 我可以和别人做的一样好, 但如果能让这个世上没有诉讼案件, 那才是最好的。"先尽可能使用非正规的和解办法或进行道德规劝, 实在不得已才使用法律手段。孔子希望人民的诉讼越少越好。一般来说, 道德规劝是为了正本清源, 单纯依靠法律和制裁手段是很难真正实现和谐社会的。

[链接]

≪**史记**≫ : 中国第一部纪传体通史, 由西汉时期著名的历史学家司马迁撰写, 记载了从中国上古传说中的黄帝时代(约公元前3000年)到汉武帝元狩元年(公元前122年)共三千多年的历史, 包罗万象, 而又融会贯通, 脉络清晰, 详实地记录了上古时期举凡政治、经济、军事、文化、社会等各个方面的状况。≪史记≫与后来的 ≪汉书≫、≪后汉书≫、≪三国志≫合称"前四史", 与北宋司马光的 ≪资治通鉴≫并称"史学双璧"。

4、不在其位，不谋其政。

——《论语·泰伯》

【注释】

①位，位置，职位。

②谋，谋划，考虑。

③政，行政事务。

【译文】

不在这个职位上，就不谋划它的政务。

【解读】

孔子这句话讲了两层意思。

第一，认真做好本职工作。孔子对为政者的告诫除了勤勉认真，不松懈倦怠之外，还要谨严持重，认准自己的位置，做自己的分内之事，不越轨，不跌宕。事实上，不仅是为政者，每一个人都需要找准自己的位置，"知其所止"，为自己定好位，脚踏实地做好自己的本职工作，不好高骛远，不干涉他务。

第二，不要处理超过自己职权范围的事情。《庄子·逍遥游》中载有"越俎代庖"的典故，意思是说掌管祭祀神主的人越过自己的职守，放下祭器去代替厨师做饭。这样不仅饭做不好，还会遭到别人的误解和埋怨。

通过这句话，我们应该明白，学以致用，真正的学问，要和做人做事配合。对一件事，还不完全了解，还无法判断时，不要随便下定结论，不要随便做出批评。

[链接]

《庄子》：又称《南华经》，是战国时期道家学
派思想家庄子留下来的作品。庄子主张"天人合一"和
"清静无为"，与道家学派创始人老子并称"老庄"。《庄
子》一书想象力极其丰富，文笔汪洋恣肆，雄浑飞越，
情致旷达，超凡脱俗，记载了很多变幻莫测而又富
有哲理的寓言故事，是中国哲学史和文学史上
的奇特作品。

庄 子

不其其不
在位謀在
政謀位其

5、其身正，不令而行；其身不正，虽令不从。

—— 《论语·子路》

【注释】

①身正，自身行为端正，起到表率作用。

②令，教令，政令。

③行，执行，实行。

④从，服从，遵从。

【译文】

自身端正，不发号施令政策就能施行；如果自身行为不端正，即使发号施令也没有人自觉听从。

【解读】

这句话是孔子谈到的君子的领导策略。孔子认为，对于一个领导者来说，个人的修养非常重要，任何一种制度，说到底都是人为的。领导者首先要自身端正，包括思想纯正，做事有担当意识，有责任心等。这是一个良好政治的开端。孔子还有一个形象的比喻，说君子官员的德行就像风一样，民众的德行就像草一样，草总是跟随风的方向而倾斜。领导者能够以身作则，发挥表率作用，即使没有严厉的法令，社会风气自然也会随着转化而归于端正。如果领导者本身不正直，仅以下达命令来要求别人，结果只会遭来别人的愤恨和埋怨。

6、修己以敬。修己以安人。修己以安百姓。

—— 《论语·宪问》

【注释】

①修，修养，修饬。

②敬，持敬。

③安，使……安宁、安心。

大学中庸

【译文】

修饬自身来敬爱他人。修饬自身来安定他人。修饬自身来安定百姓。

【解读】

本句讲的是"君子"而至"圣人"的三重境界。儒家把学问和道德达到一定高度的人，称之为"君子"。"修己以敬"，"修己以安人"，"修己以安百姓"，这三者是"君子"修养的三重境界。第一步"修己"，即《大学》中所说的"修身"，也就是端正自身，使自己具有持敬之心，具有高尚的仁德；第二步"安人"，将此仁德推衍至周围的人，这是儒家的一种修身思想，具有推己及人、由近及远的特点。第三步"安百姓"是最高境界，在行为上表现出来，即是有利于社会、利于国家、利于世界、利于天下百姓。在孔子看来，这三重境界达到了，就可以成为像尧舜（尧为上古时期贤明的君主，后将王位传给了道德高尚的舜）一样的圣人了。

[链接]

《**大学**》：原为《礼记》中的一篇。宋朝儒学宗师程颢、程颐兄弟把它从《礼记》中抽出，编次章句。朱熹将《大学》、《中庸》、《论语》、《孟子》合编在一起，称为《四书》，是儒家最基本的典籍。《大学》开篇即提出了明明德、亲民、止于至善三大纲领，又提出了格物、致知、诚意、正心、修身、齐家、治国、平天下八个条目，这八个条目是实现三大纲领的途径。三纲领和八条目体现了儒家内圣外王的远大理想。

人 人
己 己
溺 饑
己 己
溺 饑

7、邦有道，谷；邦无道，谷，耻也。

—— 《论语·宪问》

【注释】

①邦，国家。

②谷，俸禄。

③耻，耻辱。

【译文】

国家清平时领取俸禄；当国家无道时仍然领取俸禄，就是耻辱了。

【解读】

本句是孔子对原宪提问什么是"耻辱"的回答。孔子认为，是否出来做官，主要取决于政治环境，即"邦有道"或"邦无道"。孔子主张"邦有道"时要积极入世，有所作为，在实现儒家政治理想的同时，也要让自己的生活富足起来。如果生逢盛世，自己却碌碌无为，穷困潦倒，这是可耻的，"邦有道，贫且贱焉，耻也"。如果"邦无道"，则不应出仕做官，因为这违背了儒家的政治理念，政治昏乱时出仕做官、领取俸禄，实际上就是助纣为虐，是耻辱的。为了俸禄而放弃自己的政治信仰，这更是可耻的事情，"邦无道，富且贵焉，耻也"。一个有责任心的人，对社会、国家应该有所贡献，不管在安定的时代，还是变乱的时代，如果没有贡献，在自己职位上没有尽到责任，就是可耻的事情。

8、小不忍，则乱大谋。

—— 《论语·卫灵公》

【注释】

①小，小的实惠，小的事情。

②乱，扰乱，危及。

③大：大的谋划。这里指大事情。

【译文】

小事情不忍耐，便会危及到大的计划的实施。

【解读】

《论语》中多处记载孔子论"忍"。孔子说："一朝之忿，忘其身以及其亲，非惑欤？"大意是因一时的愤怒而忘记自身及其亲人，这不是太糊涂了吗？孔子也说"君子矜而不争"等，说的都是"忍"。忍，意味着内心坚毅而决绝，即能忍人所不能忍，这既是一个人的道德修养，又是一个人的思想境界。容忍谦让是自古以来就有的中华传统美德，中华民族是一个极具坚忍力的民族。儒家的内圣、道家的守柔、佛家的慈悲都具有"忍"的内涵。退一步海阔天空，忍一时风平浪静；知足者常乐，能忍者自安。这些都是提高素养和为人处事的至理名言。

西周初年，周成王告诫君陈说："必有忍，其乃有济；有容，德乃大。"孔子说："君子无所争"。老子的"天道不争而善胜，不言而善应"以及佛教的"六度万行，忍为第一"等等讲的都是"忍"之道。然而在历史和现实生活中有多少人未能做到"忍"，凭着自己一时感情冲动和所谓的"个人英雄主义"酿就了过错，悔时已晚，终生遗憾。

《尚书》书影

[链接]

　　《尚书》：又称《书》、《书经》，是一部多体裁文献汇编，是中国现存最早的史书，记载了夏商西周上古时期的国家大事和档案文献。《尚书》因其内容距今年代较为久远，文字诘屈聱牙，晦涩难懂，被称为中国最难读的古书之一。

9、君子谋道不谋食。

—— 《论语·卫灵公》

【注释】

①道：道义，真理，天地万物运行规律。

②谋，谋求。

③食，食禄，泛指物质利益。

【译文】

君子应志在谋求大道而不仅仅谋求物质利益。

【解读】

孔子心怀天下，关注普通大众的福祉。他孜孜以求的是使百姓安居乐业、政通人和的法则。孔子是中国早期知识分子的代表，在礼崩乐坏的时代里，知其不可而为之，即便在周游列国中屡屡受挫，不被理解，遭遇了很多苦难和悲欢离合，但依然坚持自己的文化理想，为后世的人们构建了一个理想的精神家园，这份精神财富足够全中国人、全人类来汲取其中的智慧。这种精神就是"君子谋道不谋食"的精神。一个有修养的人应有高尚的道德追求，其个人价值的实现不在于物质财富的多寡，而在于人格的完善和精神境界的提升。《大学》里说："君子先慎乎德，有德此有人，有人此有土，有土此有财，有财此有用。德者本也，财者末也。"德者，道也，谋道，道在其中，禄在其中，食亦在其中。

10、世举则民亲之，政均则民无怨。

—— ≪孔子家语·入官≫

【注释】

①举：复兴，使成功，使兴盛。

②均，平偏，公平。"均"指的不是算术上的平均，每个人不多不少，而是各得其所、各得其分。

【译文】

国家安定，礼乐复兴，百姓就会亲近君主；政策公平合理，百姓就没有怨言。

【解读】

这句话是孔子管理哲学中民本思想的体现，意思是孔子极为重视广大人民群众的生活状况，只要礼乐秩序不废，国家政策公平合理，老百姓就会亲近政府，而不会对社会有怨愤。同时"政均"也是一个"度"的把握，既不能简慢无章法，又不能疏远严厉。孔子注重"宽"以待人，但是也有"度"的界限，他常常用驾车来比拟社会管理，说如果管理太过松弛，就像没有了辔头与马鞭，因而驾驭不了强悍之马，必然造成混乱局面而难以掌控。如果管理太过苛刻严厉，必然造成怨愤和不合作。孔子当然深知此等情况，因此他主张："宽以济猛，猛以济宽，政是以和。"宽与猛要相济，相互补充、相互协调，宽猛相济才能臻于政治的和谐，这也就是孔子管理学说的中庸之道，是"叩其两端而竭焉"、"执两而用中"、"无过无不及"的中庸智慧的体现。唐代大诗人李白作 ≪任城县厅壁记≫ 写道："宽猛相济，弦韦适中。""弦"本指弓弦，因弓弦紧急，故以"弦急"比喻性情急躁；"韦"本指熟牛皮，因韦皮柔缓，故以"韦缓"来比喻性情宽缓。此比喻既指性情的缓急适中，　还比喻管理者在管理过程中的"政均"思想。

[链接]

李白(701年－762年)：字太白，号青莲居士，唐朝伟大的浪漫主义诗人，有"诗仙"之称。存世诗文千余篇。

四

礼乐篇

【导读】

孔子生活的春秋时期，是一个"天下无道"的乱世，其重要表现就是"礼坏乐崩"。他终身孜孜以求的，就是想要恢复公元前十二世纪西周初年政治家周公所奠定的"礼乐"文明秩序。"礼乐"文明既是纲常伦理，也是社会制度和行为规范，既关乎个人道德，也关乎天下观念，在当时所起到的作用可以说无所不包、无所不入，上可以代替法律制度，下可以深入百姓生活。

"礼"与"乐"是不可分割的一个整体，其根本则都要归之于"仁"。"仁"是一种内在的自觉性，而"礼"则是一种外在的约束性。"礼"的作用在于"别异"，即区分人们在社会中所处阶层和地位的不同，使人们"相敬"，各得其所；但如果只强调等级礼仪来表明人们之间的差别，就会造成整个社会心理和情感的失衡。

周公画像

"乐"的作用在于"合同"，能够让不同等级地位的人们和谐相处，使人们"相亲"，提供了一种打破地位差别的渠道。"礼"与"乐"相互作用，最终使社会得以安定和平。

实际上，"礼"在本质上强调了"尊尊"和"亲亲"两个原则。前者要求下位者服从上位者；后者要求以亲为亲，以孝悌为本，即父慈子孝兄友弟恭。但是，不论是"尊尊"还是"亲亲"，都不臣"、"父"与"子"双方面的要求，使其各安其位、各尽其责，以此变天下"无道"为天下"有道"。

[链接]

周公(约前1100年)：姓姬名旦，西周初期杰出的政治家、军事家和思想家，儒学先驱，礼乐文化奠基人，被尊为"元圣"。因封地在周(今陕西)故称周公。是孔子最崇敬的古代圣人之一。

1、人而不仁，如礼何？人而不仁，如乐何？

—— 《论语·八佾》

【注释】

①而：如果。

②如…何：能把…怎么样呢？

【译文】

人，如果不具备仁爱之心，即使有礼仪制度，又怎能真正约束他呢？人，如果不具备仁爱之心，即使有音乐薰陶，又怎能真正影响他呢？

【解读】

孔子说："说到'礼'，仅仅指的是举行礼仪时使用的美玉、丝帛等礼器吗？说到'乐'，仅仅指的是举行礼仪时使用的钟、鼓等乐器吗？"

"礼自外作"，是外在的行为规范；"乐由中出"，是人的内心情感流露于外的表现形式。但是，如果没有了"仁"，人心就丢失了最本质的东西，只剩下礼乐的外壳，这种外壳，无论多么规范和雅正，都将毫无意义。必须先心有敬意，才能使玉帛体现出礼之本意；必须先心有和气，才能使钟鼓体现出乐之本意。礼乐不在于外表形式，不在于仪容声色，而在于内心情感的真诚流露，即归礼于仁。

鲁国人林放向孔子问"礼之本"，孔子对这个问题本身给予高度评价："大哉问"！因为这个问题涉及到礼的根本精神。孔子认为，礼仪(礼的外在表现)是由礼义(人性真情)外化而来。在或喜庆或庄重的庆典上，与其仪式盛大豪华，不如节俭一些有意义；在或悲哀或凝重的丧礼上，与其仪式周到隆重，不如内心的哀伤有意义。节俭表现了事物的本质，哀伤表现了内心的真诚。

中国有一个成语："皮之不存，毛将焉附"。意思是，毛发是依附于皮肤存在的，没有了皮肤，毛发也就失去了存在的基础。在孔子心目中，仁与礼乐比较，前者是根本，后者是形式；礼乐所包含的精神实质与礼器、乐器等器物比较，前者是根本，后者是形式。前者就是"皮"，后者就是"毛"。

当然，形式表现的是内容，故而形式本身亦有意义。《论语》中记载，孔子的学生子贡因怜悯一只被作为祭品的羊，想把这只羊放生。孔子说："你可惜这只羊，而我可惜这种礼"。孔子说的这种礼，是当时中央政府举行的一种每年颁发历书的礼仪，百姓需要凭这种历书进行耕作、生活。子贡从节约和爱惜动物的角度出发，想放生这只羊；而孔子认为，在这里，节约不是最重要的，举行这种礼仪意义重大，一方面是尊奉中央政府统治权的象征，另一方面是各地百姓日常生活的需要，故而礼仪形式本身具有神圣性。人们通过这种形式的不断强化和重复，可以获得并传承某种理性认识。

人而不仁如禮何
人而不仁如樂何

2、兴于《诗》，立于礼，成于乐。

—— 《论语·泰伯》

【注释】

①兴：起，这里是振奋之意。

②《诗》：即《诗经》，中国最早的诗歌总集，由孔子删订而成。

③立：立身处世。

④成：孔子将"乐教"视为教育的最后阶段。

【译文】

《诗经》的篇章使人得以振奋志气，"礼"使人得以立身于世，"乐"使人得以完美人格。

《诗经》书影

【解读】

这是孔子修身志学的"三部曲"。《诗》以性情为本，让人兴起向善去恶之心，可以启发心智；善念既起，则可以追求立身处世。"礼"以谦让为本，可以约束人心，确定德行，使人不为外界的诱惑所夺。"乐"以和谐为本，喜怒哀乐潜移默化，可以陶冶性情，使人兼有内质且具外美。《诗》、

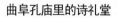
曲阜孔庙里的诗礼堂 　　　　　　　　　　　在齐闻韶图

"礼"、"乐"，正是由内及外而又内外有机统一的君子"成人"三部曲。

　　"礼"是做人的根本。君子修身，如果不学习"礼乐"，不能成为一个完全的人，不能具备完美的人格。曲阜孔子庙东路有一处建筑，叫作"诗礼堂"，就是为纪念孔子教育自己的儿子孔鲤"学诗"、"学礼"所建。孔子曾对儿子说："不学《诗》，不知道怎样说话；不学礼，不知道怎样立身。"

　　"礼"与"乐"是和谐统一的，都是治理社会、国家的重要工具。儒者的"礼乐人生"无不充溢着艺术的精神。《礼记》中说，"懂得了乐，也就差不多懂得了礼！礼和乐都懂得，那就是有德"。孔子本人"弦 歌不绝"，为了音乐可以"三月不知肉味"，其艺术修养融入道德生命当中，追求尽善尽美，美善兼得。从孔子以来的中国知识分子群体，延续了这种美善合一的人生追求，既胸怀天下，心在庙堂，又流连山水，醉心翰墨。这才是中国传统知识分子圆润完美的人生境界。

不知命無以為君子也不知禮無以立也不知言無以知人也

[链接]

《礼记》：战国至秦汉时期的儒家学者解释说明经书《仪礼》的文章选集，与《周礼》、《仪礼》合称"三礼"。内容主要是记载和论述先秦的礼制、礼仪，记录孔子和弟子等的问答，集中体现了先秦儒家的政治、哲学和伦理思想。

3、夫礼者，理也；乐者，节也。无理不动，无节不作。

—— ≪孔子家语·论礼≫

【注释】

　　①理：道理。

　　②节：节制、调节。

　　③动、作：都是做的意思。

【译文】

　　"礼"，其实就是道理。"乐"，其实就是节制。不合于道理、不有所节制的事情

曲阜周公庙制礼作乐坊

不要去做。

【解读】

　　《礼记》中说："乐，表现万物之和谐；礼，表现天地之秩序"。圣人制礼作乐的目的，不是为了满足人们口腹耳目的感官欲望，而是用来引导人们选择好恶的标准，使人们往高雅、正确的道路上行走，这才是"礼乐"的使命。故以"乐"来提高内心的修养，涵养平易、正直、慈爱、诚信之心；以"礼"来端正外在的形貌，培育庄重、恭敬、威严之态。把"礼乐"的道理施行到国家，天下大治就不难达到了：用"礼"来引导人们的志向，用"乐"来调和人们的性情，用"政令"来统一人们的行动，用"刑罚"来防止人们的邪恶行为。从这个意义上说，礼仪、音乐、刑罚和政令的方法虽然不同，但最后殊途而同归，都是用来统一民心，实现天下大治。

4、殷因于夏礼，所损益可知也；周因于殷礼，所损益可知也；其或继周者，虽百世，可知也。

—— 《论语·为政》

【注释】

①夏、殷、周：中国上古三个重要的朝代。殷也叫商。孔子生活在周代的后期。

②因：承袭。

③损益：减少和增加。

④或：或者，这里是如果的意思。

【译文】

殷代继承了夏代的礼制，其中有所增删是可以知道的；周代继承了殷代的礼制，其中有所增删也是可以知道的；如果有能够继承周代礼制的，即使经过一百代，也一定是可以知道的啊。

【解读】

孔子"百世可知"的推理，寄托了他终生孜孜以求的"克己复礼"的政治理想。他认为，如果能够推行周礼，则人不独亲其亲，不独子其子，人皆相爱，可以辨上下、别亲疏、决嫌疑、定是非，这将是达到天下大同的不二途径。

从人类历史来看，任何变革都不是平空出现的，都有所因承接续。中国几千年来，直到近代，不论发生什么变化，宗族、家庭作为社会支柱的现象从未改变，影响了国家政治、社会生活的方方面面。从这个意义上说，确实"百世可知"。

但是，继承不代表僵化。孔子认为，有三种人是会招致灾祸的：一种是自作聪明、刚愎自用的人；一种是浅薄而好发号施令、独断专行的人；还有一种是明明生在今天的时代，却总认为一切都是古代的好，要完全回到古代的路子上去的人。

由此可知，孔子虽尊"礼"，但绝不拘泥于古礼，富于权变思想，是"与时偕行"的"圣之时者"。

5、礼之于人，犹酒之有糵也，君子以厚，小人以薄。

—— 《孔子家语·礼运》

【注释】

①糵：酒曲，酿酒用的发酵剂。中国早在周代就有了"糵曲"的记载，中国古人用发霉的谷物作成酒曲，其中的微生物所分泌的酶，具有生物催化作用，可以加速将谷物中的淀粉、蛋白质等转变成糖、氨基酸等，分解成酒精。

②厚：因受到熏陶和影响而使情感和气质变得醇厚。

③薄：浅薄。

【译文】

礼对于人来说，就像酿酒必须有酒曲一样，君子因追求礼而更加醇厚，小人因远离礼而愈加浅薄。

苏轼画像

【解读】

文明礼仪是一个国家、一个民族文明程度、道德风尚和生活习惯的集中反映，是一个人的个性气质、素质修养、审美情趣和文化品位的外在表现。人在成长过程中，没有"礼"的修养，不能成其为君子；就像酿酒过程中如果没有加入酒曲，就只能得到寡然无味的劣质酒。中国宋代著名的文学家苏轼有句诗"腹有诗书气自华"，是说人的内在修养会产生外在气质，如果没有内涵，无论怎样打扮，都不会有翩翩风度。

孔子认为，君子以至于圣人，研习义之根本、礼之秩序，用以陶冶性情，就好比是一块田地：整修礼制就是耕土，彰明道义就是种植，施行教育就是除草，以仁爱为本凝聚人心，以传播礼乐来安定百姓。治国不依靠礼，就像耕地而不用农具；行礼而不本于义，就像耕地而没有播种；行义而不重视教育，就像只除草而没有收获；合于义而不以音乐安定人心，就像收获了粮食却没有食用；以音乐加以安定而不能达到和顺的目的，就像光吃白饭却没有健壮。四肢健全，肌体丰满，这是身体健康的表现；父子情深，兄弟和睦，夫妻和美，这是家庭兴旺的表现；大臣守法，小吏廉洁，各种职能配合有序，这是国家强盛的表现。

6、恭而无礼则劳；慎而无礼则葸；勇而无礼则乱；直而无礼则绞。

—— ≪论语·泰伯≫

【注释】

①恭：恭敬；劳：辛劳。

②慎：谨慎；葸：胆怯。

③乱：犯上。

④直：直率；绞：尖刻。

【译文】

只知恭敬做事而不知用礼去调节，就会非常疲劳；只知谨慎细致而不知用礼去调节，就会胆小懦弱；只知勇猛精进而不知用礼去调节，就会犯上作乱；只知率性而为而不知用礼去调节，就会尖刻伤人。

【解读】

孔子在这里讲了恭、慎、勇、直四种品德与礼的关系。

中国人向来以"恭"与"敬"相连并举，"恭"指的是外在形貌，"敬"指的是内在要求，这里是说，治理国家的时候，如果只知道尽职尽责，完全按上级的要求去推行政令，而不知以礼来调节，就会使人民疲敝辛劳；谨慎一般表现在言谈举止上，如果只知道明哲保身，处处小心，就成了不能任事的胆小鬼；勇与直有相通之处，在表现上又有所区别，如果当政者只知勇猛精进而不知礼度，则百姓会跟着一起爱好勇猛，社会必容易动乱；如果只知心直口快，不讲究对人对事的方式方法，容易尖刻伤人，老百姓将感觉如同绳子被缠绕在一起。

　　孔子的言论往往是针对"为政"而发，这里讲"礼"的重要性，是把"礼"作为执政治世的基本准则，也作为个人特别是"君子"为人处世的尺度。对于各种不同的人来说，只有"仁者"的恭、慎、勇、直是符合礼度的，其余的都距此有一定距离，会体现出劳、葸、乱、绞四种弊端。君子如能厚待亲人，则推己及人，人们都会趋向仁德，就不会遗弃旧朋老友，民情也就不会淡薄。厚待亲人，并推广到广大人民，属于礼制的范畴；教导人民趋向仁德，则与人们的内心情感有关。礼制人伦不只在于理性关系中，　更在于融理于情的人情日用上。中国文化传统的以家庭成员间关系为轴心的"人情味"，与理性的社会运行往往联系在一起。

7、未能事人，焉能事鬼？ 未知生，焉知死？

——《论语·先进》

【注释】

①事：服事、侍奉。

②人：活着的人，指自己的君、父。

③焉：怎么、如何。

④鬼：人死后成为鬼神。

【译文】

活着的人我都没能侍奉好，怎么谈得到侍奉鬼神呢？还不懂得生的道理，怎么能懂得死后如何呢？

【解读】

孔子的学生子路向孔子请教如何侍奉鬼神。孔子认为，在君父活着的时候，如果不能尽忠、尽孝，在君、父死后，谈论侍奉其鬼神也就没有意义。

孔子对鬼神一直采取存而不论的态度，既不承认又不否认，"敬鬼神而远之"，"祭如在，祭神如神在"，"子不语怪力乱神"。他注重的是人生现实理性的态度，以"孝"为"仁"的根本，以"仁"为治国的根本，注重做人、做高尚的"君子"，做好人生现实的事务，对"死"则坦然处之。

孔子弟子子贡问死者有无知觉的问题，孔子说："我若说死者有知觉，就担心孝子顺孙伤害自己的生命来葬送死者；我若说死者没有知觉，就担心不孝顺的子孙遗弃亲人而不埋葬。你想知道死者有没有知觉，这不是现在的你急着解决的问题，以后你自己会知道的。"从中我们可以理解孔子对鬼神存而不论的苦衷，和他注重现世今生的实用理性的原因。既不议论鬼神的真实性，但又突出宗教性的道德和心理功能，从而使神道归于人道，理智、通达而又宽容。

季路問事
鬼神子曰
未能事人
焉能事鬼
曰敢問死
未知生焉
知死

8、君君，臣臣，父父，子子。

—— 《论语·颜渊》

【注释】

第一个"君"、"臣"、"父"、"子"都是名词，第二个"君"、"臣"、"父"、"子"都是动词。

【译文】

君主要按君主的标准要求自己，臣下要按臣下的标准要求自己，父亲要按父亲的标准要求自己，儿子要按儿子的标准要求自己。

孟子画像

【解读】

这句话的意思是说，君与臣，父与子，他们的权利和义务都是相对的。做国君的就要承担国君的义务，做臣下的就要承担臣下的义务；做父亲的就要承担父亲的义务，做儿子的就要承担儿子的义务。如《大学》中所说，为人君，就是做到仁；为人臣，就要做到敬；为人子，就要做到孝；为人父，就要做到慈。这里谈论的，是每一个人的社会角色定位，不是每一个人的人格角色定位，而各个社会角色间的关系都是双向的而非单向的。孔子之后最重要的儒家大师孟子认为，在君臣关系中，君位于主导的方面，但并不意味着臣就位于绝对低下的地位，君主对臣下是什么态度，臣下对君主就会相应是什么态度：君如果视臣如手足，则臣就视君如腹心；君如果视臣如犬马，则臣就视君如国人；君如果视臣如草芥，则臣就视君如寇仇。

孔子既强调名位等级制度，又强调尊卑长幼间的和谐相处。他认为，父母对子女的抚育和子女对父母的孝敬，是人类社会最重要的秩序，是最应规范的义务。在此基础上，社会、群体、国家必须有其结构秩序，任何个体均以此群体秩序为存在的前提，这是保持社会安定繁荣的重要条件。

9、孔子谓季氏，"八佾舞于庭，是可忍也，孰不可忍也？"

——《论语·八佾》

【注释】

①佾：古代舞蹈奏乐的行列。一佾为一行，八佾即八行。周礼规定，天子祭祖庙可用八佾乐舞，每佾八人，共六十四人。诸候用六佾，四十八人；大夫用四佾，三十二人。祭祀家庙，如果超越自己身份使用佾舞，是严重越礼的行为。

②是：这个。

③忍：容忍。也有人译为忍心。

④孰：什么。

【译文】

孔子在谈到鲁国的执政大夫季孙氏时说："他竟然在自己家中僭用天子的规格，使用八佾乐舞，如果这样的事情都能做得出来，那还有什么事做不出来呢？"

【解读】

"是可忍也，孰不可忍也"，在中国是一句非常有名的成语，这句成语即源于孔子对季孙氏的指责。"忍"，可以解释为"容忍"；也可以理解为"忍心"。孔子尤其强调自律，这里理解为"忍心"更好！

孔子生活的鲁国，国家政权把持在仲孙、叔孙、季孙三家大夫手中，国君没有实际权利。季孙氏削弱鲁国公室，甚至把国君鲁昭公逼出鲁国，先后逃亡到齐国、晋国，客死他乡，季孙氏的许多行为都属于不当有的行为。

自由平等是人人向往的理想境界，但这与遵守一定的社会秩序并不矛盾。在孔子看来, 思想、学术可以求同存异, 但行为规范必须协同一致。在任何社会, 都有需要共同遵守的规则, 这种规则, 可以是礼制要求, 可以是法律规范, 可以是道德伦理。大家都遵守这种规则, 国家就能稳定、强盛, 百姓就能安居乐业; 打破这种规则, 就会天下大乱, 民不聊生。

君君
臣臣
父父
子子

五

学习篇

【导读】

　　孔子是中国历史上最伟大的教育家。他首创私学，打破了贵族垄断教育的特权，有教无类，弟子三千，贤者七十二，培养了一大批德才兼备的优秀人才。在长期的教学实践中，孔子因材施教，采用启发式教学和互动讨论式的教学方法，积累了丰富的教学经验，为继承、发展和传播古代文化做出了突出的贡献。孔子注重学生的道德修养，以《诗》、《书》、《礼》、《乐》、《易》、《春秋》这六部古代经典为教科书教授学生，形成一套完整的教育体系。孔子启发式的教学方法和德才并重的教育理念，在中国教育史上具有十分重要的意义，时至今日对我们的教育也具有借鉴价值，这是他留给人类最宝贵的文化遗产。今天，在孔子故里曲阜设立了"孔子教育奖"和"孔子文化奖"两项大奖，就是为了纪念孔子，表彰在教育领域和儒学研究领域做出卓越贡献的杰出人物。

[链接]

　　六经：《诗》、《书》、《礼》、《易》、《乐》、《春秋》，是历代中华先王累积遗传下来、华夏文化早期的六部儒家经典，经过周公完善、孔子整理编撰以后，成为华夏文明礼教的基础。亦称"大六艺"。

1、学而不厌，诲人不倦。

—— 《论语·述而》

【注释】

　　①学：学习。

　　②厌：厌烦。

　　③诲：启示教导，教育。

　　④倦：疲倦。

【译文】

　　努力学习而不感到厌烦，教导别人而不感到疲倦。

【解读】

　　这句话表达了孔子做学问的态度和教学的精神。孔子自幼聪慧好学，很早就立下了求学的志向，求教名师，积累才智。

　　孔子向师襄学琴，师襄教孔子弹一支曲子，连续学弹了十天，师襄见其已基本掌握，便说："这支曲子你已学会了，再学新曲子吧！"孔子说："曲子虽然学会了，但演奏技巧还没有娴熟呢！"过了几日，师襄说："你的演奏技巧已经很好了，开始学新曲子吧！"孔子说："我还没充分理解曲子的旨趣神韵呢！"又过了几天，师襄第三次提出学弹新曲，孔子说："我还没有想象到这个曲子的作者是个什么样的人呢！"说罢，继续学弹此曲。过了些时日，孔子突然领悟，若有所思，说："我终于想象到这个人了。这个曲子的作者肤色黝黑，身材高大，目光深邃，若有四海，他一定是周文王！"师襄听后，十分钦佩，说："这个曲子正是周文王所作的啊！"正是孔子这种不断探索，刻苦钻研的精神，使他积累了丰富的理论知识和实践经验。

孔子创立儒家学派，开办私学，广收天下学子，教育学生尽心尽力，孜孜不倦。孔子的学生资质、秉性各异，为了尽心尽力地教育学生，他分门设科，因材施教。孔子的学生子路和冉有，一刚一柔，性格完全相反，为了增其所长，补其所短，对于他们提出的一个问题，孔子则给予完全相反的回答。对冉有，孔子要求他遇事要果断，听到了就去做，不要畏缩。对子路，孔子要求他遇事要三思而行，不可鲁莽。正是凭着真才实学和崇高师德，孔子赢得了学生的尊重和社会的肯定，达到弟子三千，贤者七十二人的空前盛况。

周文王

[链接]

师襄：春秋时鲁国的乐官，擅长弹奏古琴。

师 襄

周文王（前1152年－前1056年）：姓姬，名昌。周王朝奠基人。建国在岐山下，积善行仁，勤于政事，诸侯前来归从。自其子武王建立周朝后，被尊为周文王。

2、敏而好学，不耻下问。

—— 《论语·公冶长》

【注释】

①敏：聪明，聪慧。

②耻：以为羞耻，耻辱。

【译文】

聪敏勤勉，虚心学习，不以向地位或学识不如自己的人请教而感到羞耻。

【解读】

这是孔子表彰卫国大夫孔文子的话。孔文子即孔圉，文子是他死后的谥号。人们一般认为当学生的向老师请教，当晚辈的向长辈请教，这是自然而然的事情。而做老师的向学生请教、长辈向晚辈请教则不容易做到，孔子十分欣赏孔文子的这种"不耻下问"的虚心求教的精神。每个人都有自己的长处和优点，不同行业的人都有自己的专业，虚心向他人请教就能丰富自己的知识，扩展自己的视野。

受孔文子这种精神的感召，中国历史上也有很多"不耻下问"的故事。宋朝庆历年间，欧阳修因触怒朝中权贵被贬到安徽滁州，任滁州太守。其间，他时常带人到附近的琅玡山游玩，寄情于山水之间，跟山下的智仙和尚建立了深厚的友谊。为了便于欧阳太守游览，智仙和

欧阳修画像

尚带人在山腰盖了一座亭子。亭子建成那天，欧阳修前往祝贺，亲笔题名"醉翁亭"，并写下了千古名篇《醉翁亭记》。回到家里，他又高点明灯，摆砚磨墨抄写了几份，吩咐衙役四门张贴，以求民众评改。直到傍晚时分，才有一位老秀才登门拜访。欧阳修请他到客厅叙话，秀才开门见山说："欧阳大人写的文章令人赞不绝口，不过我认为开头的字似乎可以省去一些。你看：'环滁四面皆山，东有乌龙山，西有大丰山，南有花山，北有白米山，其西南诸峰，林壑尤美，望之蔚然而深秀者，琅琊也'文章主要写醉翁亭，而醉翁亭在琅琊山上。其它的山，我认为就不必一一写出了。"欧阳修听了，连连点头称是。说着提起笔来，将四面山名一笔划掉，只留下"环滁皆山也"五个字。 欧阳修这则"不耻下问"的事迹成为千古佳话。

[链接]

欧阳修(1007年－1073年)：北宋时期政治家、文学家、史学家和诗人，在中国文学史上有重要的地位。他大力倡导诗文革新运动，改革了唐末到宋初的形式主义文风和诗风，取得了显著成绩。他的文风，还一直影响到元、明、清各代。

3、知之为知之，不知为不知，是知也！

—— ≪论语·为政≫

【注释】

①知之：知道它。

②不知：不知道。

③是知也："知"通"智"，智慧的，明智的。

【译文】

知道就是知道，不知道就是不知道，这才是真正的智慧啊！

【解读】

这是孔子教导他的学生子路的话。孔子是在告诉他要实事求是，在学习的过程中不能不懂装懂，知道的要表示已经掌握，对于尚未弄清楚的问题一定要请教他人，继续弄清楚。

这种治学严谨、实事求是的作风，有许多脍炙人口的例证。

例如，诺贝尔奖获得者丁肇中教授在为中国南京航空航天大学师生做报告时，同学们提了几个问题："您觉得人类在太空能找到暗物质和反物质吗？""您觉得您从事的科学实验有什么经济价值吗？""您能不能谈谈物理学未来二十年的发展方向？"丁教授是著名的实验物理学家，然而对于这三个问题却以三个"不知道"做出回答。"三问三不知"，这让所有听众感到意外。但丁教授诚恳而朴实的解释，赢得了全场热烈的掌声。在丁教授看来，不知道的事情绝对不能靠主观推断，科学的东西不能有半点含糊，特别是最尖端的科学，更不能靠主观的判断和以往的经验轻易做出结论。丁肇中教授的"三问三不知"，体现了一位学者对待科学严谨求实的态度。

由誨女
知之乎
知之為
知之不
知為不
知是知
也

4、知之者不如好之者，好之者不如乐之者。

—— 《论语·雍也》

【注释】

①知：知道，懂得。

②好：读hào，爱好。

③乐：乐于去做，以……为快乐。

【译文】

无论是学习知识还是学习做人，懂得它的人不如爱好它的人，爱好它的人不如以它为快乐的人。

【解读】

孔子是一位爱好学习并以学习为乐趣的长者。他教育学生热爱学习，以学习为快乐。当学习的目的超越了功利和实用，而成为个人成长发展的内在需求，学习也就会成为个人的精神享受的过程。中国有句俗语："兴趣是最好的老师。"当你对一门学问产生了兴趣之后，自然会废寝忘食去钻研探索，萌发极大的求知欲，许多在自身专业领域有所成就的人都有这样的经验。

新中国的开国元帅陈毅就是一位非常热爱学习，以学习为乐的典范。他幼年时酷爱读书，总是把书带在身边，有空就看上几页。如果发现了一本好书，那简直比什么都高兴。有一次，他到一位亲戚家去欢度中秋节，一进门就看到了一本自己很想读的书，于是忘记了步行几十里路的劳累，立即专心读起书来，一边读，一边用笔批点。他完全沉浸到阅读中了，亲戚几次来催他吃饭，他也舍不得将书放下。亲戚把刚蒸好的糍(cí)粑(bā)给他端来, 谁知他嘴里吃糍粑, 注意力却在书上。糍粑本来应该蘸糖吃, 可他竟把糍粑伸到砚台里蘸上墨汁往嘴里送。过了一会儿, 亲戚又给他端面条来, 只见他满嘴都是墨, 便喊来了众亲友, 大伙儿一瞧, 都忍不住哈哈大笑起来。陈毅却平静而诙谐地说:"吃点墨水没关系, 我正觉得肚子里墨水太少呢。"

5、温故而知新，可以为师矣。

—— 《论语·为政》

【注释】

①温：温习。

②故：以前学到的知识。

③新：新的收获。

【译文】

复习旧的知识(指学习过的知识)，由此获得新的知识(指未学习过的知识)，这样的人可以当老师了。

【解读】

学习是一个不断积累并在积累基础上有所创造的过程。常言道："厚积薄发,"说的就是这个意思。只有将前人的智慧和成果加以总结和继承，认真消化吸收以往的文明成果，融会贯通，才能在新的时代有所创造和发展。每一项新的发明和创造大都是站在前人的肩膀上产生的。

孔子的学生颜回总是能够领会孔子的教学精神，所以他是孔子最喜欢的学生。孔子在卫国居住时，有一天，天还未大亮，四周清凉而寂静。隐隐传来一阵悲伤而沉重的哭声，孔子便问身旁的颜回："你知道这是为何而哭吗？"颜回微闭双眼，细细听来："学生以为，这哭声，不止是为死者，还饱含着生离的悲痛啊！"孔子惊异于颜回的说法，"你只是听到这哭声，何以知道有生离的悲痛呢？"颜回答道："学生曾听闻，桓山有一只鸟生了四只雏鸟，等到幼鸟羽毛丰满将要分散到四方，母鸟便会悲鸣地送自己的孩子，那哀声与此很相似，因为同是要一去不复返啊！学生便是从类似的声音推测到今日这悲泣之人的心境。"心里仍存有疑惑的孔子便打发人去询问，果然得到消息说这哭声是一位父亲正在送别即将远走他乡的孩子。孔子不由感叹到："颜回，真可谓是善于识别声音的人了。"子贡也称赞颜回："颜回真是能够闻一知十啊！"颜回因为曾经听闻母鸟与幼鸟分离的悲鸣，所以能从一个相似的悲泣声中分辨出死别之伤和生离之痛。这就他长期细致观察、温故而知新的结果。

温故而知新，可以为师矣。

6、学而不思则罔，思而不学则殆。

—— 《论语·为政》

【注释】

①罔：迷茫。

②殆：危险。

【译文】

只是学习知识而不去思考，就不能深入了解所学的知识，不能加以变化利用，那么就会陷入迷惘困惑、似懂非懂之中。只是冥思苦想而不依据学习的资料，就会漫无标准，落入虚空玄想，就太危险了。

【解读】

这句话是孔子在说学习与思考的关系。学习不仅要有诚实和谦虚的态度，而且要有好的学习方法，这就是孔子所说的学习与思考相结合的方法。孔子告诫他的学生说：只是读书，却不思考，就会陷入迷惘而无所得，甚至于不辨是非真假而上当受骗；只是空想，却不读书，就会丧失信心，甚至陷入疑惑，走入邪门歪道，那是很危险的。

中国宋代有个叫方仲永的人，家族世代以种田为生。方仲永5岁之前，还不认识书写工具。5岁时，有一天忽然哭着要笔墨这些东西。父亲对此感到惊异，从邻居家借来给他。方仲永马上写了四句诗，并且在诗后题上自己的名字。这首诗以赡养父母、团结宗族作为内容，传送给全乡的秀才观赏。从此，人们指定物品让他作诗，他都能立即写好，诗的文采和道理都有值得观赏的地方。家乡的人对他感到非常惊奇，渐渐用宾客的礼节款待他的父亲；有的人还花钱求方仲永题诗。他的父亲认为这样是有利可图的，于是每天拉着他四处拜访，让他作诗。这种情况下，他连学习的时间都没有了。到了十二三岁时，他已经不能与从前的名声相比了。到20岁时，他的天资已经消失，成为普通人了！方仲永十分通达聪慧，其天资比常人高得多，可惜没有继续学习，而最终原有的才华也消失殆尽，成了一个平庸的人，令人感到惋惜。这个故事告诫我们，只思考而不学习是非常危险的。

　　把学习与思考结合起来，经过深入的思考，从中引申发挥出新的见解、新的思想，再把这些知识和自己的理解、体会传授给学生。这是孔子一生的事业，也是他留给后人的宝贵经验和精神财富。

學而不思則罔思而不學則殆

7、工欲善其事，必先利其器。

—— 《论语·卫灵公》

【注释】

①善：做好，成功。

②利：磨砺。

【译文】

工匠要把事情做好，一定要先磨砺他的工具。

【解读】

任何事情的成功都建立在所需要的先决条件的基础上，因此要想做成一件事情，必须要做好充分的准备工作，为这件事情的成功争取一个有利的客观环境。

孟子是继孔子之后最伟大的儒家学派代表人物。在孟子小时候他的母亲不惜三次搬迁住处，就是为了给孟子创造一个好的学习环境。有一次孟子放学回家，母亲正在纺织，见他回来，就问道："学习怎么样了？"孟子漫不经心地回答说："还是和过去一样啊。"孟母见他无所谓的样子，十分生气，就用剪刀把已经织好的布剪断了。孟子不知道母亲为什么发这么大的火气，十分害怕。孟母说："你荒废学业，就像我剪断这布一样。有德行的人学习是为了树立名声，是为了增长知识，所以平时能够平安无事，做起事情来就可以避开祸害。你如果现在荒废了学业，就不免于做辛苦的劳役，而且难以避免祸患。"孟子非常震惊，他从此勤学不止，后来拜孔子的孙子子思的学生为老师，学习礼、乐、射、御、书、数等技艺，终于成为一名著名的学者、天下有名的大儒，与孔子一起被合称为"孔孟"。

8、有教无类。

—— 《论语·卫灵公》

【注释】

①教：教育。

②类：类别，社会等级等差别。

【译文】

教育不应有贫富、贵贱、智愚、门第、等级等方面的限制，每一个人都有接受教育的资格和权利。

【解读】

人，原本是"有类"的，不仅有着先天条件的差异，同时也有社会地位的差别。比如有的聪明，有的愚钝；有的健康，有的残疾；有的富裕，有的贫穷；另外还有宗教信仰、种族、肤色的差别等等。但无论什么样的人，都有受教育的权利，而且通过教育，可以逐步消除这些差别，提高整个社会的受教育水平。这就叫"有教无类"。

据史料记载，西周已有最初的学校教育，分小学、大学两种。小学设在城墙内王宫外，收八岁以上儿童，教授识字、算术及初级礼、乐等。大学建在城郊，收十五岁以上少年，教授礼、乐、射、御等。学生都是王族之子、卿大夫之子等少数贵族后代，老师则由周天子的官吏担任。西周灭亡，平王东迁，周室衰微，许多官吏失去了过去的地位，沦落至诸侯国或民间。春秋晚期，私学兴起，"学在官府"的教育垄断局面被彻底打破。孔子率先创办了规模宏大的私学，提出了"有教无类"的教育主张。孔子收取学生，没有种族、地域、身份以及尊卑、贫富、贤愚等等方面的限制和要求，使更多的人获得了受教育的权利，推动了学术文化的下移，私学的繁荣也促成了战国时期"百家争鸣"学术繁荣局面的出现。孔子集华夏上古文化之大成，在世时已被誉为"天纵之圣"、"天之木铎"，是当时社会上最博学者之一，并且被后世统治者尊为孔圣人、至圣先师、万世师表。

9、不愤不启，不悱不发。举一隅不以三隅反，则不复也。

——《论语·述而》

【注释】

①愤：思考问题时有疑问却想不通的状态。

②悱：口里想说但表达不出来的状态。

③启：开导。

④发：启发。

⑤隅：角度。

⑥复：重复。

【译文】

向学生传授知识，不到他苦思冥想还领会不了的时候，不去开导他；不到他想说但又说不出来的时候，不去启发他。如果举出事理的一端，而学生不能据以推知相关的其他道理，这种学习态度完全是消极被动的，所以就不要再重复教他了。

【解读】

在孔子的教学过程中，他喜欢采用启发式的教学方法。启发式教学方法，就是在学生有了迫切的求知愿望时，即当他急于要做而略显不足，急于要说却说不清楚时，才给予开导和启示，诱导学生积极主动进行深入思考和反复琢磨。

《论语·八佾》记载着一个"举一反三"的故事。有一首古诗说："人笑的时候，口眼端正，眼睛黑白分明，有这样自然的美丽本质，又以华彩妆饰，就如同素地上妆饰了颜色一样，更加美好。"子夏就问孔子说："素是没有文饰的意思，绚是妆饰，诗说素以为绚是什么意思呢？"孔子回答说："诗并不是说素即是绚，而是说因为素才妆饰。就比如绘画，一定要有素的画布，然后再加上各种颜色。是素在前而绚在后。人的相貌也是一样，一定要长的好看，然后再化妆修饰，才更美丽。"子夏听了孔子回答，突然悟出一个道理，说道："以绘画来看，先有素地，然后才能加以色彩。先仁后礼，即是这个道理。仁德之心好比洁白的画布，礼节仪式好比绚丽的颜色，如果没有洁白的画布，是很难画出丰富多彩的图案的。"孔子以绘画做比喻，只不过是解释诗句的意思罢了，但是有效地启发了子夏，子夏由此联想到了礼制，这是孔子没有涉及到的，子夏可以举一反三，触类旁通。所以孔子称赞他说："子夏，你真是能启发我啊！"

10、三人行，必有我师焉。择其善者而从之，其不善者而改之。

—— 《论语·述而》

【注释】

①三人：虚数，泛指多人。

②择：选择，选取。

③善：优点，好的方面。

④改：改正。

【译文】

几个人一同行走，其中必定有人可以做我的老师。我选择其优点或长处和品德优良的地方向他效法学习；对于他们的缺点或不足以及行为不善的地方，我就要自我警觉，作为借鉴，使自己远离这种恶习。

【解读】

孔子认为，每一个人身上都有他的优点和过人之处，在与他人的交往中，要善于发现别人的优点和长处并向他们学习。而对于他人的缺点和不足，要自我反省、引以为戒，避免自己也沾染上同样的毛病。《论语》中曾子说"吾日三省吾身"，意思是要常常反省自己有没有过错，有的话立即改正，没有的话也是对自己的一次勉励和鉴戒。

《论语》中记载了这样一段对话：有一次，卫国的公孙朝问子贡："孔子的学问是从哪里学的？"子贡回答说："古代圣人讲的道，就留在人们中间，贤人认识了它的大处，不贤的人认识它的小处；他们身上都有古代圣人之道。我们的老师孔子，随时随地都在学习，谁有长处都可以做他的老师。"从这段对话中，我们可以看到孔子是一个不耻下问，虚心好学的人。他曾经到杞国、宋国、东周洛邑专门考察夏商周三代之礼；当时的一些前辈，如老子、卫蘧伯玉、齐晏平仲、楚老莱子、郑子产、鲁孟公绰等都是他的老师。孔子能够成为他那个时代的伟大的思想家，与他虚心好学，深入社会，向不同的人学习求教有很大关系。

[链接]

老子(约前571年-前471年)：中国古代哲学家和思想家，道家学派创始人。著有《道德经》(又称《老子》)。《老子》书中包括大量朴素辩证法观点，主张无为而治，其学说对中国哲学发展具有深刻影响。在道教中老子被尊为"道祖"。

蘧伯玉(前585年-前484年)：他自幼聪明过人，饱读经书，能言善变，外宽内直，生性忠恕，虔诚坦荡。蘧佰玉一生，侍奉卫国献公、殇公、灵公三代国君。因贤德而闻名，灵公称其为"贤大夫"。

老子画像

晏平仲(前578年－前500年)：又称晏婴。春秋后期一位重要的政治家、思想家、外交家。以生活节俭，谦恭下士著称。

老莱子(约前599年—约前479年)：春秋晚期著名思想家，楚国人，隐居蒙山，著有《老莱子》一书，宣扬道家思想。是中国历史上著名的孝子，他72岁时，为了使父母快乐，还经常穿着彩衣，作婴儿的动作，以取悦双亲。后人以"老莱衣"比喻对老人的孝顺。

老莱子彩衣娱亲

子产像

　　子产（前584年－前522年）：春秋时期郑国的政治家
和思想家，在郑国执政数十年，他仁厚慈爱、轻财重德、
爱民重民，在政治上颇多建树。

六

家庭篇

【导读】

　　家庭作为联系个人与社会的媒介，是孔子特别关注的一项重要内容。"百善孝为先"，孔子继承了三代以来祀天祭祖的观念，发展并形成了以孝悌观念为代表的家庭价值观。他认为，孝是立足于人的心理情感的一种道德义务，体现了家庭的核心价值。对父母的孝道不仅体现在一般的奉养方面，还体现在"孝敬"的精神层次上。这种"孝敬"并不是指对父母的百依百顺，当父母有错的时候，还要不忘劝谏。孔子认为，人只有对父母尽孝，才能对国家尽忠，家与国从而构成一个同心圆。这样，在孔子的孝道观念中，以父子、兄弟之爱为核心内容，然后渐次扩大到爱众，及至整个华夏民族甚或整个人类，体现了一种具有丰富内涵和外延的家庭价值观念。

　　西方的家庭观念与孔子有不同之外。他们虽然也非常重视成员之间的感情，但受其文化传统的影响，特别强调个体的价值和独立性。孩子在很小的时候，就必须学会自己做决定和对自己行为的负责。成年后，则更应该经济独立、人格独立。然而，西方这种家庭个人主义是一把双刃剑，它在提高自主性、创造性的同时，也削弱了家庭责任和维系亲情的基础，导致了西方惊人的离婚率，以及老年人因过多依赖社会福利而出现普遍孤独等现象。故此，孔子的家庭价值观念与西方具有互补之功效。

1、入则孝，出则悌。

—— ≪论语·学而≫

【注释】

①入、出：古代受有爵命的士，居住不同的房间(宫)，"入"是"入父宫"，"出"是"出己宫"。

②孝、悌：善事父母者为孝；敬爱兄长为悌。

【译文】

年轻人，不仅要孝顺父母，还要敬爱兄长。

【解读】

"孝""悌"这两种伦理观念，最初源于人们对父母兄弟的天然亲情，后来发展为孔子伦理思想中的两个重要范畴，并逐渐在中国古代社会的家庭文明中，扮演了重要的角色。春秋时期有一个叫郯子的人，他的父母年老，患眼疾，医生告诉他需饮鹿乳疗治。郯子便冒着危险，进入深山，挤取鹿乳。郯子以鹿乳奉亲的故事，也因此被传为佳话。汉朝时候，赵孝和赵礼兄弟两个非常友爱。突然有一天，弟弟被一伙强盗捉去了，哥哥很着急，便跑到强盗那里，情愿代替弟弟。弟弟却死活不肯答应。两兄弟为此抱头痛哭。强盗被他们的友爱之情感动了，便释放了兄弟俩。

善待父母、友爱兄弟，不仅有利于家庭和睦，也就是中国人常说的"家和万事兴"，而且可以促进国家、社会和谐，因而是中华民族的一种传统美德。在现代社会中，我们依然可以看到这些伦理观念对稳定家庭、和谐社会的作用。

弟子入則
孝出則悌
謹而信汎
愛眾而親
仁行有餘
力則以學
文 張伯駒書

2、今之孝者，是谓能养。至于犬马，皆能有养。不敬，何以别乎？

—— ≪论语·为政≫

【注释】

①养：饮食供奉。

②至于：谈到、讲到。

③犬：指狗。

【译文】

现在的所谓孝，如果说就是指能够养活爹娘便行了，那么，狗马都能得到饲养，若不存心严肃地孝敬父母，养活爹娘和饲养狗马有什么区别呢？

曾子画像

【解读】

孔子在肯定子女在物质生活上要奉养父母的同时，特别强调了孝顺父母一定要上升到"敬"这一层次的精神赡养。"敬"比"养"难，但它能使父母不仅老有所养，而且精神愉悦。≪孔子家语·困誓≫篇记载了这样一个例子：有一天，子路问孔子："有这么一个人早起晚睡，耕地除草种植庄稼，手脚都磨出了老茧，来奉送父母。如此这样，却没有孝的美称，这是为什么呢？"孔子说："想来或者是举止不恭敬吧？言辞不柔顺吧？表情不和悦吧？假如举止恭敬、言辞柔顺、表情和悦，竭尽全力奉养父母，怎么会没有孝的名称呢？"

在《大戴礼记·曾子大孝》中，曾子也说："孝有三个层次：尊敬父母是大孝，其次是不让父母为你感到难堪，最低的层次是能养活父母。"因此，孔子所讲的孝，不仅是对父母物质生活的养，更重要的是从内心里真正尊敬父母。

[链接]

曾子(前505～前432)：孔子弟子，姓曾，名参，字子舆，春秋末年鲁国南武城(山东嘉祥县)人。曾参上承孔子之道，下启思孟学派，对孔子的儒学学派思想既有继承，又有发展和建树。他的以孝为本的孝道观影响中国两千多年，至今仍具有极其宝贵的现实价值。

3、父为子隐，子为父隐，直在其中矣。

—— 《论语·子路》

【注释】

①隐：东汉经学家郑玄注曰：不称扬其(父或子)过失为隐。

②直：东晋经学家范宁认为，不失其道为直。父子以亲情为由相隐讳，体现了孝道，所以叫做"直"。

【译文】

父亲替儿子隐瞒，儿子替父亲隐瞒，直率就在这里面。

【解读】

孔子关于"父子相隐"的论说，揭露了道德与法制之间有时会出现的一种矛盾。这几句话的上下文是这样讲的：叶公对孔子说，有一个坦白直率的人，告发了偷羊的父亲，他这样做对不对？孔子作了否定的回答，并因此强调了父子相隐的合理性。孔子之后的孟子也曾假设舜父杀人的故事，并认为作为"子"的舜一定会带着父亲逃走。在这里，孔孟都把儒家的血缘亲情放到了一个优先的地位。

先秦时期，"亲亲相隐"的思想还只处于道德的层面而未成为一项法律制度。到了中国唐朝时，才开始实行"礼法结合"，实现了儒家伦理与法律制度的对接。这一制度的制定和完善，体现了"情"与"法"、"公"与"私"对立统一的关系，它使个人在面对亲属犯罪时陷入两难的困境：选择告发亲属会违背亲情伦理，不告发则违背社会正义，在希望维护亲属的利益与他人的利益中陷于尴尬和不安。鉴于上述矛盾，"亲亲相隐"问题引发了当今学术界的诸多关注与探讨。但有一点可以肯定，任何法律的制定都不可能完全回避亲情的存在。2012年春，中国人大常委会通过《刑事诉讼法修正案》，其中体现了"亲亲相隐"制度的合理因素。

4、事父母几谏，见志不从，又敬不违，劳而不怨。

—— ≪论语·里仁≫

【注释】

①几：轻微婉转。

②谏：规劝，使改正错误。

③志：意愿，心之所向。

④违：触忤，冒犯。

⑤劳：忧愁。

【译文】

侍奉父母时，如果他们有不对的地方，得轻微婉转地劝止，看到自己的心意没有被听从，仍然恭敬地不触犯他们，虽然忧愁，但不怨恨。

【解读】

孔子强调对父母孝敬，并非指子女要对长辈一味顺从，而且父母所做所有事，也并非事事正确。因此，子女孝敬父母还要能够及时指出父母的过失之处。不过，这里孔子指出对父母提建议，应轻微婉转，甚至可以哭代谏，如果父母一意孤行，做子女的仍然要恭敬、尽心尽力，不违抗。这样，孔子又在"敬"的精神层次中，加进了一种批评的精神，尽管这种精神是委婉的，最后仍要视父母的意愿而定，但他表明了存在于儒家孝观念中的一种积极因素，即对绝对服从的超越，并进而指出了人们应该对待的态度，表明了其关于孝伦理思想的丰富与进步。

5、孝慈，则忠。

—— 《论语·为政》

①慈：指年长者对年幼者的仁爱、和善。

②忠：尽心竭力。

【译文】

你对待父母孝顺，对待幼小和善，他们也就会对你尽心尽力了。

【解读】

孔子此语是针对鲁国正卿季康子的问题而说的。他的言外之意是指，统治者为政于民，自己首先要以身作则，做到孝顺父母，爱护幼小，只有这样人民才会尽心竭力，不会懈怠。汉文帝刘恒就是这样的榜样。刘恒是汉高祖刘邦的第三个儿子，为薄太后所生，公元前180年，他即帝位后，侍奉母亲从不懈怠，母亲卧病三年，他常常目不交睫，衣不解带；母亲所服的汤药，他亲口尝过后才放心让母亲服用。他的孝行感动了天下。在位24年间，他重德治，兴礼仪，注意发展农业，使社会稳定，人丁兴旺，经济得到恢复和发展。他与汉景帝的统治时期被后人誉为"文景之治"。可见，孔子的孝道观念是联系家庭与国家的精神基础。

6、仁者，人也，亲亲为大

—— 《礼记·中庸》

【注释】

①亲亲：孝敬父母

②大：根本

【译文】

所谓仁，就是要爱人，亲爱双亲是为大仁。

【解读】

"仁"是孔子思想中的一个重要范畴，它的出发点是人，讲得是仁者爱人。仁涉及的范围很广，孝是其中一项重要的内容。仁与孝不仅仅是整体与部分的关系，而是说孝在仁的范畴里是一种基础。孔子说"亲亲为大"，实际上就是讲孝的这种根本作用，即仁的思想范围中的其他内容都是由孝向外推而形成的。好比一棵树，根是树的一部分，但又不是简单地与枝叶并列的一部分，而是说整棵树都是从根部发育而来的。在《论语·学而》篇中，有子深谙孔子对孝的看法，说道："孝顺爹娘，敬爱兄长，这就是仁的基础。"

当然，孔子所说的孝与仁在实践中并不完全一致，有时会出现矛盾。如孔子又讲"杀身成仁"，他的意思是说，有时候，为了成就仁德，甚至可以牺牲自己的生命。不爱护自己的生命，这在孔子看来本身就是"不孝"的行为，然而为了实现其"仁"的理想，似乎又可以放弃。由此，我们以为，这种矛盾性，恰好是孔子家庭价值观念最为深刻的地方，因为正是这种矛盾性才推动了孝的向外扩展，从而使其仁的情怀得以实现。

7、不独亲其亲，不独子其子

—— 《礼记·礼运》

【注释】

①独：只是

②其：他(她)的

【译文】

人们不应只亲爱自己的双亲，不应只爱护自己的子女。

【解读】

在前句的解读中，我们提到，孔子的孝与仁之间在实践层面上有时会存在着一种矛盾，此句则表明了他对这种矛盾性的认识及其解决途径。在孔子的理想世界中，家庭有敬，人间有爱。他认为，这种敬爱主要体现在君臣、父子、夫妇、兄弟及朋友五种社会关系当中。显然，最初意义上的孝悌观念是有限度的，但孔子的家庭观念超越了这种限度，他在强调孝悌观念对于家庭重要性的同时，又提倡博爱。博爱不是泛泛地爱所有的人，而是说明一种有差等的爱。如果片面强调博爱，反而会使其变成一纸空文。

因此，孔子在描绘他的"大同"之世的时候说，在这样的时代里，天下是人们所公有的，选举贤能的人为政，人与人之间讲求诚信，和睦相处。所以人们不只亲爱自己的双亲，不只爱护自己的子女，而是使老年人安享晚年，使壮年人有贡献才力的地方，使年幼的人能得到良好的教育，使年老丧夫或丧妻及失去父母、残疾的人都得到供养。只有如此，世界才会变得更加美好！

故人不獨親其親

8、夫孝，德之本也，教之所由生也。

—— 《孝经·开明宗义》

【注释】

①本：根源

②教：教化

【译文】

人最重要的行为是孝，它是人的德行的根源，因此也是后人仿效和传授的开始。

[链接]

《孝经》：中国古代儒家的伦理学著作之一。该书以孝为中心，比较集中地阐发了儒家的伦理思想。学者一般认为该书写成于汉初，南宋以后被列为儒家《十三经》之一。

【解读】

本句选自《孝经》的开篇。当时，孔子和曾子一起谈论先王的至德要道说："这个孝道，就是德行的根本，教化的出发点。"为什么呢？孔子从两个方面讲了这样说的道理：

一是践行孝道，首先要从爱自己的身体开始。孝道的范围固然很广，但行的时候，却很简单，人们要想爱亲，先要从自己的身上爱起。凡是一个人的身体，或者很细小的一根头发和一点皮肤，都是父母遗留下来的。身体发肤，既然承受之于父母，就应当体念父母爱儿女的心，保全自己的身体，不敢稍有毁伤，这就是孝道的开始。

二是立身行道，扬名于后世，是孝道的完成。一个人不为外界利欲所动摇，那他的人格，一定合乎标准，这就是立身。做事的时候，他的进行方法，一切都本乎正道，不越轨，不妄行，有始有终，这就是行道。他的人格道德，为众人所景仰，他的名誉不但传诵于当时，而且可以流传于后世。人们由此推本追源，都会称赞他父母教养的贤德。这样，当父母的声名得到彰显的时候，儿女的孝道也便意味着完成。

总之，孔子关于家庭价值的观念，包含了事奉双亲、为国尽忠、为民服务的内容，因而成为他整个思想学说的基础。他在两千多年前提出的这些观点，不仅在过去发挥过作用，在今天的社会中仍然具有现实意义。

父在觀
其志父
沒觀其
行三年無
改於父
之道可
謂孝矣

七

交友篇

【导读】

　　人在世间生存，会不可避免地与周围的环境发生联系。这种联系错综复杂，环环相扣，相互关联又相互制约。朋友关系便是其中很重要的一环。在传统中国人的观念中，人际关系表现为五种形态，它们是夫妇、父子、兄弟、君臣、朋友，合称为"五伦"，包括了所有的人与人之间的关系。"五伦"是按照由个体到群体，由家庭到社会，由简单到复杂的逻辑顺序来排列的，这个顺序是固定的，不可随意颠倒。

　　朋友在"五伦"之中排在最后，因此，它是涉及面最广，层次最多，最为复杂，最不好处理的一种人际关系。正确把握处理朋友间的关系，让自己处在一个和平、友爱、温馨的外部社会环境里，其重要性是不言而喻的。在这个问题上，无论是古代还是现代，东方还是西方，人们的认知是大致相同的，不存在太大的文化差异。

　　对于交朋友，首先要注意的当然是择友。朋友之道，在于择善，主动结交益友，远离那些有不良习气的人，才能使自己的修养在与朋友交往的过程中得到提升。友谊要建立在相互尊重，相互信赖的原则之上，朋友之间的人格是平等的，不存在高底贵贱之分；朋友之间要相互批评，对于错误，要及时指出，在方法上则须循循善诱，让对方易于接受又不伤感情；多从朋友的角度考虑问题，多体谅、包容、宽恕，不做伤害对方的事；只有这样，才能保持良好健康的朋友关系，达到一种较高的境界。

1、益者三友, 损者三友。友直, 友谅, 友多闻, 益矣。友便辟, 友
善柔, 友便佞, 损矣。

——《论语·季氏》

【注释】

①损：损害。

②谅：信实。

③便辟：阿谀奉承。

④善柔：当面恭维, 背后诽谤。

⑤便佞：花言巧语

【译文】

使人有益的朋友有三种, 使人有害的朋友也有三种。同正直的人交友, 同诚信的人交友, 同见多识广的人交友, 这些都是有益的。同善于走邪道的人交友, 同善于装出和颜悦色骗人的人交友, 同善于花言巧语的人交友, 这些是有害的。

【解读】

人际交往的过程从某种程度上讲就是一个交朋友并与之相处的过程。一个人命运的起伏以及成功与否, 很大程度上取决于他交友的质量。孔子在这里提出了交友的基本原则。结交正直善良的朋友, 远离居心不良的小人, 这是既是交友最基本的原则, 也是人类趋利避害的本能。在交友中, 可以设立一个朋友的档案, 把不同的朋友进行分组, 看看他们属于什么类型, 哪些人有利于自己的成长, 值得继续交往, 哪些人会将自己引上歧途, 需要立即断绝关系。这样有利于在交友中保持清醒的头

脑，冷静判断，远离灾祸，成就人生。

2、君子不重则不威， 学则不固。主忠信。无友不如己者。过则
　　勿惮改。

—— 《论语·学而》

【注释】

①重：庄重、自持。

②学则不固：有两种解释：一是作坚固解，与上句相连，不庄重就没有威严，所学也不
　　　　　　　坚固；二是作固陋解，喻人见闻少，学了就可以不固陋

③主忠信：以忠信为主。

④无：通毋，"不要"的意思。

⑤不如己：一般解释为不如自己。

⑥过：过错、过失。

⑦惮：害怕、畏惧。

【译文】

　　作为君子，如果不严肃不自重，就没有权威，所学的东西就不稳固。君子要以忠
信为主，不要亲近缺乏仁德的人。有了过失，就不要害怕去改正它。

【解读】

　　对待朋友要有一个正确的态度，多看到别人的优点，多反思自己的缺点，这样才
能不断提高自己，才会得到朋友的尊敬。中国古代曾有一位名叫廉颇的将军，因为
妒嫉一起工作的大臣蔺相如的才能，以至于两人失和。廉颇虽犯了常人最
容易犯的错误，但他却能以国事为重，经过对蔺相如的观察，反思自己的行为，最后

以当时最诚肯的方式, 负荆请罪, 主动向对方赔礼道歉, 两人重归于好, 齐心为国家效力, 成为千古美谈。廉颇能够正视自己的错误并改正它, 真正具有了一个君子的道德风范。他与蔺相如之间的友情已经超越了个人感情的层面, 上升为对国家的忠诚。

君子不重
則不威學
則不固主
忠信無友
不如己者
過則勿憚
改
張伯煌書

沈禎

3、儒有合志同方，营道同术，并立则乐，相下不厌，久别则离流言不信，义同而进，不同而退。其交有如此者。

—— ≪孔子家语·儒行≫

【注释】

①方，法则；同方：同一法则

②并立则乐：朋友彼此有建树，双方都会为此而高兴。立，指学有所成，事业有成。

③相下不厌：指不得志，事无所成时也不相互厌倦、嫌弃。

④义同而进，不同而退：志向一致就与之交往，志向不同就与之退而疏远。

【译文】

儒者相互之间志同道合，实践正道的方法也相同。他们在一起快乐相处，谦虚相待不感到厌倦。长时间不相见了，就是听到一些有关朋友的流言也不会相信。志向相同，就一起前进；志向不同，就分手离去。他们交朋友的原则就是这样的。

【解读】

相同的志趣是朋友长期稳定和谐相处的前提。只有这样，交友才有乐趣，才不会随着时间的流逝而疏远，而淡忘，才能如醇酒一样，愈久弥香。交朋友，要广泛而真诚，但一定要注意选择，有所取舍。中国东汉时期的管宁与华歆是好朋友，曾坐在同一张席子上读书，但后来管宁发现华歆的理想与追求与自己完全不同，他于是用刀将席子一分为二，表示与华歆断绝朋友关系。这个故事在中国流传甚广，它从一个侧面解读了孔子的"合志同方"的交友原则，即寻求志同道合者为交友最终目标，宁缺毋滥。这一原则至今仍能指导我们的行为。

君子泰而不驕，小人驕而不泰

4、与小人处而不能亲贤，吾殆之。

—— 《孔子家语·三恕》

【注释】

殆：危险。

【译文】

与小人相处却不能亲近有贤德的人，我认为是危险的。

【解读】

在这里，孔子告诫我们要主动亲近那些有才能和有道德的人，与那些品质低下的人要保持一定距离，否则就可能给自己造成不必要的麻烦，甚至带来危险。三国时的政治家诸葛亮在他的文章《出师表》中向年幼的君主建议道"亲贤臣，远小人"，并从正反两个方面举例论证了自己的观点。虽然他在这里谈的是治国之道，其实大到国家治理，小到朋友邻里和睦相处，道理是相通的，亲贤远佞的原则都能普遍适用。

诸葛亮画像

[链接]

诸葛亮(约181-234)：字孔明，号卧龙

三国时期蜀汉丞相，杰出的政治家、军事家、发明家、文学家。诸葛亮为匡扶蜀汉政权，呕心沥血、鞠躬

尽瘁、死而后已；在后世受到极大的尊崇，成为忠臣的楷模，智慧的化身。

5、君子之于朋友也，心必有非焉，而弗能谓"吾不知"，其仁人也。不忘久德，不思久怨，仁矣夫。"

——《孔子家语·颜回》

【注释】

久：旧，以往，原先。

【译文】

君子对待朋友，即使认为对方有所不当，也仍只说自己不了解，这就是一位仁爱之人。念念不忘的是朋友过去对自己的恩德，不记过去的仇怨，这才是仁德之人的心地啊！"

【解读】

对朋友所予的恩德念念不忘，对朋友之间的恩恩怨怨也不必老是挂在心上，这就是仁者！在这里，孔子从感恩与气度两个方面揭示了仁的德性诉求。这段话的下文是，鲁国的官员叔孙武叔去拜访颜回，却在颜回面前说他人的坏话。对此，颜回没有和他谈论，而是婉转地提醒叔孙武叔：谈论别人的不对，并不能显示出自己的美好正直，一个有着良好修养的人应该就事论事，不议论他人的是非长短，这才能称得上是君子的仁爱之风。

6、朋友之馈，虽车马，非祭肉，不拜。

—— ≪论语·乡党≫

【注释】

　①馈：赠品

　②祭肉：中国古代祭祀时使用的肉类。

【译文】

　朋友送礼物，即便是车马，如果不是祭肉，也不行拜礼。

【解读】

　重情感、讲原则是孔子的交友之道。孔子认为朋友礼物的轻重不能以是否值钱来衡量，更重要的是礼物所包含的意义。这其实是中国传统的义利观在交朋友上的一个反映，中国人历来非常重视义(原则)与利(利益)的关系，并寻求解决二者矛盾的方法，最终形成了重义轻利、先义后利的思想观念。中国有句谚语叫做"千里送鹅毛，礼轻情义重"，讲的是唐代中国边远地区的使臣向唐太宗进贡天鹅，但半路上天鹅飞了，没办法只拿了根这只天鹅的羽毛去见大唐皇帝。唐太宗并没有责备他，欣然接受了这份礼物，因为远方客人的全部情感已经凝结在这小小的羽毛之中，大大超越了其自身的价值了。

7、朋友切切偲偲，兄弟怡怡。

—— 《论语·子路》

【注释】

①偲偲：勉励、督促、诚恳的样子。

②怡怡：和气、亲切、顺从的样子。

【译文】

朋友之间要相互督促，兄弟之间要和睦相处。

【解读】

朋友之所以能成为朋友，就在于相互之间的情投意合，这是友谊的情感基础。但有时朋友之间也会因这种私人感情影响自己的判断，变得是非不分，容易偏袒朋友的过错，从而失去公正的立场。所以朋友之间的相互督促，相互提醒就显得尤为重要。朋友之间要互相照顾，互相保护和提醒，同时也应该相互鼓励，相互欣赏，这样才能共同进步，和谐共处，其乐融融，达到交友与自我提升的良性互动。这是交朋友的最高境界。

朋友有信

8、老者安之，朋友信之，少者怀之。

——《论语·公冶长》

【注释】

①安：使安逸

②信：使信任

③怀：使关怀

【译文】

让老人安心，让朋友互信，让年轻人得到关怀。

【解读】

这里孔子提出了交朋友时的一个重要原则：要让朋友信任你。交朋友要建立在互相信任的基础之上，想做到这一点，必须要从自身做起，讲诚信，泛爱众，努力提高自我修养，让朋友认为你是一个可以信赖，可以托付的人。交朋友是一个终身的事业，要用心去慢慢经营。在这个过程之中，一定要与人真诚相待，切不可耍小聪明，投机取巧；同时要处理好生活上的细节，减少与朋友之间不必要的误会与磨擦，使友情得到长久保持。

講信修睦

9、士志于道，而耻恶衣恶食者，未足与议也。

—— 《论语·里仁》

【注释】

①道：崇高的理想与追求。

②耻：以……为耻。

③恶：质量差的.

【译文】

读书人有志于追求真理，对那种以穿破衣吃粗茶淡饭为耻辱的人，不值得与他在一起讨论问题。

【解读】

孔子认为，一个人如果把眼光仅仅放在个人的吃穿等生活琐事上的话，是不会有远大志向的，也就不必与这样的人去讨论什么关乎人类终极追求的问题。从一个人谈论最多的话题内容，我们可以基本判断出其理想追求与人生志向。衣食是人类最基本的生活需要，追求较高的生活质量无可厚非。但我们也注意到，在很多时候，很多清贫困顿的人们，生活却依旧快乐，清贫的生活并没有妨碍他们对精神和理想的追求。如何对待物质生活与精神追求，可以作为交友的一个标准。

八

人生篇

孔子说："吾十有五而志于学，三十而立，四十而不惑，五十而知天命，六十而耳顺，七十而从心所欲不逾矩。"这是孔夫子对自己一生的概况和回顾。

孔子一生勤奋好学，思考社会治乱和人生价值，为实现自己的理想而奔走呼号，早年颠沛，中年流离，晚年凄风苦雨。在礼崩乐坏的时代背景下，积极救世，拯救世道人心，对于人生的价值和意义也有深入的思考。他认为人生的价值不在于物质利益的追逐和享乐，而在于志向理想的实现，在于对道的追求；人处于一个复杂的社会关系之中，不可为所欲为，放纵口腹之欲，应克制自身，反省自身，以"仁义"和"忠信"的道德标准来修养自身，以"礼"为自己行事处世的准则和规范，使自己的思想和行为达到"仁"的人生境界。说话符合忠信之道，做事践履笃敬之法，无论走到哪里都能行得通。

孔子认为，人与人之间应建立一种和谐温馨的关系，不因与他人肤色、民族、性格、信仰、观点的不同而发生冲突，不同的人之间要互相尊重，互相理解，共同营造一个和谐的生活环境。

本篇所选九句孔子语录皆围绕忠孝仁义和礼义规范来讲为人处事之道。

1、克己复礼为仁。

—— ≪论语·颜渊≫

【注释】

①克，约身，克制。

②己，己之私欲。

③复，反也，合乎，达到要求。

④礼，礼义规范。

【译文】

抑制自己，使言语行动都合于礼，这就是仁了。

【解读】

"克己复礼"的过程就是一个自我修习提升的过程。"礼"是提升的手段，"仁"是修习的目的。"克己复礼"是达到仁之境界的路径。这是孔门传授的一种紧要的、切实的修养方法。这里说的"礼"，就是指当时社会生活中的各种礼仪规范，而学习各种礼仪，正是孔子教学的重要内容。颜回听到这句话后不太明白，进一步向老师询问，请老师讲得更详细一些，老师说："非礼勿视、非礼勿听、非礼勿言、非礼勿动"，要做到这"四勿"，就必须"克己"，也就是要随时注意约束自己，克服种种不良习性和私心，这其实也正是今天我们常说的"战胜自我"。做到这些就是做到了"克己复礼"，也就达到了仁的境界。宋代学者朱熹认为："克己"的真正含义就是战胜自我的私欲，在这里，"礼"不仅仅是具体的礼节，而是泛指天理，"复礼"就是应当遵循天理，这就把"克己复礼"的内涵大大扩展了。朱熹指出，"仁"就是人内心的完美道德境界，所以能战胜自己的私欲而复归于天理，自然就达到了仁的境界。

崇仁又讓師於

2、非礼勿视，非礼勿听，非礼勿言，非礼勿动。

——《论语·颜渊》

【注释】

①礼：礼仪规范，礼教。

②视：看。

③听，听从。

④动：行动，做。

【译文】

不合礼的事不看，不合礼的话不听，不合礼的话不说，不合礼的事不做。

【解读】

颜回问孔子如何才能进入"克己复礼"的境界，孔子回答"非礼勿视，非礼勿听，非礼勿言，非礼勿动"四个规范。就是从眼睛、耳朵、嘴巴、身体四个方面严格的管束自己。由外在的规范来熏陶自己。现在的催眠术、瑜伽术，佛家的禅定打坐也是这个道理。这实际是的修养功夫的一种方法。

这句话的意思不是不看、不说、不听、不动，只是言必中，动有矩。视听言动要中规中矩，恰当适宜而已，即合于"礼"。非钳制而不能为，不可为，只是要求动必合矩。礼的最高目标就是"中"，"中"即适宜、适当之义。将实践外在的礼制转化为内心的欲求，以礼制来约束自己(克己)，使一切视、听、言、动都符合礼制(复礼)，从而达到仁的境界。

非禮勿視非禮
勿聽非
禮勿言
非禮勿
動

張信煌公

3、里仁为美。择不处仁,焉得知?

—— ≪论语·里仁≫

【注释】

①里:居也,安居。

②择:又作宅,选择住处。

③知:即智,智慧。

【译文】

选择有仁德的地方居住,才是美好的。选择住处,不选择有仁德的地方,怎么能算是聪明呢?

孟母三迁

【解读】

孔子跟我们讲选择一个有仁德的生活环境是很重要的。常言道：近朱者赤，近墨者黑。环境对人的塑造和影响是潜移默化的，若生活在一个讲信修睦、仁爱和谐的环境里，就有助于提高自身道德修养。

传说孟子很小的时候，孟母为了给孟子的父亲守丧，居住在墓地旁边。孟子就和邻居家的小孩学着大人跪拜、哭嚎的样子，玩起办理丧事的游戏。孟母看到这对儿子的成长不利，于是带着儿子搬家。此次他们搬到了集市，靠近杀猪宰羊的地方很近。孟子又与邻居小孩学起商人买卖和杀猪宰羊的事。于是，孟母又一次搬家。这次，他们搬到了学宫附近。每月初一文官到学宫行礼，孟子就会一一学习，孟母最终定居在了这里。

孟子的母亲为了让孟子有一个良好的成长环境，三次迁徙居住地点，后来孟子终于成为了继孔子之后又一位伟大的思想家，被尊称为"亚圣"。

4、德不孤，必有邻。

—— ≪论语·里仁≫

【注释】

　　①孤，孤单，孤独。

　　②邻，邻居，志同道合的人。

【译文】

　　有道德的人不会孤单，一定会有志同道合的人来和他做伙伴。

【解读】

　　有道德的人不会孤立无援，必定会有同他相亲近的朋友。南宋朱熹在 ≪论语集注≫中解释此句说："德不孤立，必以类应。故有德者，必有其类从之，如居之有邻也。"人与人相处，总是喜欢寻找与自己性格相近、品德相类的朋友。在儒家看来，虽然社会上有的人喜欢行善，有的人常常作恶，但是人之初，性本善，喜欢行善的人总是占据绝对优势，所以，只要你真心诚意与人友善，就不用担心自己缺少朋友。孔子说："君子求诸己，小人求诸人。"孔子认为，真正的君子寻找朋友总是先修养好自己的德行，这样朋友不请自来。庸俗小人与君子不同，他们总爱以花言巧语的谀佞做法诈取他人，但是这种人最终总是会使自己陷入孤立无援的窘迫处境。

法無孤起

及有鄰

5、君子和而不同，小人同而不和。

—— 《论语·子路》

【注释】

①和：不同的事务和谐共处。

②同，相同，单一。

【译文】

君子和谐而不结党，小人结党而不和谐。

【解读】

和而不同，就是自己要有做事的原则，在调和左右矛盾的意见时，自己的原则保持不变。只有"君子"才能做到"和而不同"。君子胸襟广阔，能容得下不同的声音，能听得进不同的意见，能与别人进行沟通交流，以达至和谐。"小人"就不一样了，容易受别人的影响，也会蛊惑他人。面对利益冲突时，小人就会自私自利，相处就不会融洽，自然而然就变成同而不和了。

世界万物，丰富多彩，不同的事物之间孕育着和谐，这是和与不同的辨证关系。"和"是天、地、人的一种和谐的状态，是人类所追求的理想境界。"和"是事物多样性矛盾的和谐统一，只有"和"才能生物，只有"和"才能诞生新的生命。矛盾是普遍存在的，但斗争不是解决矛盾的办法，只有和谐与和解才是世界前进中同生、同存、同发展的大趋势。

君子和而不同，小人同而不和

[链接]

　　和：2008年8月8日，中国人民和世界各国人民一起度过一个难忘的激情之夜。当晚，第29届奥运会开幕式在北京鸟巢隆重开幕。百年梦想，在这个夜晚以一种惊艳的方式开场，使全世

界都发出了惊叹。惊叹什么？是中国历史的悠久，是中国文化的灿烂，是中国人的智慧和想象力，是中国对世界的善意。开幕式表演中，那些在古老长卷上翩然舞动，变化无穷的方块字留给观众的印象最为深刻。这些汉字组合凸现出三个不同时代的"和"字，令人注目，也让人深思。古代的"和"字，和现代的"和"字，形体上有变化，但它所蕴涵的意义却是相同的：世界和平，人类和睦，社会和谐。这是中国人的梦想，也是全人类的梦想。

6、居处恭，执事敬，与人忠。

—— ≪论语·子路≫

【注释】

①恭：面容恭敬。

②敬：内心严肃认真。

③忠：真诚，忠信。

【译文】

平时端庄，办事认真，与人交往真诚。

【解读】

孔子对于"仁"的回答各有不同。孔子整个思想都是在谈"仁"，他提到过仁的作用，仁的行为，但是对仁没有固定的定义。"克己复礼"为仁，这是讲仁的体现；"非礼勿视，非礼勿听，非礼勿言，非礼勿动"，这是仁的修养方法。而此处是孔子对樊迟问"仁"的回答，讲的是个人修养的仁。他说自己平时的言行恭敬而诚恳，做事尽心负责，对上级、朋友、属下等都诚实守信。恭敬、诚恳、忠信，这三个要点具备了，即使到了毫无文化氛围的野蛮地区，也能受到尊敬。

7、人无远虑，必有近忧。

—— 《论语·卫灵公》

【注释】

①虑：打算。

②忧：忧虑。

【译文】

一个人没有长远的打算，就一定会有眼前的忧虑。

【解读】

本句孔子谈忧患意识。孔子常常强调快乐，快乐地生活，快乐地学习，快乐地工作，快乐地修养自身；但也告诫人们要有忧患意识，做事要有远大眼光，不可只顾当前。

中国几千年前就流传着"杞人忧天"的故事。一个"杞人"，他头顶蓝天，却整天担心蓝天会崩塌下来；脚踏大地，却成天害怕大地会陷落下去，以致睡不着觉，吃不下饭。他还担心天上的太阳、月亮、星星会掉下来， 惶惶不可终日。读了这个故事，很多人感到很可笑。然而，在今天看来，这种对自然环境的忧患意识不再显得多余。伴随着工业化、城市化的迅猛发展而产生的可以说是遍及全球的环境污染灾害， 也有因人为因素的强烈干扰致使自然界发生变化而给人类带来的渐变性灾难，如土壤沙漠化、盐碱化、水土流失、森林破坏、水资源匮乏以及物种多样性的减少等。除此之外，大自然本身也会发生相对于人类而言是剧烈的周期性变化，而我们目前恰好处在这种周期性变化的一个高潮阶段，比如地震活跃期、火山活动期、气候变暖期等。自然的，人为的，各种各样的灾害，已经成为制约社会经济发展和威胁人类生命安全的头号敌人之一。因此，对于这样的社会，我们与其抱持一种所谓"不能无忧，亦不必过虑"的"豁达"的态度，还不如老老实实地信守古人的箴言。虽然多一点忧患意识，我们或许还是无法远离灾害，但至少可以减少灾害的发生。

人無遠慮
必有近憂

8、言忠信，行笃敬，虽蛮貊之邦，行矣。

—— 《论语·卫灵公》

【注释】

①忠：忠诚，诚实。

②笃：忠实，一心一意。

③蛮貊：这是中国古代对南方和北方少数民族的贬称。蛮：南蛮。貊：北貊。

【译文】

说话忠诚，行为敦厚恭敬，即使到了边塞荒漠之地也能亨通无阻。

【解读】

子张问怎样才能做到行为得当。孔子回答说，一个人只要说话忠实守信，行为厚道有礼，虽到蛮貊之国，也能感化人，无往而不可行。反过来说，假使"言不忠信，行不笃敬"，别说到外国，即使在自己的家乡，也会令人反感，处处行不通。站立时，要做到"言行忠信"四个字就在眼前；坐车时，好像这四个字就刻在车辕横木上，这样行为就会处处得当了。子张听后，就把孔子的这些话写在了自己腰间的带子上。

孔子不只是教学生读书，让他们学到知识，而且还会指导学生的行为。他时时告诫学生，自己的言语行为，必须做到忠信严谨，决不可刻薄轻浮。这是修身的基本要求。这样有助于一个人的安定生存和优秀品格的养成。

九

自然篇

【导读】

人事与天道的相通是孔子自然观的致思方式。这一思想与西方天人相分的自然观迥异, 左右着中国古代哲学史的基本方向。然而, 从宋明理学开始, 许多学者专从人性上着手, 失去了孔子对物性, 即对自然界重视的原意。

孔子最早提出了气本论思想。孔子吸纳老子"道之生人及万物"、"万物并作于道"的自然观, 并对其"道"进行了创造性的改造, 认为"道"与"气"也分阴分阳, 这比老子"道"不分阴阳的思想要前进一步。在此基础上, 孔子进一步寻找阴阳在个别事物中所起的作用, 于是也推导出要了解个别物性(包括人性在内)的想法。此想法首先出现于"夫子之言性与天道", 这里将性与天道并列, 表达了由人之性而及物之性而及天道(自然之道)的深层蕴涵。人们往往误读子贡说的"夫子之言性与天道, 不可得而闻也", 因此推论说孔子不喜欢讲天道自然。实际上, 孔子因弟子学习程度不同, 先讲人间社会的问题, 再讲天道自然。这句话仅表达了子贡因听不到老师博学的自然知识而感到遗憾。

随着春秋时代天命神权观念的式微, 物本与民本思想得以发展, 孔子把 ≪易经≫ "三才"中的人置于突出的地位, 给予了前所未有的关注, 从而也进一步厚实了他的自然观。

[链接]

阴阳: 中国古代的哲学概念, 以阴和阳两种符号代表宇宙间相对的两种情况。≪易经≫和 ≪道德经≫是阴阳哲学的源泉。阴阳哲学强调事物间的辩证统一, 与西方哲学中过于强调斗争哲学不同。

1、天何言哉？四时行焉，百物生焉，天何言哉？

——《论语·阳货》

【注释】

四时：春夏秋冬四个季节。

【译文】

天说什么了？四季循环变化，万物按时生长。天说什么了？

【解读】

这段对话是由孔子的弟子子贡的发问引起的，子贡先问孔子有关"天道"的问题，孔子回答说："我不想说什么。"子贡说："你如果不说，那我们学什么呀？"孔子说："天也是什么也不说的，但春、夏、秋、冬照样运行，宇宙万物照样生生不息。我们看到四季在运行，百物在生长时，会发现人的力量很有限，所以对自己做不到的事就不要太勉强。"孔子的话是一语双关的，既解释了"天道"，又暗示子贡，当老师什么也不说的时候，并不等于什么也没教给学生，老师是在用自己的思想学说支配自己的行动，是在用自己的行动做示范，就是所谓的"身教"。从《论语》对孔子日常行动的记载中我们也可以看出这一点，孔子对于学生是言传与身教并重的。

2、天无私覆，地无私载，日月无私照。奉斯三者以劳天下，此之谓三无私。

—— ≪礼记·孔子闲居≫

【注释】

覆：盖。

【译文】

天覆盖天下没有偏私，地承受万物没有偏私，日月普照天下没有偏私，奉行这种精神以抚慰天下，就叫做三无私。

【解读】

孔子正是通过对大自然的"行"与"事"的体悟，创造出了丰富多彩且寓意深刻的思想和精神。他认为，人之所以应该秉持公正无私的精神，乃是因为有大自然"行"与"事"的示范。孔子告诫我们，在社会生活中，不见得与其他人争夺才能生存，世界万物可以并存前行，做好自己就是最好的开始。

3、知者乐水，仁者乐山。

—— 《论语·雍也》

【注释】

①知者：即智者，有智慧的人。

②乐：爱好。

【译文】

有智慧的人喜欢水，有仁德的人喜欢山。

【解读】

孔子的这句话向我们描述了一种极高的精神境界：水依山而行，山因水而活，乐山乐水是人生最大的智慧，临水而居、依山而居是人世间最幸福的事情。

这句话启示我们，许多事情要随缘，没有必要刻意追求完满，也就是遵循规律、顺应自然。当然，对顺乎自然的本性，不是说什么事情也不去做，只需要守株待兔、听天由命。顺乎自然地做事情，是说我们为人处世，以"做"事情为前提，但不能蛮干，不要做与本性相违背的事情，不要自以为了不起而做事张狂，不要逞强好胜扭曲自己的本性，这才是顺乎自然的真正寓意。

有两个小故事可以帮助我们很好地理解这一点。

有一个人在回家的路上看到树杈间的一只茧上裂开了一个小口，他从来没有见过这种情形，于是停下来观察。那是一只蝴蝶的茧，一只新生的蝴蝶正在艰难地从那个小裂口中一点点地挣扎出来。很长时间过去了，蜕变似乎一点进展也没有，蝴蝶看起来似乎已经是竭尽全力了。这位观察者看得实在着急，就决定帮一帮蝴蝶。

于是他找来一把剪刀，小心翼翼地把茧剪开，可是。蝴蝶并没有像这个帮助它的人想像的那样展翅飞舞，而是身体萎缩，不久就死了。

另一个故事发生在寺庙里。春天来了，寺庙的院子里还是一片枯黄，师父让小和尚准备一些草籽。小和尚问师父什么时候撒种，师父回答说："随时。"春天总是刮风，小和尚撒的草籽有一些被风吹走了，他慌了神．对师父说："不好了!好多草籽被风吹走了。"师父说："那些被风吹走的草籽多半是空的。随性。"夜里下了一场春雨，清晨，小和尚着急地对师父说："师父!许多草籽被雨水冲走了。"师父说："冲到哪里都会发芽的。随缘。"几天过去了，枯黄的草下面泛出了绿意，草籽长出了青翠的小苗。小和尚高兴地跑去告诉师父，师父说："随喜。"

第一个故事中的那个所谓"助人为乐者"其实并不知道，蝴蝶只有靠自己努力从茧中挣扎出来，才能将体液挤压到翅膀上，从而展翅飞舞，这是无法改变的自然规律。做事不遵从这个规律，即使努力了也不会获得成功。所以我们更应该向第二个故事中的师父学习，依照事物的本性而动。自然会有不小的收获。

《孟子》说："人要有所不为，然后才可以有所作为。"如果事事都想做，事事都想完满，不但是不可能的，也是没有好处的。成功了不要骄傲。骄傲就可能失去你所得到的；功劳不可以盈满，盈满就会招损，这是历史的总结。韩信因勇猛而失信于刘邦，所以被害；陆机因才名盖世，所以被杀；霍光的失败在于以权势威逼君主；石崇的死是因为他的财富太多。如果一个人能在极端中留下一个缺口，给自己一个回旋的余地，从自我膨胀中走出来，那么他便是一个智者，一个仁者。

[链接]

守株待兔：《韩非子》一书中讲的一则寓言故事。宋国有个农民，他的田地中有一棵树桩。一天，一只跑得飞快的兔子撞在了树桩上，扭断脖子而死。从此，那个农民舍弃了他的农具，天天等在树桩旁，希望能再得到兔子。结果，兔子没等到，他自己却成了宋国的笑柄。比喻不主动努力,而存万一的侥幸心理,希望得到意外的收获。

[链接]

《**孟子**》：儒家经典著作之一, 也是先秦杰出的散文著作, 孟轲及其弟子合著, 内容广泛涉及孟轲的政治活动及主张、哲学思想、美学思想等。

4、以其不息，且遍与诸生而不为也，夫水似乎德。

——《孔子家语·三恕》

【注释】

①诸生：各种生物。

【译文】

水川流不息而且周遍，使生命生生不息却不以为自己有什么恩德，像是有很高的"德性"。

【解读】

孔子观赏着向东流去的水，子贡见了向夫子问道："君子一见到大水便要前去观赏，这是为何呢？"孔子回答说："因为它川流不息而且周遍，使生命生生不息却不以为自己有什么恩德，像是有很高的'德性'；不管它流向低处还是流向屈折，姿势低下，但一定按自己的水道去走，这就像是'义'；水势盛大，永无穷竭，又像是'道'；奔流直泻，到很深的溪谷也毫无惧色，如同是"勇"；它能作为衡量地平面的标准，公平公正，又像是'法'；水盛满后，不需用什么去刮平，自然平正、端正，这像是'正'；它柔美而略呈透明，可流入到细微的地方，这又有些像'明察'；不论从哪里发源，它一定是向东流去，不变其志，这又如它的'志向操守'；它流出流入，一切东西因此变得洁净，像是它善于教化和感化。水的德性有这么好，所以君子见到水一定要前去观赏啊！"

孔子观水，看到水的品德有如此多，不由得让我们敬佩起水的德能来。它自然、从容，不刻意彰显自己，利益万物而不自以为有功劳。它总往低处流，不怕弯曲迂回。纵然迂回曲下，它也一定按自己的水道行进，这似同君子那坚守原则的凛然之气。

5、山梁雌雉，时哉时哉。

—— 《论语·乡党》

【注释】

①山：山谷。

②梁：桥梁。

③雉：鸟，形状像鸡，通称山鸡。

④时哉：得其时呀。

【译文】

山梁上的母山鸡，得其时呀！得其时呀！

【解读】

孔子和子路在山谷中行走，看见一群山鸡在白云蓝天中自由飞翔。孔子心有感触，神色动了一下，说道："山梁上的山鸡，得其时呀！得其时呀！"子路听了老师对山鸡的赞美，向山鸡拱手致敬。山鸡嘎嘎地叫了几声，展翅飞向白云蓝天。孔子为我们描绘出一幅具体生动的飞鸟图。我们可以想象孔子和子路在山谷中行走，看见山鸡在白云蓝天中飞翔，好像听见孔子对山鸡的赞美，听见山鸡嘎嘎地叫着飞向蓝天，好像闻到山野的清新气味，感受到山野的优美宁静。这幅画有动、有静、有声、有色、有味。

山梁雌雉

从孔子对山鸡的态度和感情中，我们可以去领悟他的思想。孔子触景生情，看到一群美丽的山鸡在白云蓝天中自由飞翔，而产生赞美山鸡美丽、自由、安乐的感情，赞美山鸡与山鸡、山鸡与白云蓝天、青山绿树的和谐共处，把思想感情寄寓在生活情景之中，启示人们要与自然和谐相处，过自由快乐的生活。

6、伐一木，杀一兽，不以其时，非孝也。

—— 《大戴礼记·曾子大孝》

【注释】

时：适当的时候。

【译文】

砍伐一根树木，猎杀一只野兽，如果不在适当的时候，就不是孝。

【解读】

孔子认为"天地生万物"，由己及人、由人及物，把"仁爱"精神扩展到宇宙万物。他基于对人与自然关系的合理认识，得出了"爱物"的环境价值观，提出了一系列具体的环境道德行为规则，其中最主要的是"和"、"节"、"时"。在儒家思想体系中，"和"不仅意味着人际关系的和谐一致，而且也意味着生态关系的协同进化。"节"则主张对自然资源的利用一定要遵循一定的规律，有一定的限制。在儒家看来，天地之间最显著的变化就是春夏秋冬四"时"的更替，自然万物的生长发育都有一定的规律，因而人们应当顺应自然规律来对待各种生物。人的生存固然离不开自然物，人在自然界也居主动地位，但人并不是在任何时候都可以对自然界做任何事情。砍伐一根树木，猎杀一只野兽，如果时间、空间不适当，就是不孝。孔子不是说绝对地禁止猎兽或伐树，而是认为人们有些时候可以做这些事，有些时候不可以做这些事，比如在动植物幼小时，或动物繁殖时，杀伐之事显然是不适当的。

7、子钓而不纲，弋不射宿。

—— 《论语·述而》

【注释】

①纲：鱼网上用以收束的绳子，作动词用，指在水流上拦网捕鱼。

②弋：带细绳的箭，以便回收猎物。

③宿：鸟巢，或歇宿的鸟儿。

【译文】

孔子用鱼竿钓鱼，而不用鱼网捕鱼；只射飞着的鸟，不射窝里的鸟。

【解读】

孔子的行为有两层含义，一是节制欲望，二是怜惜生命，这都是"仁"思想的体现。若用常人的视角看来，钓鱼和捞鱼，射飞翔的鸟和射歇息的鸟，并没有什么两样，孔子将两者区别对待似乎显得有些迂腐。其实不然。孔子是个热爱自然、珍爱生命的人。他为大自然的魅力所深深吸引，尊重自然规律，反对人为干预自然界中生物的存在与发展，善待上天赐予的宝贵资源。节制是中庸之道的体现。本来垂钓和射猎是一种娱乐方式，它可以使生活更加富于情调。但是，用网捕捞水中的鱼、射在巢中停歇的鸟的做法，就已经失去了陶冶情操的意义，完全演变成功利性的杀戮，既不仁慈，也不中庸，这是孔子所极力反对的。

孔子的行动启示我们：要保护生物，保护我们赖以生存的自然环境。人，作为大自然的一员，要处理好人与自然、人与其他生物，在长期生存中所建立起来的平衡、制约、互利、互生等关系，让人与自然和谐相处。保护自然就是保护人类，让人类永续发展。破坏自然，就像为自然制造癌细胞一样，不仅自然遭到破坏，人类也会受到伤亡。

8、逝者如斯夫，不舍昼夜。

---《论语·子罕》

【注释】

①逝：消失，流逝。

②斯：这，指河水。

③舍：动词，停留。

【译文】

时光的流逝就像这奔流的河水啊，不管白天黑夜，它都没有停留过一瞬间。

【解读】

大江大河不但是人类文明的源头，也往往成为激发思想家、哲学家灵感的重要媒介。两千五百年前的孔子，在河边说出了"逝者如斯夫，不合昼夜"的名言；与孔子几乎同时代的西方哲学家赫拉克利特也在河边说出了一句名言，"人不能两次踏入同一条河流。"孔子既是在感叹时间的一去不复返，同时也是感叹人生有限，而求知无限，正如庄子所说的那样："吾生也有涯，而知也无涯。"我们应该从这些先贤的感叹之中有所领悟，更加珍惜时间，在有限的生命中，有所学习、有所追求、有所成就、也有所享受，不白来人世一回。

的确，如果一个人没有时间意识、不懂得合理安排时间的话，最终将是一无所成。时间是慷慨的，也是吝啬的：面对勤学者，时间给予他的是知识和智慧，使他的生活更有光彩；面对怠惰者，时间终究将他抛弃，到头来一事无成、双手空空。时间对任何人、任何事都是毫不留情的，是专制的。我们既可以毫无顾忌地浪费时间，也可以有效地利用它。要精明地利用时间，最重要的措施之一是做事情时要大大减少你浪费掉的时间，这样做就好像是在同等的时间内延长了自己的生命。

9、岁寒，然后知松柏之后凋也。

---《论语·子罕》

【注释】

①岁：年。夏代称年为岁，取岁星运行一次之意，后为年的通称。

②后：指时间较迟或较晚。

③凋：凋零，草木衰败。

【译文】

要到每年天气寒冷的时候，才知道松柏是最后凋谢的。

【解读】

孔子从小就胸怀大志，饱学前代传下来的文化典籍，想在政坛上有一番作为。但是，父母之邦鲁国的当政者不能任用他，仕途不顺，做了几个月的司寇就被罢了官。他带着一帮学生周游列国，希望能实现自己的抱负，结果是到处碰壁。好不容易楚昭王要聘用他，陈国和蔡国的大夫又怕他到了楚国对陈、蔡不利，于是派兵围困孔子。绝粮七日，对外不通消息，跟随他的人都病了。《孔子家语·在厄第二十》中记载，孔子的弟子子路很愤慨，就问孔子："先生曾对我说'为善者天报之以福，为不善者天报之以祸'。先生平时积德怀义，行之久矣，为什么还会落到今天这样的困境？"孔子说："如果你认为有仁德的人必定会得到信赖，那么伯夷、叔齐就不会饿死首阳山；如果你以为有智慧的人一定会被任用，那么王子比干就不会被剖心；你以为忠诚的人必定会获得回报，那么关龙逢就不会被处以极刑；你以为规劝的话必然会被听进去，那么伍子胥就不会被杀。一个人有没有被别人赏识，与时机有关系；贤明还是不肖，与人的才能品德有关系。君子博学深谋而不被赏识的人很多，不只我孔丘一人!香草芝兰生长在密林深处，不会因为没有人欣赏就不散发芬芳；君子修习道德学问，不会因为穷困而改变志向。"孔子被困多日，有一天清晨，他环顾四周荒凉的原野，枯草衰败，树木凋零，惟有松柏依然苍翠，对弟子感叹道："天寒既至，霜雪既降，才知道松柏保持本色的可贵啊!"

孔子从这里看到了一种坚毅执着、守道不变的高贵品格，而这正是他终身坚守和大力弘扬的君子人格，是人伦道德中的极致，因此对之极尽颂扬。他把松树和柏树，与人们最崇仰的远古圣君尧和舜类比，赞美松柏和尧舜一样是独得天地之正气，是做人做物之楷模。君子若能如松柏一样，保持纯正的心性，就能如尧舜一样引领人伦，纯正世人的心性，一扫趋炎附势、媚态应变的恶俗，让天地间正气充盈。这一思想对中国古代士人影响极大，他们好以松柏比君子，通过对松柏风格的赞颂而誉称君子。

[链接]

比干：商朝纣王皇叔。正直无私，屡进忠言，劝纣王废酷刑，施仁政。纣王勒逼比干剖心，逝于街头。

伯夷、叔齐：商末孤竹国(今河北省卢龙以西)国君长子和次子。最初，孤竹国君立少子叔齐为继承人。孤竹国君死后，叔齐让位于伯夷，伯夷坚辞不受。后兄弟二人相携赴周。武王兴兵伐纣，伯夷和叔齐跪于马前谏阻，认为武王父丧用兵，是为不孝，以小犯上是为不仁。武王灭商后，他们逃到首阳山(今山西省永济南)，不食周粟，馁极而死。受到后人赞赏，被奉为忠、孝、仁、义的典范。

공자가라사대

초판 인쇄 2015년 8월 7일
초판 발행 2015년 8월 17일

주　　편 | 류쉬빙(刘续兵)
번　　역 | 판리리(潘丽丽)
펴 낸 이 | 하운근
펴 낸 곳 | 學古房

주　　소 | 경기도 고양시 덕양구 통일로 140 삼송테크노밸리 A동 B224
전　　화 | (02)353-9908 편집부(02)356-9903
팩　　스 | (02)6959-8234
홈페이지 | http://hakgobang.co.kr/
전자우편 | hakgobang@naver.com, hakgobang@chol.com
등록번호 | 제311-1994-000001호

ISBN　　978-89-6071-544-8　93150

값 : 28,000원

이 도서의 국립중앙도서관 출판시도서목록(CIP)은 서지정보유통지원시스템 홈페이지(http://seoji.
nl.go.kr)와 국가자료공동목록시스템(http://www.nl.go.kr/kolisnet)에서 이용하실 수 있습니다.
(CIP제어번호: CIP2015022417)

■ 파본은 교환해 드립니다.